KB109360

문화와 양의성

BUNKA TO RYOUGISEI

by Masao Yamaguchi

ⓒ 1975 by Masao Yamaguchi

Originally published in Japanese by Iwanami Shoten, Publishers, Tokyo, 1975.

This Korean edition was published in 2014

by Maumsanchaek, Seoul

by arrangement with the proprietor c/o Iwanami Shoten, Publishers, Tokyo.

이 책의 한국어판 저작권은 Iwanami Shoten(岩波書店)과 독점 계약한

마음산책에 있습니다.

저작권법에 의해 한국 내에서 보호를 받는 저작물이므로

무단 전재와 복제, 전자출판 등을 금합니다.

■ 이 도서의 국립중앙도서관 출판시도서목록(CIP)은

서지정보유통지원시스템 홈페이지(http://seoji.nl.go.kr)와

국가자료공동목록시스템(http://www.nl.go.kr/kolisnet)에서 이용하실 수 있습니다.

(CIP제어번호: CIP2014000239)

문화와 양의성

문화의 두 얼굴, 역동성을 찾아서

야마구치 마사오

김무곤 옮김

마음산책

야마구치 마사오 山口昌男

1931년 홋카이도에서 태어났다. 도쿄대학 국사학과를 졸업하고 도쿄도립대학 대학원에서 문화인류학을 전공한 후 도쿄외국어대학과 시즈오카현립대학 교수, 삿포로대학 학장을 지냈다. '중심과 주변' '희생양' '어릿광대'와 같은 개념을 구사하여 독자적인 문화 이론을 펼쳤으며 오에 겐자부로 등과 함께 계간지 〈헤르메스〉의 편집 동인으로 활동했다. 『인류학적 사고』 『문화인류학으로의 초대』 『문화의 시학』 『패자의 정신사』 『천황제의 문화인류학』을 비롯한 다수의 책을 펴냈다. 2013년 3월 타계했다.

옮긴이 김무곤

연세대학교 경영학과를 졸업하고 일본 도쿄대학 대학원에서 사회심리학(정치커뮤니케이션 전공)으로 석·박사학위를 받았다. 일본 게이오대학·도쿄여자대학과 영국 케임브리지대학에서 연구원으로 활동했다. 1996년부터 동국대학교 신문방송학과 교수로 재직하고 있으며 현재 동 대학 언론정보대학원장과 국제정보대학원장이다. 『NQ로 살아라』 『미디어 정치와 민주주의』 『종이책 읽기를 권함』을 펴냈다.

문화와 양의성

1판 1쇄 인쇄 2014년 1월 15일
1판 1쇄 발행 2014년 1월 20일

지은이 | 야마구치 마사오
옮긴이 | 김무곤
펴낸이 | 정은숙
펴낸곳 | 마음산책

편집 | 이승학·신영희·정인혜·박지영   디자인 | 이수연·이혜진
마케팅 | 권혁준·곽민혜   경영지원 | 이현경

등록 | 2000년 7월 28일(제13-653호)
주소 | 서울시 마포구 서교동 395-114 (우 121-840)
전화 | 대표 362-1452 편집 362-1451   팩스 | 362-1455
홈페이지 | http://www.maumsan.com
블로그 | maumsanchaek.blog.me
트위터 | http://twitter.com/maumsanchaek
페이스북 | http://www.facebook.com/maumsanchaek
전자우편 | maum@maumsan.com

ISBN 978-89-6090-178-0 03300

* 책값은 뒤표지에 있습니다.

문화는
새로운 질서를 무정형의 자연에
끊임없이 부여하여 성립한다.

차례

"그대는 결코 마음의 한계를 발견해낼 수 없어.
아무리 그대가 모든 길을 샅샅이 걸어본다 해도.
마음은 그 정도의 깊은 바닥을 가지고 있지."

□ 일러두기

1. 이 책은 야마구치 마사오의 『文化と両義性』(1975)을 번역한 것이다. 동아시아출판인회의의 '동아시아 100권의 인문도서'에 선정된 것을 계기로, 국내에 2003년 『문화의 두 얼굴』(김무곤 옮김, 민음사)로 출간된 책을 새롭게 번역하여 낸 개정판이다.

2. 볼드체로 처리한 부분은 저자가 원서에서 방점으로 강조한 곳이며, 본문 내에서 ( )로 묶거나 인용문 내에서 〔 〕로 묶은 것 역시 저자가 덧붙인 것이다.

3. 국내에 소개된 단행본 등은 번역된 제목을 따랐고, 국내에 소개되지 않은 것은 원어 제목을 독음대로 적거나 우리말로 번역해 적었다.

4. 논문과 단편의 제목은 「 」로 묶었고, 단행본과 장편 제목은 『 』로, 잡지나 강연 제목은 〈 〉로 묶었다.

5. 옮긴이 주는 글줄 상단에 맞춰 표기하거나 기호를 붙여 각주로 달았다. 주는 원서를 따른 것이다.

고풍토기古風土記에 나타난
‘문화’와 ‘자연’

우리는 보통 우리를 둘러싸고 있는 세계를 우호적인 것과 적대적인 것으로 분할하는 사고에 익숙해져 있다. 또한 우리에게 바람직하지 못한 성질은 계속해서 적대적인 세계로 돌려버리려는 경향이 있다. 이러한 사고는 우리와 아주 관계 깊은 세계에 대한 태도에만 국한되어 나타나는 것이 아니라, 인간의 의식이 전개되는 역사 속에서 가장 이른 시기의 기록에도 남아 있다. 인간은 아마 혼돈을 통해 그러한 의식이 나타나는 상태를 자각해왔을 것이다. 인간은 혼돈으로부터 한 발짝 물러선 순간에 혼돈을 대상화한다. 혼돈의 대상화는 질서를 확인하는 첫걸음이었다. 초현실주의자들이 밝힌 것처럼, 혼돈이야말로 모든 정신이 그곳으로 회귀함으로써 다시금 모든 사물과의 연결 가능성을 획득하는 풍요로운 어둠이다. 그러한 까닭에 모든 문화는, 논리적인 명석함을 공적인 가치로서 아무리 찬양한다 하더라도 그 문화 구조의 구석

구석에 우리가 이러한 어둠과 만날 수 있는 장치를 감추어두고 있다. 여기서 장치란 꿈일 수도 있고, 인간이 꺼리고 싫어하는 여러 장소 중 하나일지도 모른다. 그러나 정리해보면 공간적으로는 그다지 사람의 발이 향하지 않는 장소, 시간적으로는 역사가 시작되기 직전과 같은 형태를 띠기 쉽다는 것은 명백하다. 후자는 물론 신화적 사고의 형태를 띤다.

고대 일본에서 혼돈의 의식이 문화 속에 어느 정도 포함되어 있었는지 알아보는 데 도움이 되는 것은 기기 신화記紀神話『고사기古事記』와『일본서기日本書紀』속 신화를 가리킨다보다는 풍토기 쪽이다. 기기 신화의 천지개벽 설화가 촌락 사회의 혼돈의 의식을 반영한 것이라기보다 고도로 사변적인 서술이었다는 점은 오늘날 널리 인정되는 사실이다. 질서와 혼돈의 역동적인 관계가 어떠한 이미지를 통해 파악되었는가를 알아보기 위해서는 풍토기를 단서로 하는 편이 의심할 여지 없이 유효하다.

고풍토기(나라奈良 시대에 편찬된 풍토기)에서 원시적 혼돈을 표현하는 데 사용된 것은 "풀과 나무가 말을 잘했을 때"(『히타치국 풍토기常陸国風土記』)라는 표현이다. 같은 『히타치국 풍토기』에는 "포악한 신들天孫의 통치에 따르지 않은 신들, 또한 **돌과 나무, 이파리 하나 풀 한 포기까지 말하고**, 낮에는 마치 여름날 파리 나는 것처럼 시끄럽고, 밤에는 불이 빛나는 나라"라는 구절이 있다. 「시다노군 타카쿠信太郡高来」 조條의 후쓰노오카미普都大神에 대한 기술에도 같은 표현이 보인다.[1]

노인이 말하기를 천지의 시작에, **풀과 나무가 말을 잘했을 때** 하늘에서 내려오신 신이 계셨다. 그 신의 이름은 후쓰노오카미라고 한다. 아시와라葦原의 나카쓰국中津国을 순례하시고 산과 강의 포악한 신들을 평정하셨다.

이 기술에서 공통되는 것은 창조신에 의해 '질서'가 도입되기 전의 상태를 풀과 나무가 말한다고 표현하고 있다는 점이다. 본래 인간에게 속해 있는, 말한다는 행동이 풀과 나무와 연결되는 것은 분류에 기초한 일상생활의 질서에 위배되는 것임은 말할 필요도 없다. 일상생활의 안쪽에서는 '풀과 나무'라는 분류 항목과 '말하다喋る'라는 동사가 연결될 리 없는 것이다. 풍토기의 세계에서는 이러한 상태가 '포악한 신'과 연결되었음을 앞의 인용에서 알 수 있다. 따라서 '포악한 신'이라는 표현은 혼돈=반反질서=반反분류=반反일상생활이라는, 일상생활의 측면에서 본 일련의 마이너스 개념에 대응하는 것이다.

이 '포악한 신'이라는 형태로 나타나는 혼돈은 논리상의 대립이라는 고정적인 자리매김에서 벗어난 문맥에서 시간의 축에 따라 표현된다. 이러한 형태를 보이는 것이 같은 『히타치국 풍토기』의 야토신夜刀の神▪에 대한 기술이다.

노인이 말하기를, 오야시마大八洲일본을 가리킨다를 통치하셨던 천황 시대에 이와레노타마호노미야石村の玉穂の宮에 야하쓰 씨箭括氏 마타치麻多智라

▪ 뱀 신이라고도 한다. 동국東国 지방의 방언에서 말하는 '야쓰ヤツ' '야치ヤチ'와 같은 말로, 골짜기 입구의 저습한 지대를 가리킨다. 이러한 곳에는 뱀이 많이 살고 있기 때문에 붙은 명칭으로 보인다.

는 사람이 있었다. 이 사람은 고을 서쪽에 있는 골짜기 아시와라葦原를 차지하고 개간하여 새로운 밭을 만들었다. 이때 야토신이 자기 무리를 끌고 와서 여러모로 훼방을 놓아 밭을 갈지 못하게 했다.

마을 사람들이 말하기를, 뱀을 야토신이라 일컫는다고 했다. 뱀의 몸을 하고 있으며 머리에는 뿔이 있다. 강 버드나무를 몸에 지니고 있으면 위험을 모면할 수 있으나, 운 나쁘게 이것을 보는 자는 가문이 몰락하고 후손도 끊기게 된다. 야토신은 대부분이 고을 주변의 들판에 아주 많이 살고 있다.

이 말을 들은 마타치는 크게 화가 나 갑옷을 입고 스스로 창을 들고 야토신을 때려 죽여 쫓아냈다. 이윽고 산의 입구에 이르러 지팡이를 경계의 도랑에 표지로 세우고, 야토신에게 고했다. "지팡이 위쪽은 신의 땅으로 삼을 것을 허용한다. 그러나 이 아래는 사람의 밭으로 한다. 지금부터 나는 제사를 지내는 자가 되어 영원히 공경하며 모실 것이니, 아무쪼록 재앙을 내리지 말고 원망하지 말게." 그러고는 사당을 만들어 처음으로 모셨다.

이 설화는 마타치를 스사노노미코토素戔嗚尊로, 야토신을 야마타八岐의 큰 뱀으로 바꿔 넣으면 그대로 야마타의 큰 뱀 퇴치 설화가 되는 형태를 갖추고 있다. 여기서도 '사람의 밭'이 질서 측에 속한다고 할 때, 떼를 지어 경작을 방해하고 보는 이에게 재앙을 주는 행위는 반질서로서 부정되어야 할 범주로 열거된다. 이때 마타치는 혼돈과 질서의 경계를 명확하게 긋는 역할을 맡고 있다. 결국 그는 "지팡이를 경계의 도랑에 표지로 세우"고 있다. 이에 대응하는 행위가 한편으로는 살육이라

는 행위로 나타나고, 다른 한편으로는 공경하며 모신다는 형태로 표현
되어 있다. 전자는 창을 통해 야토신과 '교감'하고, 후자는 '말'을 통해
야토신과 '교감'하므로 거의 같은 성질의 행위로 볼 수 있다. 요컨대 그
의 역할은 '들판'＝뱀＝야토신의 형태로 표현·환기된 '자연'＝혼돈과,
'밭'이라는 형태로 확인되는 '문화'＝질서 간의 중개자인 것이다. 그는
이와 같이 상징론적으로는 정치적 지도자의 원형을 나타냄과 함께 이
야기의 기호학 차원에서는 '마이너스'의 가치를 '플러스'의 가치로 전환
하기 위한 중개자다. 또한 이를 우주론적으로 말하자면 '질서'를 분명
히 하기 위해 '혼돈'을 환기하는 역할로 설명할 수 있을 것이다. 경계의
양쪽과 동시에 통하고 있다는 이유로 미루어 생각해보면 마타치는 야
토신에 가깝다고 단언할 수 있을지 모른다. 그 역시 야토신과 마찬가지
로 '포악한 신'으로서의 가능성을 충분히 지니고 있다.

'황혼荒魂' '화혼和魂'이란 표현■에서 추측할 수 있듯이 '황혼'은 '화혼'
과 대對를 이루며 그 분신이라고 할 수 있다. 스사노노미코토와 야마타
의 큰 뱀, 마타치와 야토신 또한 마찬가지로 신격神格의 대를 이루는 표

■　황혼(아라미타마)과 화혼(니키미타마)은 일본 신도神道의 개념으로서 신의 영혼이 가
　진 두 가지 측면을 가리킨다. 황혼은 신의 무서운 측면, 즉 천재지변을 일으키거나
　병을 퍼뜨리는 등 인간의 마음을 황폐화하고 싸움을 부추기는 역할을 말한다. 신
　에 대한 인간의 숭배는 이 황혼 때문에 나타나는 것이다. 화혼은 비나 햇볕의 혜
　택 등 신이 가진 따뜻하고 평화로운 측면이다. 인간이 신의 가호를 비는 것은 이
　화혼 때문이다. 황혼과 화혼은 같은 신이라도 다른 존재로 보이게 할 정도로 각기
　다른 강한 개성을 가지고 있다. 사람들은 신의 진노를 진정시키고, 황혼을 화혼으
　로 바꾸기 위해 공물을 바치고, 의식이나 제사를 지낸다. 신의 이러한 극단적인 양
　면성이 일본 신도의 원천이다.

현이 되는 것이다. 이와 같이 '재앙을 내린다'라는 행위로 일상생활의 균형을 깸으로써 존재를 나타내는 풍토기의 신은 언제나 잠재적으로 '포악한 신'이었다. 『히타치국 풍토기』의 「구지군久慈郡」 조에 보이는 다음 기술은 야토신 설화를 인간 쪽에 긍정적으로 이끌어 설명하면 어떻게 되는지 잘 보여주는 예가 될 것이다.

> 사쓰薩都라는 마을이 있었다. (…) 그 동쪽에 있는 큰 산을 가비레賀毗礼의 높은 봉우리라고 한다. 여기에 다치하야오노미코토立速男命라는 이름의 천신이 계신다. 또 다른 이름은 하야후와케노미코토速経和気命다. 이 신은 하늘에서 강림하셔서 마쓰자와松沢라는 땅의, 가지가 많이 나 있는 소나무에 계신다. 이 신은 매우 엄하여 그 나무를 향해서 대소변을 보는 사람에게는 재앙을 내려 병이 나게 하신다고 한다. 근처에 살고 있는 사람은 언제나 심하게 괴로워했고 그 상황을 빠짐없이 조정에 아뢰었다. 그리하여 조정에서는 가타오카片岡의 오무라지大連를 파견하여 이 신에게 제사를 지내며 기원하여 이르기를 "지금 계시는 이 땅은 가까이에 백성의 집이 있어서 아침저녁으로 불결한 장소입니다. 당연히 계실 곳이 못 됩니다. 아무쪼록 높은 산의 청정한 장소로 피해주십시오"라고 했다. 신은 이 기원을 들으시고 마침내 가비레의 봉우리로 오르셨다. 그 사원社고분古墳이나 제사 장소의 유적의 담장은 돌로 만들었다.

이 다치하야오노미코토 또한 인간 세계와 경계를 접한 지점에 자리를 잡고 재앙을 내린다는 점에서 야토신과 거의 구별되지 않는 존재이며 혼돈의 이미지를 띤다. 『이즈모국 풍토기出雲国風土記』에 나오는 미카

게노오카미御陰大神도 그러한 존재였다. 이 신은 이렇다 할 이유도 없이 여행하는 사람의 반을 죽였다고 전해진다. 히고 가즈오肥後和男는 이와 같은 포악한 신에 대해 다음과 같은 견해를 보이는데, 시사하는 바가 크다.

> 촌락의 오래된 신들 중에는 포악한 신이 많았으리라고 생각된다. 포악한 신이란 결국 인간의 힘으로는 싸워서 이기기 어려운 힘이었기 때문이다. 바꾸어 말하면 촌락 생활 문화는 대개 그와 같은 극복하기 어려운 힘을 가지는 것이 보통이었다. 신은 이렇듯 맹렬한 힘을 가짐으로써 사람들에게 공포를 줌과 동시에 의지하는 마음을 가슴 깊이 품게 했던 것이다.[2]

지금까지 우리가 확인한 바와 같이 이 "이기기 어려운 힘"은 바로 '질서'에 대한 '반질서'='혼돈'이다. 더욱이 "촌락 생활 문화는 대개 그와 같은 극복하기 어려운 힘을 가지는 것"이라는 표현 뒤에 오는 "보통이었다"라는 말을 좀 더 강하게 '필요했다'로 바꿔 쓸 수도 있을 것이다. 촌락의 질서가 들판의 반질서 속에서 생겨난 것인지, 아니면 거꾸로 들판의 반질서가 촌락의 질서에서 부분적으로 비어져 나온 것인지는 의식과 무의식의 관계를 논하는 것과 같아 단번에 답하기 어렵다. 이는 뒤에서 언급할 문화의 기호학에 관련된 문제이기 때문이다. 그러나 문화가 다양한 형태로 주변을 생산·재생산·유지해왔음은 이들 양의적인 신과 인간의 공동체에 대한 고대인의 의식 양태에서도 엿볼 수 있다. 흥미로운 점은, 우리의 개념은 문화의 중심에 위치하거나 또는 중심에 가까이 있는 사물일수록 일원적이어서 차이성이 강조된다. 그에 반해 주변적인 사물에 대한 개념은 그것이 명확한 의식에서 멀리 있기 때문에 '애매함'을 띠고 있다. 애매함이라는 것은 다의적일 수밖에 없다. 그러므로 다의성은 분할보다는 종합, 새로운 연결을 가능케 한다. 하나의 말이 다의적이라는 것은, 표층적으로는 다른 말과의 변별성을 전제로 하여 의미 작용을 수행해도 잠재적으로는 한층 더 다른 말과 연관되어 있음을 의미한다.

우리가 문제시하고 있는 '포악한 신'은 그러한 작용을 갖추고 있다. 이 개념은 표면적 차이에도 불구하고 치환 가능한 다른 개념들과 병치할 수 있다. '포악한 신'은 이미 확인했듯이 야토신, 뱀 신, 들野과 치환 가능하다. 역사 기술에서 '포악한 신'의 동위소를 찾아보면 쓰치구모土蜘蛛_{중앙 세력이 선주민을 이류시異類視하여 부른 말로 '土雲'라고도 적는다}, 구즈国栖_{토착 선주민을 가리키는 말로 '国巣' '国主' '国栖' 등으로 적기도 한다}, 사에키佐伯 등이 이에 해당한다. 예로부터 내려오는 이들 토호는 역사 기술에서 토벌 대상으로 삼기 위해 채택되었던 것처럼 토벌과 관련된 설화의 한쪽(마이너스) 극極으로 등장한다.

『히타치국 풍토기』를 보면 이타쿠潮来는 이타쿠板来로 기재되어 있는데, 옛날에 다케카시마노미코토建借間命가 야사카시夜尺斯, 야쓰쿠시夜筑斯라는 구즈를 공격해 '이타쿠'_{일본어로 'いたく'라 적으며 '아프게'라는 뜻} 죽였기 때문에 이타쿠伊多久라는 마을이 되었다고 한다. 또한 구지久慈의 사쓰薩都라는 마을에는 옛날에 쓰치구모라는 구즈가 살고 있었는데, 우나카미노미코토兎上の命가 군사를 일으켜 멸망시켰다. 그때 '잘 죽여서 복된'_{さちなる'라 적으며 발음하면 '사치나루'가 된다} 일이다'라고 말한 데서 사쓰佐都라는 이름이 생겼다.

『일본서기』 게이코 천황景行天皇 12년 10월 조에는 쓰치구모 정벌 이야기가 나온다. 규슈로 건너간 천황은 부젠국豊前国 나가오현長峡県에 행궁을 세우고 여기를 수도로 삼았다. 이어서 오키타국碩田国으로 진출했는데, 이곳은 땅이 넓고 아름다운 곳이었으므로 오키타(碩田, 大分)라 이름 지었다. 나아가 하야미速見 마을로 향하자 이 일대를 지배하던 하야쓰히메速津媛라는 여인이 천황을 맞이하며 말했다. "이 산에는 네즈미노이와야鼠石窟라는 큰 석굴이 있고, 두 명의 쓰치구모가 살고 있는데, 그중 하나는 아오青라고 하고, 하나는 시로白라고 한다. 또한 나오리현直入県 네기노禰疑野에 세 명의 쓰치구모가 있는데, 각각 우치자루打猿, 야타八田, 구니마로国摩侶라 한다. 이들은 모두 강력하고 따르는 무리가 많으며, 천황의 명에 따르지 않겠다 하니 억지로 소환하면 반드시 군사를 일으킬 것이라 했다." 그리하여 천황은 신하들과 의논했다. 만일 힘으로 쓰치구모를 토벌하면 그들이 이쪽 세력을 두려워해 산과 들에 숨어서 후환이 남을 우려가 있다고 보았다. 그래서 동백나무海石榴쓰바키로 몽둥이를 만들어 병기로 삼은 뒤 맹졸들에게 나눠주었다. 그러고는 풀을 베어 없애고 산속 깊이 들어가 석실의 쓰치구모를 습격하게 하고, 이나바稲葉 강 상류에서 격파하여 그 무리 모두를 죽여버렸다. 이때 피가 흘러 복사뼈에 이를 정도였다. 그래서 그 동백나무 몽둥이를 만들었던 장소를 쓰바키치海石榴市, 피가 흘러 나왔던 곳을 지다血田라고 부르게 되었다. 그다음에 즉시 우치자루를 토벌하려고 네기노야마禰疑山를 올라가자, 그들이 옆에서 빗발치듯 화살을 쏘아댔다. 천황은 일단 군대를 조하루城原라는 곳으로 돌려보내고 강 주변에서 점을 친 뒤점을 통해 좋은 장소를 정하고 그곳에 머무르기 위한 것. 그에 따라 전열을 정비하여 우선 야타를 쳐부쉈다. 그러자 우치자루도 이에 대적할 수 없다고 생각하여 항복을 청했으나 천황이 용서해주지 않았으므로, 우치자루 일당은 모두 계곡에 떨어져 죽어버렸다.

이렇게 쓰치구모는 선주민, 즉 황명皇命의 주도면밀한 '질서'가 지배하는 역사적 시간과 공간의 바깥에 있기 때문에 마이너스의 상징성을 띠고 있다. 그러나 이들의 역모는 황명에 '복종하지 않겠다'는 점만 빼면 그다지 특별하다고 할 수 없으며, 그들은 단지 '다르다'는 이유로 죽임을 당했다. 『히젠국 풍토기肥前国風土記』를 보면 다케쓰미마健津三間라는 쓰치구모는 아주 아름다운 구슬을 가지고 있었는데, 이를 타인에게 보여주지 않는다는 이유로 토벌당한다. 이렇듯 호전성은 천황 쪽이 오히려 강하다고 할 수 있다. 더구나 천황 쪽은 특히 더티플레이, 즉 속여서 이기는 방법을 쓴다는 점에서 상대방을 압도한다고 해도 과언이 아니다.

『일본서기』에 따르면 게이코 천황 12년 9월 서정西征 무렵, 천황 일행이 스와국周芳国에서 바다를 건너 남방을 바라보자 연기가 적지 않게 솟아오르고 있었다. 그들은 분명 적이 있다는 증거라 판단하고 사자를 보냈는데, 가무나쓰소히메神夏磯媛라는 여자 추장이 공경의 뜻을 나타내고 천황에게 아뢰었다. "바라옵건대 무력만은 사용하지 마십시오. 그리하시면 저의 무리는 반드시 따르겠습니다. 다만 어느 정도 남은 적들이 있습니다. 그 첫째는 하나타리鼻垂라는 자로 우사菟狹 강 상류 부근에서 산골짜기를 차지한 채 무리를 이루고 있습니다. 둘째는 미미타리耳垂로서, 이놈은 매우 욕심쟁이이며 그 무리는 자주 백성을 공격하는 자들로 미케御木 강 상류에 있습니다. 셋째는 아사하기廠剝라는 놈으로 다카하高羽 강 상류에 무리를 모아놓고 있습니다. 넷째는 쓰치오리이오리土居猪折로 미도리노綠野 강 상류에 숨어서 살고 있는데, 사는 장소가 험한 점을 이용해 사람들을 상대로 노략질하고 있습니다. 이 넷은 그들을 따르는 무리와 요새를 믿고 황명을 따르지 않겠다고 하고 있으므로 서둘러 공격할 필요가 있을 것입니다"라고 말했다. 일종의 밀고다.

이를 듣고 선발대인 다케모로키武諸木 등은 우선 아사하기의 패거리를 유인해 붉은 옷과 여러 가지 진귀한 것을 준 뒤 이를 미끼로 다른 세 사람을 초대했다. 그러고는 그 꾐에 속아 넘어가 무리를 이끌고 나온 이들을 순식간에 모두 잡아 죽여버렸다.

이 경우 책략을 사용하여 토벌하는 방식이 표면에 현저히 드러나 있다. 『히타치국 풍토기』「무바라키군茨城郡」 조에는 다음과 같은 기술이 있다.

오노오미大臣의 동족인 구로사카노미코토黑板命는 굴 밖에 나와 놀고 있는 때를 노려서 굴 안에 가시나무 가지를 넣어놓은 뒤, 말을 탄 군사를 풀어 정신없이 그들을 내몰았다. 여느 때와 마찬가지로 도망하여 토굴로 달려 들어간 사에키들은 모두 가시나무 가시에 깊이 찔렸고 상처를 입어 마침내 죽어버리고 말았다. 이에 가시나무의 이름을 따서 현県의 이름을 붙였다.

이러한 기습과 계략의 구사는 야마토타케루노미코토日本武尊가 구마

소타케루態襲梟帥와 가와카미타케루川上梟帥를 토벌한 경우에도 나타나며, 덧붙여 스사노노미코토의 큰 뱀 퇴치, 또는 스사노노미코토가 지배하는 구니国고대부터 근세까지의 일본 행정 구역의 하나로부터 오쿠니누시노미코토大国主尊가 도망칠 때 쓴 계략 이야기에도 나타난다. 따라서 이 책략을 둘러싼 토벌 설화는 대부분 일정한 패턴을 따르고 있다고 봐도 좋다. 이러한 책략은 이야기 구조상 완전히 정반대인 것을 직선적인 논리로 연결하는 매개항이라는 것을 상기해두면 좋을 것이다.

구즈, 쓰치구모 등에 대한 묘사 및 묘사에 사용되는 말은 그 시대가 '혼돈'='반질서'='반인간적' 측면에 어떠한 이미지를 부여하고 있는가를 알 수 있는 실마리가 된다. 예를 들면 위에서 언급한 무바라키군의 조에 다음과 같은 기술이 있다.

> 노인은 다음과 같이 전하고 있다. 옛날에 이름이 산의 사에키山の佐伯, 들의 사에키野の佐伯인 구즈(그 지방 사람들은 이것을 쓰치구모都知久母 또는 야쓰카하기夜都賀波岐라고 일컫는다)가 살고 있었다. 여기저기 가는 곳마다 토굴을 파고 항상 그 굴에서 살았다. 누군가 다른 사람이 오면 즉시 토굴에 들어가 몸을 피하고, 그 사람이 가버리면 다시 들판에 나와 놀았다. 늑대와 같은 성질, 올빼미와 같은 마음을 갖고 있으며, 쥐같이 상대의 틈을 엿보고 몰래 물건을 훔치면서 누구에게도 초대받는 일 없이 도시 사람들의 풍습에서 점점 멀어져갔다.

이 기술에서 그들에게 주어진 특징은 다음과 같다.

토굴(혈거穴居) - 숨기 - 놀기(태만) - 포악함 - 도둑질

요컨대 낮의 세계의 이미지를 뒤집은 밤의 세계의 이미지들이 겹쳐진 것이다. 『일본서기』 게이코 천황 40년 기록의, 야마토타케루노미코토에게 에미시蝦夷를 정벌하라는 천황의 명령 중 다음과 같은 기술은 보다 넓은 범위의 기술을 포함하고 있다.

그 동쪽 오랑캐東夷는 식견과 성질이 포악하여 침범하는 것을 즐겼다. 마을에는 장長이 없고 읍에는 우두머리首가 없다. 모두 경계를 침범하고 서로 도둑질을 일삼는다. 또한 산에는 악한 신이 있고 들에는 간사한 귀신이 있어 길을 끊고 막아 많은 사람을 괴롭게 한다. 그 오랑캐들 중에 에미시라는 족속이 있는데 이들이 가장 강하다. 남녀가 섞여 살고 아비와 자식의 구별도 없다. 겨울에는 굴에서 자고 여름에는 나무 위에 집을 짓고 산다. 모피를 입고 피를 마시며 형제가 서로 의심한다. 산을 올라갈 때는 나는 새와 같고, 풀 속을 달릴 때는 달아나는 짐승과 같다고 한다. 은혜를 입고도 곧 잊어버리지만 원한이 있으면 반드시 보복한다. 그뿐 아니라 올려 묶은 머리카락 속에 화살을 감춰두고 속옷 안에 칼을 찬다. 패거리를 만들어 경계를 침범하거나 수확할 때를 노려 백성을 약탈한다. 공격을 하면 풀 속에 숨고, 추격하면 산속으로 도망친다. 그러한 까닭에 예전부터 왕권에 복종하지 않고 있다.

앞서 기술한 구즈인 사에키와 같은 이야기 요소를 종합해서 추출해보면 26쪽과 같은 표가 나온다.

문화 = 질서		자연 = 반질서	
a	온화함	광폭함(억제 결여)	a^-
b	정치적 질서	정치적 질서 결여(차이성 무시)	b^-
c	경계 존중	경계 감각 결여(차이성 무시)	c^-
d	화신和神	사신·간귀를 존중(반문화)	d^-
e	교통	교통 방해, 절도(교환 거부)	e^-
f	혈연적 질서	난혼, 근친상간(차이성 결여)	f^-
g	지면	지면을 기피함(구멍·나무에 거주)(자연)	g^-
h	직물을 입음	털옷을 입음 ⌉	h^-
i	조리된 식사	피를 마심(날것) ⎬ 자연	i^-
j	정상적인 운동	동물 같은 민첩함 ⌋	j^-
k	협조	시기심(교환 거부)	k^-
l	은혜를 기억함思義	은혜를 잊음忘恩(교환 거부)	l^-
m	무기를 차고 다님	무기를 숨김(규칙 결여)	m^-
n	공납	약탈(교환 거부)	n^-
o	직면	도주(규칙 결여)	o^-

이 표에서는 패러다임 대립으로 환원되는 대립항도 상정했다. 그중 플러스 항이 고대 사회의 질서 감각 중에서 오늘날 우리가 말하는 '문화' 쪽에 분류되는 것임은 두말할 필요도 없다. 마이너스 항은 '반질서' '자연'으로 분류되는 것이며, 또한 보다 추상도가 높은 항의 은유적인 표현이다.

(1) 억제 결여(a^-)

(2) 차이성 결여(b^- · c^- · f^-)

(3) 교환 · 규칙 거부(e^- · k^- · l^- · m^- · n^- · o^-)

(4) 반문화성＝자연성(d^- · g^- · h^- · i^- · j^-)

결국 차이성에 근거한 질서 거부가 쓰치구모 즉 오랑캐에게 부여된 규정이라고 할 수 있다. 또한 이 항목 하나하나를 검토해보면 대부분은 확연하게 '포악한 신'으로 이행할 수 있다. 그뿐 아니라 정벌의 주인공과 포악한 신의 사제가 양자의 중개자로서 대립항의 양쪽 속성을 겸비하고 있다는 것을 이미 앞에서 확인했다. 가령 야마토타케루노미코토와 스사노노미코토는 대부분 위의 네 가지 속성을 갖추고 있다 해도 좋다. 따라서 설화 및 의례가 본질적으로 '중개'적 기능을 가지고 있음을 알 수 있다.

단, 여기서 주목해야 하는 바는 긍정적 주인공이 속하는 쪽의 여러 항의 근원이 '차이성'의 강조에 있다면, '포악한 신' 역시 그와 같은 분류적 사고의 산물이라는 점이다. 물론 쓰치구모＝포악한 신의 이미지에 역사적 기억이 관여하고 있다는 사실을 부정할 생각은 없다. 그러나 역사적 기억이 인식되는 패턴은 결국 여기서 문제시하고 있는 사건 정리의 신택스syntax에 입각하여 파악할 수 있어야 하며, 이 신택스 자체가 패러다임 대립의 조합 위에 성립하고 있다.

차이성을 강조하는 것은 공간의 차이에 따라 나타내는 것이 가장 쉬운 방법일지도 모른다. 26쪽 표의 g항처럼 구덩이 같은 지면 아래, 또는 나무 위 같은 지면 위가 강조되는 경우도 있다. 인상적인 기술은 게이코 천황 12년 9월 조에 보이는데, 바로 쓰치구모가 강 상류에 산다는 것이다. 여기에서 하나타리는 우사 강 상류, 미미타리는 미케 강 상류, 아사하기는 다카하 강 상류, 쓰치오리이오리는 미도리노 강 상류에 산다고 되어 있다. 히고 가즈오는 이 점을 주목하여 야마토타케루노미코토가 구마소를 정벌할 때 등장한 가와카미타케루川上梟帥라는 이름과, 스사노노미코토가 야마타의 큰 뱀을 퇴치했던 히簸 강 상류 등을 예로 들고 있는데, 우리가 이미 다룬 나오리현 네기노에 쓰치구모의 석실이 있었던 곳 또한 이나바 강 상류였다. 히고 가즈오는 이러한 예에 덧붙여『근강여지지략近江興地志略』에서 다카시마군高島郡 강 상류장川上莊의 다음과 같은 사례를 인용한다.

> 강 상류장이라고 칭하게 된 사연은 다음과 같다. 강 상류川上의 깊은 계곡에 큰 뱀이 있었는데, 그 뱀은 나무꾼을 괴롭히곤 했다. 사람들은 스사노노미코토의 신묘한 가르침에 따라 술을 두고 뱀을 기다렸다. 뱀이 와서 술을 마시자 홀연히 신들린 아이 두 명이 와서 뱀을 손쉽게 베었다. 한 아이는 머리 뿔, 한 아이는 꼬리 검을 가지고 있었으며 "우리는 관음약사觀音藥師의 응화應化다. 지금 이 뱀은 야마타의 큰 뱀의 영혼이다"라고 했다. 그러고는 말을 마치자 곧 사라졌다. 이렇게 해서 사람들이 두 아이를 모시게 되었다.

히고 가즈오는 이 예를 들면서 이것은 강 상류에 어떤 무서운 존재가 있다는 생각의 잔재라고 설명한다.[3] 이미 고찰한 관점에서, '강 상류'를 문제 삼는 것은 분류적 사고의 소산이라 할 수 있을 것이다. 강 상류에 대응하는 것은 강 하류다. 이러한 형태로 정리하면 논점을 이어

갈 방향에 두 가지가 있다는 것이 분명해진다. 그 하나는 지형을 기준으로 자신이 사는 장소를 '중심'으로 삼는 것이다. 이는 높은 곳에 사는 사람들이 평지의 사람들을, 평지에 사는 사람들이 거꾸로 높은 지대에 사는 주민들을 비웃음의 대상으로 여기는 성향에 의한 것이다. 야나기타 구니오柳田國男가 『웃음의 본원』에서 말한 바에 따르면, 신슈 사쿠信州佐久에서는 "시장 등에 촌스러운 옷을 입고 나오는 사람들의 표정이 단지 평지의 사람과 다르다고 해서" 그들을 조롱의 대상으로 여기는데 야나기타 구니오는 이를 "강 상류 이야기"[4]라고 칭한다.

이에 대해 마쓰다이라 나리미쓰松平齊光, 가나세키 다케오金關丈夫 등은 강 상류, 강 하류의 분류가 제사 조직, 친족 조직에서의 양분제兩分制와 대응한다는 가능성을 제기해왔다.[5] 여기서 이 부분에 대해 깊게 설명하는 것은 불가능하지만, 그러한 사회구조에서는 제사 때 의례적인 적대 집단이 대립항으로 간주된다는 점은 말할 필요도 없다. '포악한 신'이란 그렇게 제사 때 적대 집단을 부르던 표현에서 비롯했다고 생각할 수 있다. 이러한 적대 집단 안에서, 성년식 때 가면을 쓰고 젊은이에게 성년계成年戒를 주는 인간을 선발하는 일도 있다. 이 수계자授戒者는 성년식 통과의례를 받고 있는 젊은이들 앞에 무서운 마성의 가면을 쓰고 나타나, 죽음과 재생의 체험을 주는 듯한 의례적 시련을 부과한다. 아시와라의 추남에게 여러 가지 난제를 부과했던 스사노노미코토에게 이러한 수계자의 이미지가 반영되어 있음은 널리 알려진 사실이다.

지금까지 고풍토기의 세계에 나타난 혼돈의 표현들을 살펴보았다. '혼돈'으로 분류되는 여러 사물은, 보통은 가치 체계 안에서 주변적인 부분에 갇혀 있지만, 다른 차원의 상징론적 질서를 구성할 수 있는 통합체를 형성하고 있음이 확실해졌다. 신화적 사고가 분류의 기본 범주를 담당하고 있다는 사실이 일본 신화뿐 아니라 세계 여러 지역의 신화에도 적용되고 있음을 좀 더 심도 있게 다루어보고자 한다.

낮의 사고와 밤의 사고

1

두 얼굴의 신

고풍토기를 근거로 밝혀보고자 했던, 신화적 사고에서 나타나는 마이너스 가치의 발생론적 형태는 고대 일본뿐만 아니라 세계 곳곳에서 보이는 보편적 현상이다.

소크라테스 이전의 사상을 연구하는 클레망스 랑누^{Clémence Ramnoux}는 여러 논문에서 신과 신이 표상하는 근원 개념을 대對의 구조로 파악해야 한다고 주장했다. 그녀는 특히 「신성神性의 밤의 측면과 선과 악의 이원성」[1]이라는 논문에서, 신화적 사고 안에서 이 양극이 대의 구조를 이루고 있음을 피력했다. 랑누의 논의는 앞으로 이 책의 논의를 전개하는 데 큰 도움이 되기 때문에 비교적 충실하게 소개해보고자 한다.

여러 문화의 신화 속에서 '지고신至高神'은 두 얼굴의 신'이다. 이 양면성을 나타내는 가장 간단한 표현은 '낮과 밤'으로, 거의 전 세계에 널리 퍼져 있다. 간단하고도 가장 근원적인 이 대립의 교체는 다양한 은유를 창출한다. '태양이 휴식 상태에 들어가다' '숨겨지다' '빼앗기다' 등의 표현을 예로 들 수 있다. 이 대립은 『베다』고대 인도 브라만교의 성전에서는 '미트라Mithra―바루나Varuna', 고대 게르만의 '보단Wodan―티르Tyr'로 대변되며, 이 기본 대립 도식은 다양한 근원적 범주를 포함한다.[2]

　의례 차원에서는 공물과 희생에 이 구분이 도입된다. 검은색 또는 흰색의 희생이 그 예다. 우유는 미트라로 술은 바르나로 나뉘며, 익힌 고기와 불로 직접 조리된 고기로 한쪽과 다른 한쪽이 나뉜다. 밤의 신성에는 폭력적인 희생―때로는 인신 공양까지 포함하여―이 바쳐진다. 성직聖職 차원에서는 현인賢人과 주술사의 대립으로 나타나고, 성격 면에서는 유화함과 격정, 사회 분업에서는 법과 칼, 통치 기구 면에서는 질서의 주권자와 기동성 또는 정복의 주권자 형태로 나타난다. 도덕 차원에서는 한쪽은 교환, 즉 법과 우호의 수호자다. 그리고 다른 한쪽은 결합과 긴박함을 강요하며 법을 준수하지 않는 인간을 포박하는, 즉 사람을 벌하는 두려운 존재다. 종교 또는 형이상학적 차원에서는 한쪽은 천신, 즉 대지·대기·천공天空으로 구성되는 세 가지 우주적 경역 중 최고 구역인 천공의 신이며, 다른 한쪽은 여기서 벗어난 나머지 경역에 해당한다. 형이상학적으로는 드러나는 신과 드러나지 않는 신, 신비론적으로는 고독과 함께하는 식사共餐, 독거獨居와 교육, 비닉秘匿과 현시, 신분을 감추는 신과 스스로를 밝히는 신으로 분류된다. 심리학적으로 본다면 앎知과 뜻志, 혹은 법에 대한 충성과 법을 만들려는 의지, 결국 질서성과 자의성의 대비가 된다.

　이러한 대립에서 생겨나는 은유를 정리하면 다음과 같다.

낮 : 항상성, 질서, 조화, 빛, 이성, 우애, 은정

밤 : 비닉, 주술, 기적, 발명, 창조, 폭력

여기서 주의해야 할 점은, 밤은 낮의 절대적 대립자가 아니라 낮의 저편에 있는 공무空無와 낮 사이의 중개자적 면모를 띠고 있다는 사실이다.

밤이라는 말은 다양한 것을 함축하는데 이것을 나타내는 근원적인 말은 '연결 짓다'로서, 여기서 보류하다, 은닉하다, 비밀에 부치다라는 표현이 파생된다. 구체적으로, 또는 신화적 은유를 빌려 말하자면 물을 차단하는 제방, 물을 지키는 용, 보물을 지키는 용, 비를 막는 검은 구름, 수원水源을 허락하지 않는 건조지, 자신의 종자를 번성시킬 수 없는 무력한 남자, 낳아야 할 아기를 태 속에 두고 있는 여자, 우유를 짜낼 수 없는 젖소, 태양을 놓아주지 않는 오로라, 오로라를 머금고 발산하지 않는 밤과 같은 형태를 띤다.

밤은 폭력이라는 이념을 통해 돌발적인 변동을 시사한다. 이는 밤을 미루어두는 행위가 폭발을 야기하는 전제로서 부정적인 형태의 폭력의 표현이라는 사실에 근거한다. 이 폭발 속에서 새로운 이미지가 발생하게 되며 무너진 제방, 퇴치된 용, 홍수, 칼을 써서 모태에서 빼낸 아이, 번개로 구름의 태 속에서 빼낸 비 등의 신화적 은유 등이 있다. 이와 같이 용솟음치는, 폭발적 차원의 시현示顯 형태는 보통 복을 부르는 것과 동시에 재앙을 부르는 측면이 있다. 일본 민속에서 지진의 이미지와 그에 관한 신화=민속적 은유인 메기가 여기에 해당한다.

여기서 잠시 랑누의 의견에서 벗어나 하나의 가설을 말하자면, 이

관점은 신神 관념의 가장 근원적인 부분을 해명하는 데 유효한 빛을 던지게 될 것이다. 지금까지 신 관념의 탄생이라는 시점의 맹점은, 언제나 신은 일원적인 존재라는 전제에서 출발해왔다는 점에 있다. 세계 여러 문화의 신화에서 신 관념을 신학적으로 정리할 때, 그 문화에서 질서를 구성하는 규준에 속하지 않는 요소를 잘라내 적극적으로 악마에 위임해버렸기 때문이다. 특히 일신교 관념이 정치적·문화적·전통적으로 철저한 문화에서는 이러한 현상이 일반화된 경향이 있다. 최고신■이 근원적인 존재라고 한다면 이 존재가 오히려 이원적=양의적兩義的인 편이 본연의 상태라는 사실은, 네덜란드를 중심으로 활동한 전기 구조분석 학파(라이덴 학파)가 고대 문화의 세계관에 관한 여러 연구를 통해 밝혔다. 한편 이 관점이 심층심리학의 연구와 겹치는 것이 흥미로운데, 만일 이러한 전제가 타당하다면 다수의 문화에서 일어난 일은 다음과 같은 과정을 연속해서 거치고 있다고 볼 수 있을 것이다.

(A) 유일한 최고신이 있다면, 그 신은 양의적 존재(남=여 등)였다. 또는 유일한 신은 존재하지 않으며 모든 신은 다의적 존재다.

(B) 반질서적인 부분을 잘라냄으로써 유일 최고신의 상이 형성된다.

(C) 양의성이라는 본래의 특성을 잃지 않은 신은 '의심스러운 신'으로서 열등한 지위를 부여받는다.

(D) 반질서적인 면을 담당하는 신은 악마 또는 타락한 천사로, 온갖

■　전지전능하며, 창조주로서 세계 최고의 위치를 차지하는 신. 지상신supreme being, 지고신, 고신high god과도 가까운 관념으로, 세계 여러 신화에서 널리 나타난다.

부정적인 낙인이 찍힌다. '의심스러운 신'은 경계와 연결된다.

계속적으로 일어나는 이러한 과정을 도식화하면 대강 다음과 같다.

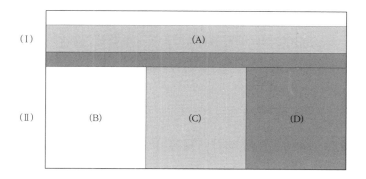

(I)의 국면에서 주역을 담당하고 있는 것은 신의 (C)의 요소, 또는 (C)의 요소를 전면에 띠고 있는 신이다. 이 관점은 특히 일본 민속을 매개로 본래의 우주관을 재구성하려 할 때, 앞으로 더욱더 없어서는 안 될 사항이 될 것이다.

랑누는 (II)의 국면에 대해 파괴라는 관념이 밤의 논리를 지배하는 시스템이라고 말하고 있다. 따라서 이러한 시스템 속에서는 신분을 감추는 신, 다시 말해 보다 성스러운 존재로서 베일 속으로 더욱 깊이 몸을 감추고, '옆으로 밀려난' 보다 성자다운 신이 악의 화신이 된다. 랑누는『리그베다』의 바루나가 이 과정을 거친 고전적인 존재임을 밝히고 있다. 바루나는 거대한 용의 아버지라기보다는 용 자신으로 보아도 좋다. 그러나 이 아버지는 젊은 신에게 퇴치당한다. 본래의 신화적 균형 상태에서는 퇴치하는 존재와 퇴치당하는 존재가 동일한 신성의 두 가지 시현 형태인데, 시스템의 변동과 함께 사람들이 꺼리는 형태로 추락한다. 그러한 예로는 다음과 같은 신들이 있다.

밤, 신비, 은폐의 신은 눈이 먼 존재로 표현된다. 신화에서의 맹인은 존재의 비밀을 엿본 데 대한 벌로 시력을 잃어버린 존재로 나타난다. 일본의 신화 세계에서는 대표적으로 아쿠시치뵤에 가게키요惡七兵衛景清 다이라노 가게키요平景清가 이러한 신성으로 평가될 수 있을 것이다.

조르주 뒤메질Georges Dumézil이 마르셀 모스Marcel Mauss의 개념을 통해 강조한 '결합'시키는 신, 증여를 촉진하는 신은 '인색'한 신으로 변한다. 이 신은 적당한 때에 아들에게 재산을 양도하는 것을 거부하는 인색한 아버지 신父神으로 그려지거나 적절한 시기에 아들을 영내에 들이지 않는 아버지 왕父王으로 표현되었다. 이는 오이디푸스 왕과 라이오스의 관계, 혹은 오레스테스나 햄릿이 맺은 관계와도—숙부는 아버지가 품는 적의를 떠맡기 쉽다[3]—대응할 것이다. 이러한 신성에는 악의가 가탁되어 그 신은 가뭄, 즉 기근을 불러일으키는 자, 그리고 마침내는 종자를 번성시킬 수 없는 생식 불능자가 되고 만다. 더욱이 돌발적인 폭력의 신은 홍수, 벼락, 큰 화재와 연결되어 파괴자가 된다.

법의 관리자로서 기적을 불러일으키고 결합과 이산離散을 초래하는 신은 변덕스럽고 어떠한 모습으로도 변신 가능하여, 기분이 내키면 모습을 바꾸어 환상, 사기, 위험한 술자, 검은 주술사의 색채를 띤다.

자신을 숨기고 전혀 모습을 나타내지 않는 신은 결코 특정한 형태로 단정 지을 수 없다. 바다와 같이 어떠한 형태로도 변할 수 있으나, 즉시 모습을 감추는 변환에 능한 신이 된 것이다.

이러한 신화의 신들을 통해 다음과 같은 여러 가지 악의 관념이 모습을 드러내는데, 인색, 파괴자, 환각 사용, 사기, 그림자 법사, 형태를 가지지 않은 자, 불능자 등이 그것이다. 이러한 여러 신화적인 악을 오늘날의 철학적인 문맥 속에서 바꿔 말하면 커뮤니케이션의 거부, 순수한 자의성, 자의성과 부조리성으로 가득한 세계, 세계 안에서 정의되는 모습에 자신을 내맡김에 대한 불능성, 가장 일반적인 차원에서는 해방된 공격성, 그리고 증식 불능이라는 표현으로 나타난다. 이렇게 신화의 빛을 쪼이면 악의 세계가 모습을 드러낸다.

그렇다면 이와 같은 전위가 어떻게 일어났으며, 다소 애매하기는 하나 함축이 많은 이 형상을 포함하는 예전의 신화 체계에서 악의 세계를 전면前面으로 밀어낸 신화 체계로의 이행이 어떻게 해서 일어났는가 하는 점이 해명되어야 할 것이다. 그리고 그 과정은 고대 인도의 수많은 용 퇴치 신화 중에서 가장 대표적인,『리그베다』에 등장하는 인드라Indra의 브리트라Vritra 퇴치에서 볼 수 있다.

브리트라는 거대한 용으로, 태초에 혼돈의 물을 둘러싸고 물이 유출되는 것을 막았다. 그가 둘러쌌던 물 안에는 태양을 비롯해 세계가 필요로 하는 모든 것이 들어 있었다. 그는 교활하고 신을 모르며 인간을 비웃는 등 방자하고 속이 시커먼, 모욕적인 악마였다. 흉포한 대식한大食漢으로 성장한 그는 강(＝우주의 물)을 전부 들이켜버렸다. 그는 이집트의 아페피Apepi처럼 변방에 있는 암흑의 산에 길게 누워 있었다. 가나안, 바빌로니아, 이집트 신화와 마찬가지로 승리의 보수는 왕권이었다.

전투 때 인드라는 벼락(바즈라Vajra)을 적의 등줄기, 얼굴 및 급소에 퍼부었다. 브리트라를 죽인 인드라는 혼돈의 물과 어둠에서 (세계의 질서를 상징하는) 물과 태양을 해방시켰다. 브리트라는 우주를 둘러싸고 밑바닥에서 꿈틀거리는 영원한 혼돈인 밖의 어둠 속에 내던져져 그 속에 머물고 있다.

조셉 폰텐로즈Joseph Fontenrose는 브리트라를, 우리가 알고 있는 세계가 그의 죽음으로 인해 비로소 존재하게 되는, 압수Apsu와 티아마트Tiamat와 같은 근원적인 혼돈의 악마로 단정한다.[4] 브리트라의 어머니 다누Danu 역시 인도의 티아마트라고 불릴 정도로 혼돈의 여성적 표현이었다고 생각된다. 사실 그녀는 자신의 아이인 브리트라가 죽은 후 격노해서 인드라를 궁지에 몰아넣고 그를 죽기 일보 직전까지 몰아가기도 한다.

고풍토기에서 살펴본 것처럼 쟁투 신화의 정점은 무력을 사용한 싸움만이 아니라 책략이나 주술에 의해서도 진행되는데, 인드라가 소마 주고대 인도에서 예배 의식 때 쓴 확인되지 않은 식물인 소마로 만든 술를 마시고 기운을 회복하는 것이 그 예다.

『마하바라타』『라마야나』와 함께 인도의 대표적인 2대 서사시의 서술에서도 주술은 책략으로 바뀌어 나타난다. 인드라를 따르는 신들은 브리트라에게 압도되고, 시간을 벌기 위해 휴전을 요청한다. 브리트라는 신들로 하여금 마르거나 물에 젖은 상태에서, 나무나 돌, 근거리용 무기나 화살로 낮이나 밤에는 결코 자신을 죽이지 않겠다고 맹세하게 하는데, 인드라는 희미한 빛이 비칠 때 브리트라가 바닷가에 있는 것을 본다. 그리고 다행히도 커다란 거품(젖은 것도 아니고 마른 것도 아니며, 돌도 나무도 아니고, 무기도 아니다)을 발견하여, 그 거품에 자신의 바즈라를 섞어

브리트라를 폭파했다. 여기서 인드라는 책략과 함께 스핑크스 설화형 수수께끼를 푸는 것까지 행하고 있다. 그것은 서로 대립하는 사물을 중개하는 상징을 만들어내는 언어유희다.

브리트라와의 싸움에서 인드라의 적은 브리트라와 그 어머니 다누뿐인 것같이 보인다. 하지만 소마 주의 입수 방법과 관련하여 폰텐로즈는 인드라를 위해 바즈라를 만들어주었던 아버지 신 트바슈트리 Tvashtri(대장장이 신) 또한 설화 구조상 브리트라와 치환 가능한 위치에 있다고 말한다.[5] 인드라는 이 소마 주를 손에 넣으려면 그것을 독점하고 있는 트바슈트리의 손에서 직접 빼앗든지, 트바슈트리의 아들 비슈바루파 Vishvarupa나 악마인 바라가 지키고 있는 암소에 이르기 위해서 산을 뚫고 빠져나가야만 했다. 소마 주는 밀폐 보관된 소의 젖과 동일시되었으며, 이렇게 해서 우유=소마 주를 손에 넣은 것이 곧 적을 이기는 일이 되었다. 폰텐로즈는 브리트라가 감싸 안은 물이 자꾸 우유로 불리고 있다는 점에서 혼돈의 물과 소마 주가 동일하다는 사실을 확인할 수 있다고 말한다. 그에 따르면, 그렇기 때문에 소마 주를 얻기 위해 용을 죽이는 행위와 소마 주를 사용해 용을 죽이는 행위가 대응할 뿐 아니라 동의 반복이라고 볼 수 있다는 것이다. 이렇게 해서 인드라에 대한 트바슈트리의 입장이 양의적이라는 사실을 확인할 수 있다. 그는 때때로 인드라의 아버지라고도 일컬어지는데, 『타이티리야 삼히타』 및 『샤타파타 브라마나』에 따르면 트바슈트리는 인드라가 그의 아들 비슈바루파를 죽인 데 화가 나서 당시 신들에게 나누어주던 소마 주를 인드라에게만 주지 않기로 결정한다. 그러나 인드라는 소마 주를 베풀고 있는 곳에 침입하여 대부분의 소마 주를 마셔버리고 말았다.

이에 격노한 트바슈트리는 남은 찌꺼기를 불에 던지며 자라서 인드라의 적이 되라고 명했고 그리하여 브리트라가 생겨나게 되었던 것이다.

인드라에 대한 트바슈트리의 관계는 이처럼 양의적이며, 그는 때로는 인드라의 아버지라고도 불린다. 폰텐로즈는 트바슈트리에 대해 "시원적 존재, 괴물 및 악마의 아버지로서 브리트라와 마찬가지로 압수와 등치된다. 사실 트바슈트리, 비슈바루파, 브리트라는 본래 하나의 존재에 붙여진 세 가지 다른 이름이다"[6]라고 말한다. 그러나 이러한 선신善神이 어떻게 악신惡神으로 이행하는지 해명되어야 하는데, 랑누는 『베다』를 검토하면서 다음과 같은 문제점을 지적했다.[7]

(1) 하나하나의 상징이 아니라, 상징군의 복합인 시스템이 문제가 된다. 이러한 관점은 후술할 지그문트 바우만Zygmunt Bauman의 관점에 가깝다. 이들 상징군은 전체적으로 파악해야 한다. 그것들을 통해 중심적인 개념에 가능한 한 가깝게 접근하기 위해서다.

(2) 다음으로 안정된 상징 복합monosemy과 불안정한 상징 복합polysemy이 있음을 확인해야 한다. 전자는 광명—질서—지知—계약—조화和라는 군에 해당하며, 이들 사이에서는 변환이 쉽다. 이에 반대되는 항들은 밤—폭력—영감—주술이라는 군인데, 이들은 불안정한 상징 복합으로 흑黑의 복합, 즉 밤—자의성—악의—불능이라는 상징군과 교환되기 쉽다.

(3) 강렬한 감정을 환기하는 상징군이 있다. 그것은 심한 가뭄에 비가 오기를 간절히 원하는 것과도 같은 긴장감의 극한이라고 할 수 있으며, 철저한 공포감과 기대에 가득 찬 경건한 차원이기도 하다. 이와 같은 감정이 지배하는 순간에 사람은, 불규칙적이고 다면적으로 두려

움을 불러일으키는 우주의 힘宇宙力의 포로가 된다. 이때 종교적 감성은 살기殺氣로 변한다. 또 기대는 고발로, 불안은 도전으로 변하게 된다. 맨 처음 변하는 것은 인간의 감성이다. 한도를 넘어선 긴장을 견뎌내는 일이란 인간에게 불가능하다. 인간은 고발 혹은 공격성이라는 새로운 틀에 꼭 들어맞는 이미지를 필요로 한다.

(4) 같은 이미지가 능동태와 수동태로 생겨난다는 점에 주의해야 한다. 다시 말해서 동일한 기원을 가지는 이미지가 두 개의 상반된 분신으로 나타나는 것이다. 같은 이미지가 하나는 명령하는 신으로, 다른 하나는 그에 따르는 영웅으로 나타나는 경우가 있는데, 예를 들어 사람을 눈멀게 하는 신은 끊임없이 사람이 눈멀게 하는 신이라는 것을 수반한다. 우리는 일정한 특성을 통해서나 아니면 각각을 이야기함으로써 그것들이 근본적으로는 같은 것임을 알 수 있다.

다른 형태로 볼 때 이 관계는, 순난자殉難者가 겪는 수난은 신이 꾸민 것이지만 신이 행하는 일을 그 자신의 분신이 계승해야 한다는 것을 뜻하며, 이러한 신화적 논리는 영웅과 그가 퇴치하는 용 사이에도 쉽게 적용될 수 있다. 랑누는 신들이 재생산되는 과정의 비밀이 여기에 있다고 말한다. 단, 이 과정을 끝까지 지켜보는 일은 매우 어려우므로 연구자는 너무도 불안정한 이미지 속을 암중모색하여 더듬어나가야 한다고 말한다. 그러나 현재 얻을 수 있는 예측은 다음과 같다.

제1기의 사고, 즉 밤의 얼굴을 가진 주권자인 신에서 제2기의 대악령으로의 이행은 후세 인간이 너무나도 철저하게 능력을 상실한 나머지 후세 인간의 상상력 이면에서 일어났던 것이다. 이 무력함이란 난해한 상징 복합을 이해할 수 있는 능력을 결여했음을 가리킨다. 그리고 이는 합리화에 의하거나 본래의 형태를 간직하지 않은 위조품을 규탄하는 방법으로밖에 파악하지 못하는 형태로 나타나는 능력 결여, 혹은 이 거대한 표상에 맞추어 폭력적 상태에서 영혼을 보호하는 능력 결여 등을 말한다.

랑누의 이러한 관점은 우리가 말하는 (I)기에서 (II)기로의 이행 모델[(A)→(D)]과 분명히 대응한다고 볼 수 있을 것이다. 그러나 이 추론은 보다 복잡하고 보다 고귀한 형상으로부터 악령적 형상이 어떻게 발생하는가에 관한 과정을 시사한다. 따라서 철학적으로 악의 문제를 규정한다면 악은, 현실에는 존재하지 않고, 형상을 가지지 않으며, 특히 망상과 환각의 소산으로서 무력하고 규범을 잃은 상상력 속에서 일어나는, 신위神威에 대한 잘못된 사변에 지나지 않는다고 표현할 수 있겠다.

랑누가 철학소哲學素philosophim라 이름 붙인 철학의 건강한 발전의 초석이라고 할 수 있는 것에 관해 철학자들이 전혀 이해하지 못한 것은 아니다. 스피노자에게 악은 불비不備로, 그릇된 사고방식으로 내린, 잘못된(거짓) 판단일 뿐이었다. 그리고 데카르트에게 악은 '심술궂은 정령'으로, 창조적이지만 사기꾼이며 신에 의해 부정되고 제거되기 위하여 등장하는 존재다. 이러한 점에서 볼 때 데카르트는 악이 본래 차지하고 있는 양의적 위치를 꽤 올바르게 파악하고 있었던 것 같다.

랑누는 이와 같이 본래 고풍스러운 상태에서는 확실하게 분리되어 있지 않으며 상징적인 함의로 가득한 세계에 대한 이미지 복합체에서 악과 태양신적인 영웅이 분리된 과정을, 시간의 경과에 따르기보다는 존재론적으로 더듬어감으로써 철학적 사고의 전제 중 하나를 밝힌다.

그는 철학사란 이 실추적失墜的 현상과 소원적遡源的 원천으로 거슬러 올라가는 것. 사물의 근본을 규명하는 것 시도가 번갈아 나타나는 과정이라고 말한다. 소원遡源은 보다 분절화가 적으면서도 포괄적인 개념을 구축하려는 시도에서 나타났다. 오늘날 루소, 비코, 니체에게 보이는 관심에 이와 같은 소원적 시도에 대한 관심이 표명되어 있지 않다고 단언하기는 어렵다.

2
신화의 보편 문법

랑누가 제기한 마이너스 상징의 신화론적 분석은, 케네스 버크 Kenneth Burke가 「신화, 시詩 그리고 철학」이라는 논문[8]에서 기호학적인 관점을 통해 시도했다. 버크는 아폴론과 파이톤의 '쟁투 신화'에 대한 폰텐로즈의 비교 연구[9]를 토대로 삼아, 자칫 역사적인 기원론에 빠지기 쉬운 이러한 종류의 소재를 통시적 구조로서 해석하고자 했다.

우선 버크는 폰텐로즈에 의거하여, 이러한 유형을 지닌 신화의 열 가지 근본 명제(패러다임)라고도 할 수 있는 구성 요소를 신화의 전개에 따라 요약했다.

쟁투 신화의 테마[10]

1. 적敵은 신적神的 기원을 가진다.

   1A 그는 본 어머니(혼돈의 악마 또는 지모신地母神)의 아들이다.

1B 그는 아버지 신父神(혼돈의 악마, 폐위되었거나 실제로 지배하는 아버지 신)의 아들이다.

1C 그는 비슷한 기원과 성격을 가진 처나 여자 친구가 있다.

2. 적은 특정한 곳에 산다.

2A 지리적 대응 형태: 적은 신화의 화자가 보통 괴물이나 마성이 있는 존재가 살고 있다고 추정하기 쉬운 곳에 산다.

2B 그는 동굴, 오두막, 나무 등에 산다.

2C 그는 신의 테르메노스에 산다.

2D 그는 샘의 수호자이거나 정령이다.

2E 그는 바다, 호수 또는 강에 깃든다.

3. 적은 이상한 외모나 물건을 지니고 있다.

3A 그는 거인이다.

3B 그는 비인간적인 형태를 하고 있다. 가장 많은 것은 도마뱀, 악어, 전갈, 물고기, 하마, 멧돼지, 사자, 늑대, 개, 말, 수소, 독수리, 흰머리수리, 송골매 등이다. 때로는 사람과 짐승의 부분부분이 혼합된 다양한 형태다.

3C 그는 몇 개나 되는 머리, 팔, 다리를 가지고 있다.

3D 그는 불이나 응시 행위 혹은 입김으로 다른 것들을 죽인다. 코, 입, 눈에서는 불을, 입, 눈, 얼굴에서는 죽음을 초래하는 위협을, 코나 입으로는 독기를 머금은 숨을 내쉰다.

3E 그는 자신의 겉모습을 마음대로 바꿀 수 있다.

3F 그는 지하계에서 올라온 사령死靈, 사악한 마물, 유령이다.

3G 그는 바람, 홍수, 폭풍, 역병, 가뭄이다.

4. 적은 사악하고 탐욕스럽다.

    4A 그는 약탈과 강도, 살인을 일삼고 전쟁을 벌인다.

    4B 그는 신하를 억압하고, 무거운 세금을 부과하는 전제적 지배자다.

    4C 그는 사람의 아이와 동물의 새끼를 유괴한다.

    4D 그는 악식惡食을 한다. 가축을 통째 삼키기도 하고 식인귀이기도 하다.

    4E 그는 처녀의 희생을 요구하는 호색한이며 치한이다.

    4F 그는 길을 막고 지나는 사람을 시험하여 자주 죽인다.

    4G 그는 사람들을 물과 격리시키기 위해 강을 막아둔다.

5. 적은 하늘을 거스른다.

    5A 그는 세계를 지배하려고 한다.

    5B 그의 어머니, 처 또는 여성 공모자는 그를 부추긴다.

6. 신적인 챔피언이 그와 싸우기 위해 나타난다.

    6A 기후의 신 또는 천신天神이 그와 싸우기 위해 등장한다.

    6B 그것은 신이 최초로 세우는 공적이다. 그는 그때까지 소년이거나 청년이다.

7. 챔피언은 적과 싸운다.

    7A 챔피언은 자신이 가장 잘 다루는 무기로 싸워서 적을 죽인다.

    7B 그는 많은 화살을 사용해야만 한다. 왜냐하면 적은 강하든지, 공격이 불가능한 요새를 지니고 있기 때문이다.

    7C 다른 신들은 공포의 도가니 속에 빠진다. 그들은 적을 달래거나 도망친다.

7D 챔피언의 여동생, 처 또는 어머니가 그를 도와준다.

7E 챔피언은 다른 신이나 영웅에 의해 구조된다.

7F 적은 싸우다 말고 도망친다.

7G 쟁투는 거인 대 신이라는 대립의 중심 만남이다.

8. 챔피언은 하마터면 질 뻔한다.

8A 그는 일시적인 패배 또는 죽음에 맞닥뜨린다.

8B 적은 힘을 제공하는 기관을 그의 몸에서 제거하든지, 힘을 제공하는 물건을 그에게서 빼앗는다.

8C 적은 그를 축하 연회에 끌어들인 다음 완전히 친다.

8D 적의 무리는 챔피언을 유혹하여 파멸에 이르게 하거나 그와 맹약을 맺는다.(베누스베르크의 테마)

8E 죽은 챔피언을 애도한다.

9. 적은 마지막으로 속임수에 걸리고, 주술에 걸려 쓰러지게 된다. 그는 특히 (a)음식과 (b)성적인 유혹에 약하다. 그는 쉽사리 (c)변장술에 걸려든다. 그에게 (d)주술이 사용된다.

10. 챔피언은 적을 처치하고 승리를 만끽한다.

10A 그는 적을 죽인 후 지하계에 감금하거나, 그 시체를 토막 내거나 잘게 썰어 남의 구경거리로 만듦으로써 응징한다.

10B 그는 연회나 다른 축제를 벌여 승리를 축하한다. 그는 신들과 사람들에게서 갈채를 받는다.

10C 그는 더러워진 피를 정화한다.

10D 그는 제사, 의례, 축제를 마련하고 자기 자신을 위해 사당과 사원을 세운다.

왠지 스사노노미코토素戔嗚尊를 떠올리게 하는 설정이라는 것을 눈치 챘을지도 모르겠다. 사실 이러한 유형의 신화는 보통 안드로메다—페르세우스 형태의 설화로 분류되어 있으며, 모든 문화는 어떠한 형태로든 각각의 신화계 속에 편입되어 있다고 해도 지나친 말은 아니다. 특히 이러한 유형의 신화는 선과 악이라는 윤리의 이원 대립을 근원적인 형태로 표현하고 있기 때문에 문화 분류의 발생론적 전제를 생각할 때 매우 중요한 역할을 수행하고 있다고 볼 수 있다. 이러한 종류의 신화를 비교·분석할 때 사용하기 쉬운 방법에는 전파론적 설명과 역사적 설명이 있는데, 전자는 잘 알려져 있으므로 새삼 설명할 필요는 없을 것이다. 사실 폰텐로즈도 아폴론과 파이톤의 싸움이라는 형태로 나타난 '쟁투 신화'의 기원을 추적하고, 그 발생지와 전파 경로, 과정에서 일어난 다양한 변형을 뒷받침하려고 했다. 이러한 논증 과정에는 두 가지 단계가 설정된다. 초기 형태는 용과 천신의 싸움이 천신의 승리로 끝나는 것이고, 후기에는 이 형태가 정복·피정복 등 지방의 다양한 역사 과정을 반영해 '오래된 신들'과 '새로운 신들'의 싸움이라는 형태로 이행한다. 폰텐로즈는 여기서 "정복당한 주민의 영웅신은 용 또는 도적이라는 역할의 규정된 틀에 딱 들어맞는다"라고 말한다.

버크는 역사적 맥락에 구애받으면서도 패러다임 추출을 목표로 하는 폰텐로즈의 방법을 주목한다. 버크는 스스로를 가리켜 일반적으로 사용되는 의미와는 사뭇 다른 방법으로 '기원'이라는 말을 사용한다고 말한다. 그는 이 말을 쟁투 신화의 패러다임 형태 속에, 암암리에 포함되어 있는 논리라는 의미로 사용한다고 한다. 패러다임이라는 용어는 페르디낭 드 소쉬르Ferdinand de Saussure 언어학에서 구조주의, 최근에는 토머스 쿤Thomas S. Kuhn의 "패러다임으로서의 과학"11이라는 정의에 사용되는 등 비교적 수요가 많아지고 있는 단어다. 버크는 이 용어를 자신의 입장에서 "발단, 과정, 종결과 같은 부분을 포함하는 진행 형태에서 나타나는 신화의 구조 원리"라는 규정을 토대로 하여 사용했다. 그는 이러한 패러다임 안에 포함되는 모티프 연구는 시학詩學에 속한다고 말하고 있다. 물론 그가 말하는 시학이란, 형태의 문법이라는 의미에서 논리학이기도 하다. 모티프라는 말도 일상생활의 인과론을 적용하면 바로 그의 본뜻을 거스르게 되는 용어로, 오히려 원동기原動機 또는 시동력始動力이라는 말에 가까운 것으로서 발생론적으로 이해해야 할 것이다. 오히려 형태 대응의 뉘앙스를 잃지 않는다는 의미에서는 음악 용어에 가까운 것으로 이해해야 할지도 모르겠다. 그런데 버크는 폰텐로즈의 다음과 같은 결론 부분의 서술이 그가 말하는 '원동기'의 탐구 방법에 매우 가까운 것임을 인정한다.

이렇게 우리는 각종 쟁투의 모든 형태를 '에로스'(生)와 '타나토스'(死)가 서로 부딪치는 것으로 간주할 수 있다. 이는 살아 있는 모든 유기체의 시초에서 온 중심 원리로서 프로이트가 맨 처음 가설로 제시해 연구한, 삶의 본능과 죽음의 본능의 대립이다. 무엇보다도 이것은 프로이트 이전의 시인과 철학자 들도 희미하게나마 인식하고서 극적 또는 형이상학적 말을 써서 표현한 것이었다. 그렇지만 인생에서 이 두 원리는 서로 대립하면서도 끊임없이 혼효되고 있다. 이렇게 해서 신화의 환상은 인간 정신의 근원적 진실을 다른 형태로 표명한다.12

더욱이 좀 더 구체적인 차원에서의 쟁투 신화는 '창조 신화, 질서와 무질서, 혼돈과 우주의 상극 설화'로 여겨진다. 버크는 폰텐로즈의 이러한 규정에 입각하여 다음과 같이 말한다. 즉, 신화가 이야기되는 순서에 따라 말하면, 신화의 가장 단순화된 형태에서 이야기는 무질서에서 질서라는 형태로 진행한다. 하지만 이것들을 논리적 반대물(혹은 '양극적兩極的인' 말)이라고 생각할 때 말 상호 간의 관계에서는 진행 서열이라는 것을 생각해낼 수 없다. 버크의 로골로지logology(원原 논리를 추출하는 기술)에 따르면 이 두 개념은 상호 규정적이어서, 대를 이루고 나서야 그 존재가 확실해진다. 따라서 '질서'라는 말 안에 '반질서'라는 말이 잠재적으로 포함되어 있거나, 거꾸로 '반질서'라는 말 안에 '질서'라는 말이 들어 있다. 마찬가지로 '혼돈'(카오스)과 '우주'(코스모스)라는 말도 이 둘이 서로 대립하고 있는 한 같은 관계에 있다고 할 수 있다. 버크는 이 관계를 인간과 자연, 인간과 야수의 원시적인 싸움이라는, '역사적 기원'과 '최초의 상태'와 같은 시간적 메타포로 파악하지 않고, 자신이 '언어학적 경이marvel'라 이름 붙인 '부정법不定法'이라는 작용으로 설명할 것을 주장했다. 이러한 부정법은 반대 명제를 통해서 사고하려는 인간 성향의 기초를 제공한다.

여기서 버크가 예로 드는 것은 허락/부정, 선/악, 진실/거짓, 바름/그름, 질서/반질서, 우주/혼돈, 성공/실패, 존재/비존재, 쾌락/고통, 깨끗함/부정함, 삶/죽음, 사랑/미움, 에로스/타나토스 등이다.[13]

이상과 같은 논의의 연장선상에서 '쟁투 신화는 왜 존재하는가?'라고 묻는다면, 버크의 '원논리복원학原論理復元學logology' 식의 표현을 빌려 다음과 같이 대답할 수 있을 것이다.

반대물이 잠재적으로 그 대립물을 의미한다고 할 때, 이 양자 사이의 대립은 '비非시간적'이다. 서로가 '극성極性'을 띤 말인 이상, 양자 사이에 점차적인 이행이나 어느 한쪽의 우위 같은 관계는 성립하지 않으며, 잠재적으로 서로 다른 것을 의미할 따름이다. 하지만 이것이 신화적 서술 형식으로 번안되면 이러한 대립은 두 사항 사이의 '준準시간적' 쟁투가 되고, 한편이 다른 한편을 '쳐부수는' 것으로 묘사될 가능성을 이끌어낸다.

어떤 경우에는 양쪽 모두 일정 기간 이후 원환적圓環的으로 교체하는 지상至上의 존재로 자리매김된다. 이 두 사항 사이에는 각각이 일정한 우위를 지킴으로써 다른 것과 구별되면서도 서로를 규정할 여지가 남는다. 이와 같은 사고는 정치적인 차원에서는 공위기空位期라는 형태로 변조되어 나타난다. 이 경우 재위기在位期는 공위기라는 사항에 대한 압도적인 승자의 이미지와 관계 있는 것이 아니라, 결국은 다른 한편에 의해 교체되어야 하는 일시적인 지배자와 관계가 있다.

그 자신이 직접 언급하고 있지는 않지만, 버크의 이러한 생각은 신화를 기호의 묶음으로 환원한다는 목적을 가진다는 점에서 구조주의적 분석과 매우 유사하다. 그러나 이 방법은 그가 1930년대부터 펼쳐온 사고의 결실로서, 문화와 질서와 논리의 근원적인 부분의 구조를 해명한, 20세기의 가장 자극적인 고찰임이 틀림없다.

이렇게 해서 부정 원리가 시간적으로 배열된 서로 대립하는 두 가지 목적의 관계 속에서 조직되는 메커니즘을 탐색한 후, 버크는 '삶'(에로스)과 '죽음'(타나토스)의 변증법을 고찰의 대상으로 삼았다. 이 경우 쟁투 신화는, 이 신화가 연관된 '질서'에 대한 규칙으로 기능하는 원인이 된다는 점이 강조되고, '쟁투 신화'와 질서의 관계에 관심의 초점이 모아지게 된다. 대립하는 관계항이 '행위'를 받아들임과 마찬가지로 '행위'는 잠재적으로 그 대상인 목적성을 받아들이기 때문이다. 이 관계항, 행위—목적성의 도식을 문화 속의 여러 행위를 규정하는 패턴의 원형으로 볼 때, 이 편성을 발견하면 기호를 기호가 작용하는 문맥에서 무리하게 잘라내지 않고도 분석할 수 있다. 버크는 분석 과정에서 궁극적이고 완성된 상태의 모델로서 때로는 이념적으로만 추출되는 논리를 아리스토텔레스를 따라 궁극인窮極因entelechy이라고 불렀다. 신화 분석에서 이 궁극인적 시야는 수많은 유사 설화와 변형 설화를 역사적으로 거슬러 올라가서 얻을 수 있는 가장 오래된 설화에서 얻어지는 것이 아니라, 폰텐로즈의 패러다임 중 완전한 상태에 거의 근접한 시학적·수사학적 원칙에서 얻어지는 것이라고 한다. 이 입장은 「신화의 구조주의적 분석」에서 클로드 레비스트로스Claude Lévi-Strauss가 모순율의 공시적인 표현으로서 신화를 분석하는 방법을 제공했을 때 사용한 사고 방법과 대응한다고 할 수 있다. 이 궁극인적 전망은 '형태'가 발전해 온, 이미 지나가버린 시점에서가 아니라 '형태'의 '원리'가 '형태' 그 자체에 내재하고, 모든 설화가 그와 같은 형태에 도달하기 위해서 유도되는 '완성'의 가능성 속에서 얻을 수 있는 것이다. 버크는 설화 속에서 신의 부재라는 상태가 거론되었을 때의 설명 가능성을 궁극인이 작용하는 방법의 예를 통해 보여준다. 여행을 떠날 가능성도 있지만 신이 죽었다는 쪽이 '보다 철저한' 설명이 되며, 마찬가지로 도박꾼이 '돈을 건다'라는 설명과 비교하면 '생명'을 건다는 쪽이 훨씬 완전한 것이라고 한다. 버크는 이러한 논리를 쌓아가면 궁극인의 작용에 따라 신화가 그 '완전한 패러다임'의 원동기 설정이라는 점에서 보다 단호한 표현을 지향하고, 완성의 길을 걸으리라 기대할 수 있다고 말한다.

여기서 '완성'이라는 용어를 우리의 일상적인 관용어에서 분리하기 위해 버크가 또 다른 저서[14]에서 다른 형태로 풀어놓은 설명을 보자. 이 책에서 그는 궁극인을 의례와의 관련으로 설명하고 있다. 그는 우리 모두를 '신화적 인간'으로 본다. 그러나 우리의 생활 속에서 중요한 사건은, 신화에 능통한 어떤 달인이 그 사건의 신화적 대응물을 꺼내 보여줘야 완전한(궁극인적으로 완성된) 것이 된다. 버크가 든 예 중에는 없지만, 에도 시대 가부키歌舞伎의 세와교겐世話狂言■에서 작자의 역할이 그러했을 것이다. 그러므로 문제가 되는 것은 이와 같은 신화적 완성물이 지리상의 어떠한 지점에서 발생해 전파되어왔는가가 아니라, 결국 그것들이 상징론적으로 어떻게 누적되고 완성되어가는가 하는 점이다. 때때로 반복되는 의례는 다른 시간에 속하는 수많은 사건을 하나의 항목 안에 포함하는 한 서술적으로 철학 이전의 분류 양식이다. 같은 연령대에 속하는 젊은이들을 같은 항목에 짜 넣고 그들 개개인의 속성을 소거한다는 성년식의 예가 보여주듯이, 의례는 '궁극인적'이거나 '완벽론적'으로 작용한다. 결국 '신입' 젊은이들은 보통의 생활이라 해도 성년식 과정에서 어떤 특정한 절대적 원리라는 관점으로만 고찰된다는 점에서, 그들은 '완성되는' 것이다. 이 원리란 '신입'으로서의 그들

■ 세와모노의 가부키 교겐歌舞伎狂言. 가부키는 내용에 따라 세와모노世話物와 지다이모노時代物로 크게 나눌 수 있다. 세와모노는 에도 시대의 생활과 세태, 풍속을 담은 것으로 등장인물은 당시의 조닌町人, 이야기는 당대에 실제 일어난 사건을 소재로 삼는다. 서민의 의리와 인정을 테마로 한 작품이 많다. 따라서 작품의 등장인물과 내용이 당시의 서민에게 친근하게 느껴졌고, 이는 관객이 극의 등장인물들에게 동정심과 일체감을 느끼는 배경이 되었다.

의 정체성과 그에 걸맞은 인격의 재편이다.[15] 요컨대 이러한 경우의 궁극인이란 잠재적 구조를 표면화하기 위한 궁극적인 모델로 파악할 수 있다.

의례적 또는 신화적 '완전화'를 설명하기 위해 버크는 그리스도 신화를 예로 든다. 기독교 신학자는 그리스도와 같은 형상이 『구약성서』에 나타나자 이를 '그리스도형'으로 논했다. 다른 방법으로는 『구약성서』에서 같은 형태를 취하여 그리스도 및 그리스도적 순난자, 그리고 이와 같은 모든 구약형의 형상을 그리스도 순난의 변형으로 파악한다. 또 다른 방법으로는 이런 것도 있다. 그리스도 및 『구약성서』 또는 그 후의 시기에 나타나는 그리스도와 유사한 형상을 다양한 역할의 희생 원리라는, 한층 더 보편화된 범주의 예로서 생각하는 것이다. 버크는 마지막 방법을 '궁극인'적 연구 방향이라고 부른다.

여기서 흥미를 끄는 것은 오늘날 영국의 신新인류학파 지도자 중 한 사람으로 주목받고 있는 에드먼드 리치Edmund Leach가 버크의 '궁극인'적 접근과 매우 근접한 입장에서 그리스도와 세례 요한을 구조주의적으로 비교했다는 사실이다.[16] 다만 리치는 이 양자의 가역성可逆性에 관심을 갖고 있지만 말이다.

그리스도와 요한을 대비해서 파악해보면, 우선 양자는 예외적인 임신으로 태어났다. 요한의 어머니 엘리사벳은 자식을 가질 나이가 지났음에 반해 예수의 어머니 마리아는 처녀였으며, 이 둘은 사촌 자매였다. 그리고 요한은 아론의 사제 계보에 속해 있었으나 예수는 다윗 왕가에 속해 있었다. 요한은 광야에 살고 있었는데, 이는 현세와 다른 세계의 경계에 살고 있었음을 의미한다. 그는 짐승의 털로 만든 옷을 입고, 메뚜기와 벌꿀을 먹고 살았으며, 술을 마시지 않았고 야수를 친구로 삼았다. 이와 같이 그는 '자연'인이었다. 한편 예수는 왕위 가문에 속해 있었으며, 목수의 아들이었고, 도시에서 평범한 음식물을 먹고 살았다. 그는 시정市井의 무리와 죄인과 사귄다. 그는 '문화'인이다. 예수는 요한에게 세례를 받지만, 이때 요한은 말로써 예수에 대한 종속을 표명한다.

마지막으로 요한은 머리가 잘려 죽는다. 구약 시대에 이것은 왕과 귀족에게만 허락된 사형법이었다. 이에 반해 예수는 십자가에서 죽는다. 이것은 로마의 정복자들이 범죄자에게만 적용한 사형법이었다. 또 요한의 죽음은 사악한 헤로디아의 음모와 그녀의 딸 살로메의 성적인 장난 때문이었지만, 예수 주변의 여성은 모두 성적으로 깨끗했다. 그러나 그중 한 사람인 막달라 마리아는 창녀였다. 요한은 향연이 벌어진 왕궁에서 죽었으며, 그의 목은 진수성찬과 같이 접시 위에 받쳐졌다. 예수는 유월절이라는 유대의 제삿날에 죽었고 그는 자신의 몸과 피가 떡과 포도주라고 말했다.

처형이 시행된 시공간을 살펴보면, 유대 신화에서 본래 유월절은 이집트인의 지배에서 이스라엘인이 해방된 것과 그들이 광야를 지나 약속의 땅 가나안으로 향한 것을 축하하는 행사였다. 이처럼 예수의 '최후의 만찬'은 확실히 유대의 유월절과 같은 것으로 보인다. 일상의 평범하고도 속된 생활 속 노동과 근심으로부터 인류가 해방되고, 인간의 죽음이라는 신비로운 폭력성을 통해서 천상에 있는 신의 왕국의 약속의 땅과 영생으로 도주하는 것을 축하하는 축제인 것이다. 유대 신화에서 최후의 해방에 대한 징표는 신이 억압자 이집트에서 태어나는 모든 첫 아이와 첫 새끼를 죽인 것이었다. 기독교 신화에서 해방의 최후 징표는 인간이 신의 독생자를 죽인 것이었다. 이와 같이 리치에 따르면 기독교 설화는 분명 이전부터 있었던 유대 설화의 새로운 버전이지만, 몇 가지 중심 요소를 거꾸로 하여 더욱 형이상학적인 차원에서 일반화한 것이라고 한다.

이러한 식으로 생각해본다면 요한과 그리스도에게 일어난 일은 요단 강을 경계로 한, 상징적인 주인공들의 역할 교환이다. 또 이 둘을 비교해서 알게 된 사실은 요한이 황야(＝자연)에서 출발해 도시(＝문화)에서 죽고, 예수가 시내에서 출발해 황야에서 죽음을 맞이한다는 사실에서 볼 수 있듯이, 진행 방향이 반대라는 점이다.

우선 요한은 다른 세계의 존재로서 모습을 나타낸다. 그는 어머니의 배 속에 있을 때부터 성령으로 충만해 있었다. 그는 황야에서 외치는 소리였다. 그러나 그는 도시의 왕궁에서 왕으로서 죽임을 당했다. 예수는 이 현세의 존재로서 출발한다. 그는 처음에 황야가 아닌 도시에 속해 있었다. 그가 지닌 왕으로서의 자격은 처음부터 강조되고 있었다. 그러나 그는 요한에게 세례를 받고 나서야 비로소 성령으로 충만하게 된다. 그 후 그는 황야로 향한다. 하지만 그는 신과 교신한 것이 아니라 악마와 만나게 되었다. 그는 다른 세계의 존재로 죽는다. 요한은 신의 대변자인 예언자로 출발하여 살해당하는 왕으로서 끝났다. 이에 반해 예수는 살해당하는 예언자로 죽음을 맞이한 왕이었다.

리치가 밝혔듯 그리스도 신화의 다양한 구성 요소는 유대 신화의 구세주에게 위임되었을 사적事蹟 또는 역할 전도에서 비롯된 것이다. 예를 들면 일찍이 이스라엘인이 파라오에게 쫓겨 이집트에서 가나안으로

도주했던 것같이, 예수는 헤롯 왕에게 쫓겨 거꾸로 가나안에서 이집트로 도주한다. 그리고 예수는 왕으로서 죽은 것이 아니라, 도시 바깥의 형장에서 가시관을 쓰고 가짜 왕으로서 죽는다. 사실 그는 평범한 죄인 대접을 받고 죽었던 것이다. 그러나 이러한 죽음 덕분에 그는 요한이 처음에 갖고 있던 지위에 도달하고, 다른 세계, 영생과 현세를 잇는 다리가 된다. 이러한 역설은 하비 콕스가 보여주는 것처럼[17] 거짓 왕 그리스도의 상황 설정에 대응하는 광대 그리스도라는 형태로 나타나기도 하지만, 이러한 형태가 수난극 패러다임의 추출이라는 당면 과제에서 그다지 큰 위치를 차지하지는 못한다.

이와 같이 신화적 상황의 패러다임 중첩에 호응하는 신화와 의례의 대응이 존재하는데, 리치는 그 전형적인 예로 함께 식사하는 의식인 미사가 최후의 만찬을 재현한 것이라고 설명한다. 참석자는 성찬聖餐을 통하여 자신을 예수와 동화하고 다른 세계에서의 영생을 보장받는다. 동시에 그는 자신을 이 세상에서 많은 죄를 지은 참담한 죄인으로 간주한다. 하지만 참가자는 자신의 영적 상태를 향상시켜 왕의 상태에 한층 가까이 가려고 시도한다. 리치는, 이것이 헤롯 왕을 향해 접근하는 것인가, 예수를 향해 접근하는 것인가 하는 양의적인 애매함은 신화의 구조에 달린 것이라고 말한다. 이렇게 보면 리치의 의견은 신화의 메시지에서 그것이 위임되는 역사적 문맥은 크게 중요하지 않다는 버크의 결론에 가까워지고 있다. 이와 같이 리치가 보여주는 바에 따르면 요한과 예수는 같은 패러다임을 반대 방향으로 더듬어가는 것이 된다. 다만 리치는 변환 논리를 좇는 데 급급한 나머지, 대치되는 항의 발견, 대치 논리의 귀결로서의 '희생 논리'를 탐구하지 않았다는 점에서 버크가 말하는 '궁극인'을 해명하다 말았다고 할 수 있다. 이처럼 리치는 끝까지 철저하지 못했기 때문에『구약성서』를『신약성서』의 선행 형태, 신화를 의례의 선행 형태로 보는 전후 관계론에 머무르고 말았을 것이다. 그럼에도 그리스도 신화에 대한 리치의 구조주의적 분석은, 기본적으로 버크가 말하는 '완성론'적 접근과 출발에서는 같은 맥락을 이루고 있음이 드러난다.

쟁투 신화에서 주인공에 맞서는 측은 패배하긴 하지만, 주인공의 대對로서의 논리적인 필연성이라는 존재의 전제 조건을 남긴다. 이 조건을 해소하고 문화의 질서를 확보하기 위해서는 다음 두 가지의 신화적 해결책을 생각할 수 있겠다.

(1) 사탄 신화에서 볼 수 있듯 서로 맞서는 한편은 패하지만, 패자가 반란을 일으킬지도 모르는 위협 아래에서 살아남는다.

(2) 패배한 원리가 주기적으로 복권되어, 일정 기간 지배한 후에는 또다시 반대 원리에 자리를 내어준다.

이러한 원리는 서구 중세의 정치 과정에서 카니발의 가짜 왕 전통 속에 보존되어 있다. 버크는 일정한 조건 아래에서는 (2)와 같은 대립은 공동 관계로 생각할 수 있다고 한다. 전체성이라는 관점에서 말하자면 양자의 협력이 없어서는 안 될 전제가 되기 때문이다. 그러한 상태 아래에서는 무질서가 질서의 한 종류가 된다. 어둠의 왕국이라고 해도, 그것은 빛의 왕국에 대한 반역자의 이미지만 띠고 있는 것이 아니라 독자적인 조직 방법을 가지고 전체성의 일부를 이루고 있는 것이다.

여기서 버크는 궁극인적 접근이 '쟁투 신화'를 다룰 때 문제 삼아야 하는 두 가지 차원에서의 '완전화' 방향이 있다고 한다. 그 하나는 지금까지 설명한 바와 같이 양극을 가진 대립을 서술로 재편성하여 이야기함으로써 얻는 '완전화'이며, 다른 하나는 제사 차원에서 제사의 권위를 확립하는 수단으로서의 '완전화' 문제다.

'쟁투 신화'는 제사 차원으로 번안되면 계절 변화, 혹은 주기적 교체 의례로 쉽게 바뀐다. 앞에서 말한 (1), (2)는 계절 변화라는 차원에서 제식祭式 '완전화'의 전제가 된다. 제식에는 두 종류가 있는데 하나는 부정기적인 현상을 조직하는 것으로, 가뭄에 행하는 강우 의례 등이 이에 해당한다. 다른 하나는 정기적인 현상으로, 정월 의례가 이에 해당한다. 전자에 비해 후자는 비교가 되지 않을 정도의 안정성과 불가침성에 근거하고 있다. 그것은 계절 변화의 리듬에 대응한 농사력農事曆 위에 스스로의 권위를 확립하며, 많은 문화에서는 정치적 권위의 기초가 되기까지 한다. 의식은, 최종적으로는 사계절과 연관될 때 '완전화'에 이른다. 즉, 추방되어야 하는 계절이 악신으로 인식되어 더러움을 짊어지고 경계 밖으로 떠나간다는 이야기 구조는 직접·간접적으로 하나의 의식의 위치를 '궁극인'적으로 규정하고 있는 것이다.

이리하여 버크는 '질서/반질서' '우주/혼돈' '통치/반역'('니키미타마和魂/아라미타마荒魂' '이승/저승' '깨끗함/부정함')이라는 양극성의 대립이, 계절과 함께 그 힘의 행사가 변동하는 두 존재 사이의 관계로 대치되었을 때, 쟁투 신화는 '사물 기원론적 충족etymology' 영역에 도달한다고 말한다.[18] 결국 쟁투 신화는 잠재적으로 양극성 원리의 정점 사이의 긴장과 해결이라는 원리 위에 성립하기 때문에, 계절 이행을 가장 유효하게 제식화祭式化하기 위해서는 쟁투 신화를 원原 모델로 하는 것이 가장 효과적인 상징 조직법이다. 이러한 경우 쟁투 신화가 제식의 기원 신화로서 직접적으로 이야기되지 않아도, 양자 사이에는 잠재적으로 '사물 기원론적 충족'을 통한 '궁극인'적 관계가 성립하고 있다고 할 수 있다.

계절의 항상성과 비항상성을 의례적으로 관장하는 것은 사제 또는 주술사다. 하지만 그들의 주술이 늘 성공하지는 않는다. 문화 체계 안에서는 주술의 실패를 대항 주술의 결과로 설명할 가능성이 남아 있다. 후술하겠지만 많은 사회에서 저주witchcraft는 이 주술, 혹은 사제에 의한 항상성 관장의 실패를 설명하는 데 유효한 사고 방법이다. 그러므로 주술의 실패에 대한 완전한 해답은 '희생 원리'다.

쟁투 신화에서 주인공과 적은 각기 다른 형태로 '질서' 확립의 기초를 이룬다. 물론 안쪽과 바깥쪽에서의 차이는 있으나 양자의 조합이 넓은 의미의 질서를 구성하고 있다. 이러한 시점을 확대하여 불온한 여러 세력을 구슬리기 위한 방법으로서의 희생, '숨겨진 불길한 힘', 부족 내의 보이지 않는 배반자, 사제 또는 주술사가 아직 발견하지 못한 도덕적·의례적 부정의 바람직하지 않은 원천을 의례 질서 안에 편입시키는 방법에 적용할 수 있겠다. 이 중 부족 안에 잠재하는 '부스럼'이라는 사고는 문화 기초로서의 질서를 정의하는 데 중요한 역할을 수행한다. 질서에 대한 위협이라는 사고는 질서라는 생각에 이미 내재하고 있으며, 죄악의 존재는 체제 그 자체의 불가결한 일부다.

어떤 문화 체계는 이야기에 반영된 대립항을 각각 '긍정적인' 것과 '부정적인' 것으로 나누어 강조한다. 하지만 대립항의 어느 쪽이 '긍정적인' 쪽에 해당하고 어느 쪽이 '부정적인' 쪽에 해당하는가는 반드시 예측 가능하지는 않다. 일반적으로 늙은 신/젊은 신, 선주민의 신/정복자의 신이라는 대립에서는 후자가 '긍정적인' 쪽에 자리매김한다. 하지만 서아프리카, 서남에티오피아, 인도네시아에서 보이는 것처럼, 선주민이 신화적으로는 '부정적인' 쪽에 속해도 의례적으로는 '토지의 정령'의 관장이라는 우주론적 위치 때문에 거꾸로 '긍정적인' 쪽('땅의 주인')으로 분류된다. 서아프리카 나이지리아의 주쿤족(여섯 번째 장 253쪽 참조)을 조사했을 때에도 이와 같은 경향을 충분히 관찰했으며[19] 서남에티오피아의 바스케토족에게서도 보았다. 바스케토족에게는 두 종류의 수장, 즉 선주민 씨족의 수장과 정복민 씨족의 수장이 존재한다. 건국 신화에는 바스케토족 거주지의 동쪽 끝에 흐르는 강을 둘러싸고 두 부족이 대치하는 이야기와 선주민 수장이 항복하는 이야기가 있는데, 여기에서는 선주민 수장이 부정적 역할을 수행한다. 그러나 오늘날 행정적으로는 정복민 수장이 우위를 가지고 있지만, 의례적으로는 신참자가 '땅의 주인' 계열에 따라야 한다. 이 예는 현실 차원의 차이에 따라 대립항이 반대 방향으로 작용함을 보여준다.

그렇지만 일반적으로 적에게는 '부정적' 딱지가 붙는 것이 확실하다. 이리하여 버크는 '부정적' 존재를 매개로 '질서'가 확증됨을, 신화 및 상징에 내재하는 논리로서의 '궁극인' 문제임을 밝혀냈다. 버크의 이 방법은 이후에서도 이 책의 논지 전개에 중요한 단서를 제공할 뿐 아니라, 정적인 구조주의적 모델과 역동적인 연극론적 모델 사이에 가장 풍성한 관련을 성립시키기 위해 없어서는 안 될 전제다.

기호와 경계

기호와 경계

1
의미의 다의성

주로 신화 차원에서 논한 이화성異和性은, '다의성多義性polysemy'이라는 언어학적 문제로 이행시킴으로써 이를 보다 넓은 차원에서 정리할수 있는 단서를 얻게 된다. 언어 혹은 말語에 역사가 있다는 사실을 비유적으로 생각하면 다의성의 문제는 보다 쉽게 풀린다. 하나의 말은 두가지 축으로 규정된다. 음운적 요소가 하나의 축이며, 다른 하나의 축이 의미 한정성이다. 신조어에서 보이는 바와 같이 형성 중인 말은 음성적 측면이 의미 한정성보다 우월하다. 전자는 그 형태적 견인력에 의해 다양한 의미 작용을 불러일으키며, 따라서 가장 다의적이다. 그 정도는 아니더라도 일상생활에서 일원적인 의미 작용만을 수행한다고 생각되는 기호 역시 의미론적으로 보면 그 밑바닥에는 다의적 의미를 담당할 가능성을 숨기고 있다. 특히 일상생활의 중심 부분, 즉 알프레드 슈츠Alfred Schutz가 "지고至高의 현실"(다섯 번째 장 참조)이라 부르는 부분에서는 단일한 의미만 가지고 있을 것 같은 말도 그 형태에 의한 연상을 통해 은밀히 다른 의미를 배양하고 있다고 할 수 있다.

폴 리쾨르Paul Ricœur는 이러한 언어의 의미 작용의 다의성을 고틀로프 프레게Gottlob Frege의 『의미와 지시』를 인용하여 다음과 같이 설명한다. 프레게는 언어의 조준은 완벽에 가깝게 이중성을 띠고 있음을 보여주었다. 즉 이념적인 의미에서의 조준(다시 말해 물리적인 또는 심리적인 세계에서 등가물을 가지지 않는다) 및 지시의 조준 두 가지다. 리쾨르에 따르면 에드문트 후설Edmund Husserl 역시 『논리 연구』에서 이와 같은 내용을 지적하고 있다.

> 이념의 의미는 진공 상태에서 충전되기를 바라는 비존재非在다. 충전된 상태에서 의미 작용은 완결된다고 볼 수 있다. 두 상태 사이에 어떤 구별을 도입한다 해도 여기서 의도되는 것은 기호의 폐쇄 상태를 깨뜨리고 기호를 다른 기호를 향해 열린 상태로 가져오는 것이다. 이 갇힌 상태란 기호 체계 속의 기호 구조이며, 다른 상태란 문장 안에서의 기호의 역할을 가리킨다.[1]

여기에 정지한 의미 작용과 동적인 의미 작용의 구별을 도입하는 것이 가능할지도 모르겠다.

이러한 리쾨르의 관심은 당연히 의미의 이중성에 대한 이론적 구명과 연결된다. 그는 이 문제를 "다원적 의미"라는 표현으로 전개하려고 했다.[2] 이 관점은 궁극적으로는 현실의 다의성의 문제로 인도해준다는 점에서 흥미를 끈다. 리쾨르가 이러한 표현에 부여하는 정의는 "변화할 수 있는 차원의 표현 하나가, 자신의 의미 작용을 희생하지 않고 다른 사물을 의미하는 기호의 효과 작용이다"[3]라는 것이다. 좀 더 간단하게 말하면 언어의 비유적 기능이라고 할 수 있겠다. 알레고리란 한 가지 사물을 가리키면서 또 다른 하나의 사물을 가리킨다는 의미를 지닌다.

리쾨르는 의미의 다의성 문제가 성서 해석학의 전통에서 시작한다고 보고, 빌헬름 딜타이Wilhelm Dilthey를 거쳐 텍스트 분석이 서구의 사고 속에서 전개·정착한 과정을 추적했다. 그리고 오늘날 이 해석학은 거의 학제적인 연구의 장이 되고 있다고 한다.[4] 해석학의 텍스트는 이제 성서를 비롯한 문헌에서 벗어나 다양한 분야로 확대되었다고 설명하면서, 그중 꿈을 예로 들어 해석학 영역의 확대 가능성을 설명했다. 프로이트에 따르면 꿈은 극히 짧기는 하지만, 다층의 의미를 내포하는 이야기le récit, '글이나 말로 된 이야기'라는 뜻의 프랑스어다. 그러나 꿈과 다의성의 문제는 이 책의 여섯 번째 장 2절에서 후술할 생각이다.

언어는 그 성질로 볼 때 기호 사이에서 상호 조사照射의 반복으로 관철되어 폐쇄적 체계에 머물 가능성이 있는데, 찰스 퍼스Charles S. Peirce는 이를 "기호의 상호 해석의 공모적 관계"라 부른다. 이에 대해 해석학은 기호라는 우주의 열린 상태 위에 성립하고 있으며, 이 경우 해석학은 종교학뿐만 아니라 심층심리학, 인류학 등 일반적으로 기호의 상징론적 분석을 거부하지 않는 모든 영역에서 성립하는 방향론이라 여겨진다. 그러므로 상징은 모든 기호를 열린 상태로 바꾸는 작용이 되며, 이때 상징은 이중 의미라는 구조에 따라 존재의 양의성을 탐색하는 단서가 된다. 따라서 "존재의 양의성에서 의미성의 다의성을 개시開示하는 것이 상징의 존재 이유다."[5]

리쾨르에 따르면, 이 다의적 의미의 문제는 어휘론적 의미론 속에 한 정해 논할 수 있다. 이것은 보통 복합적 의미라고 불리며, 소쉬르의 논 의를 빌린다면 '의미하는 것'(시니피앙)과 '의미되는 것'(시니피에)의 관 계에서 후자의 복수성複數性이라 파악할 수 있다. 소쉬르 언어학의 테두 리 안에서 다의적 의미의 문제는 통시通時diachronie와 공시共時synchronie 양방의 규정이 가능하며, 후자의 경우 실로 다의적인 의미가 동시에 성 립할 수 있다. 전자의 경우 다의적인 의미가 '의미의 변화' '의미의 전위' 로 파악되지만, 통시와 공시는 '신新—구舊' 형태로 파악될 때 하나의 체계 안에 포용될 수 있기 때문에 반드시 대립하는 항으로만 이해할 필요는 없다. 하지만 이러한 다의성은 '의미하는 것'과 '의미되는 것'의 내적인 연관에 기초하여 설명되어 있다. 이에 비해 기호를 다른 기호와 의 관계에서 파악했을 때 드러나는 다의성도 있을 수 있다.[6]

윌리엄 어번William. M. Urban은 다음과 같이 말한다.

언어를 지식의 도구로 삼는 것은 바로 하나의 기호가 다른 사물을 의 미하는 것을 금하지 않고도 하나의 사물을 지시하는 것이다. 그러므로 제2의 사물에 대해 보다 표면적인 가치를 지니기 위해 제1의 의미가 처 음부터 기호에 확실히 포함되어 있어야 한다.[7]

'말의 누적적 지향'이라고 불리는 이 작용은 '양의성'의 풍요로운 원 천이고, 또한 유추적 예측의 원천이기도 하며, 이 작용 덕택에 말의 상 징적인 힘에 시동이 걸리는 것이다. 이러한 말의 의미의 누적적 지시

작용은 일본의 미학에서는 렌가連歌∎의 전통에서 가장 철저하게 추구되었다고 할 수 있겠다.

소쉬르가 언어학적으로 상징 작용을 설명하고자 했을 때 도입한 세 가지 개념이 있는데, 하나는 수사법, 다른 하나는 은유법, 나머지 하나는 환유법이다. 리쾨르는 이 중에서 뒤의 두 가지를 가장 일반적인 의미 작용의 극極으로 봐도 좋을 것이라고 제안했다. 말은 이 세 가지 극을 사용하여 다양한 문맥에 대한 대응력을 획득한다.

리쾨르의, 다의성에 대한 이와 같은 관점의 전개는 그가 생각하는 말의 유연성에 근거한 것이었다. 리쾨르는 "구조, 말, 사건"이라는 제목의 글[8]에서 말이 가지는 중개자적 성격을 논하고 있다. 그러나 과연 어떤 것을 중개하고 있는 것일까. 바로 제목이 보여주고 있는 것처럼 정적 구조와 동적 사건의 중개다. 구조와 사건은 기본적으로 양립하지 않는 점을 가지고 있으며, 구조는 통시(패러다임)적이고 사건은 공시(신태그마)적이다.

이쯤에서 우리의 관점으로 구조의 개념을 정리해두는 편이 좋을 것 같다. 레비스트로스의 구조 개념을 시발점으로 한 오늘날의 문화 연구에서, 구조주의적 분석의 입장은 기본적으로 대립하는 여러 항의 조합

∎ 두 사람 이상이 와카和歌의 상구上句와 하구下句를 서로 번갈아 읽어나가는 형식의 노래. 100개의 운을 기준으로 하는데, 100개의 구를 통해 의미를 일관시키는 것이 아니고, 연속하는 두 구 사이의 쓰케아이[付合. 렌가, 하이카이俳諧 등에서 전구前句에 이어지는 쓰케쿠付句를 만드는 것. 전구가 장구長句(5.7.5)이면 쓰케쿠는 단구短句(7.7)로, 전구가 단구이면 쓰게쿠는 장구로 붙인다]와 전체의 변화 등을 즐긴다.

으로 구조를 파악하는 것이다. 또한 구조가 지닌 또 하나의 면은 무의식적으로 사람의 행동을 규정하는 요인(프락시스)이라는 점이라고 볼 수 있다. 비교적 한정된 이 심층 구조의 입장에 비해, 구조를 코뮤니타스communitas와의 대비로 파악했던 인류학자 빅터 터너Victor Turner(여섯 번째 장에서 살필 것이다)는 오히려 구조를 의식적으로 법 또는 규범이라 이해되고 있는 형식적인 틀 짜기로 규정하고 있다.[9] 이 구조가 레비스트로스의 구조와 대응하는 것은, 그것이 집단을 분할하고 위계화한다는 점이다. 하지만 구조는 무의식 수준에서는 파악할 수 없으며, 이에 비해 코뮤니타스는 사회 규범에서 비어져 나오는 융합 측면을 가진다. 전자를 문화의 타나토스적 표현이라고 한다면, 후자는 에로스적 표현이라 볼 수 있을 것이다.

터너에 의한 구조와 코뮤니타스의 대비는 오히려 심리적 차원에 출발점을 둔 정의를 시도한 것임에 비해, 리쾨르의 구조와 '사건'의 대비는 기호학적 차원에 출발점을 둔 비슷한 시도였다고 봐도 좋을 것이다. 리쾨르의 대비에서 말은 구조와 사건의 중간에서 중요한 역할을 하는데, 그는 "말은 문장 이상의 것이기도 하고 또한 문장 이하의 것이기도 하다"라고 말한다.[10] 말은 구조에 근접했을 때나 혹은 시스템 안에서는 기호적 측면에서 파악된다. 기호는 시스템 안에서의 차이성의 표현이며, 어휘 안의 단위다. 기호 차원에서는 구조적 차이성이 나타날 뿐 의미 작용은 나타나지 않는다. 기호만으로는 어떠한 언표도 성립하지 않는다. 문맥이 주어져 있지 않기 때문이다. 기호학의 차원에서 말은 성립하지 않는다. 말은 어디까지나 문장 안에 있을 때 비로소 활성을 띠는 것이다. 그것은 곧 상대적 단위, 차이성, 대립성을 말한다. 루이 옐

름슬레우Louis Hjelmslev는 이 점을 명확히 밝히고 있다. 문장은 무언가를 나타내는 데 비해 말은 이름 붙이는 작용을 하고, 문장 속에서 위치를 차지함으로써 명명할 수 있다. 리쾨르는 사전 안에서는 용어가 닫힌 어휘계 속에서 서로를 원환적圓環的으로 규정할 뿐이라고 말한다.[11] 어휘에 대한 이러한 파악은 오늘날 레비스트로스의 신화 분석에 가해지는 비평과도 서로 통하는 점이 있다. 즉, 기호 체계 속의 순환계처럼 폐쇄되어 있다는 것이다. 레비스트로스의 분석에 의해 신화소神話素로 환원된 신화는 사건을 빠뜨리고 있다는 것이 오늘날 그에게 가해지는 주된 비판 중 하나다.

발화가 시작된 순간에 성립된 말은 사전에서 생긴 것이다. 그러나 리쾨르의 표현에 따르면 인간이 파롤■이 되고, 그 파롤이 일정한 현실에 맞춘 담론이 되고, 담론이 문장이 되는 순간에 그것은 말이 된다. 말은 파롤 안의 기호다. 그래서 발화라는 사건이 일어나는 각 순간에 말은 기호학과 의미론이 작용하는 접점이 된다. 말로 전화한 순간 기호는 시간의 각인을 띤다. 시간의 각인을 띤다는 것은 정지성靜止性으로부터 이탈하는 방향을 가진다는 것을 의미한다. 따라서 말은 기본적으로 반정의적反定義的 성격을 갖추고 있다.

이러한 관계를 측정함으로써 리쾨르가 말하고 싶어 한 것은 말의 중

■ 랑그와 파롤 : 머릿속에 저장되어 기억된 말과, 그것의 발성과 청취 과정의 말은 말의 양면인데, 이 두 면을 소쉬르는 각각 랑그와 파롤이라 했다. 이와 같이 말은 성질이 상당히 다른 양면을 가지고 있기는 하나 이 양면은 역시 말의 양면이기 때문에 서로 유리될 수 없는데, 원래 랑그는 파롤을 통해 머릿속에 저장된 것이며 파롤은 그 랑그를 부려서 쓰는 일이기 때문이다.

개자적 역할이다. 그는 다음과 같이 설명한다.

> 말은 시스템과 행위, 구조와 사건 사이의 교환수와 같은 것이다. 그것
> 은 한편으로는 차이적인 가치로서 구조로부터 떠오르지만, 이는 의미
> 론상의 잠재적 성질의 표현일 뿐이다. 한편 그것은 행위와 사건 속에서
> 모습을 드러낸다.[12]

이에 비해 리쾨르에게 문장은 사건과 같은 것이다. 이러한 의미에서 문장의 현실성은 일시적이며 변해가는 것, 소멸하는 것이다. 하지만 말은 문장보다 영속성을 가진다. 문장은 분해된 순간에 모습을 감추지만, 말은 자유자재로 변할 수 있는 본질적 요소로서 발화 행위의 일시성을 초월하여 살아남으며 새롭게 사용되기를 기다린다. 따라서 일단 발화 행위 속에 내던져진 말은 반드시 시간성과 문맥의 각인을 띠며, 그것이 아무리 미세하다 해도 새로운 이용 가치를 담당하고 시스템으로 돌아간다. 이렇게 해서 시스템으로 돌아갈 때 말은 시스템 자체에 역사성을 부여한다. 언뜻 이 설명은 무난한 해설인 것같이 보이지만 '구조'와 '역사'라는 큰 문제를 푸는 단서를 제공하고 있음을 간과해서는 안 된다. 중개자로서의 말은 상황적 가역성에 따라 본래 비시간적인 구조에 시간성을 매개하는 것이다.

여기서 리쾨르는 한 번 더 폴리세미(다의성)의 문제를 환기한다. 이때 리쾨르는 폴리세미의 의미 문제를 기호학과 의미론 차원의 접점으로 파악한다. 이미 확인했듯이 기호학은 시스템 안에서 보자면 기호의 과학이며, 문장 안에서 보자면 기호 사용법의 과학이다. 폴리세미 현

상을 가장 잘 이해하기 위해서는 구조와 사건의, 기호와 용법의 변증법적 관계를 이해할 필요가 있다. 따라서 리쾨르는 새삼 폴리세미의 개념을 재정의한다.

폴리세미란 순수하게 공시적인 의미에서 하나의 말이 특정 순간에 하나 이상의 의미 작용을 행하고, 그 중층적 의미 작용이 시스템의 같은 상태에 속해 있음을 의미한다.[13]

이 정의에는 둘 이상의 의미 작용 사이의 추이 문제를 덧붙일 필요가 있다. 리쾨르는 폴리세미라는 형태하에 공시성共時性 안에 스스로의 그림자를 드리우는 것은 명명의 행위, 용례의 역사라고 말한다. 리쾨르의 이러한 방향을 보면 분명 그가 노엄 촘스키Noam Chomsky의 변형 문법의 발상을 받아들이고 있음을 읽을 수 있다. 이름 붙이는 행위에는 새로운 현실 패턴의 인지라는 구축물이 포함되어 있다. 현실의 어떤 부분에 대한 겨냥도가 확대되는 경우 '의미의 수평 이동' 혹은 '암유暗喩의 전이'라는 현상이 일어난다. 이러한 사실은 말이 예전의 의미 차원을 버리지 않고도 새로운 국면을 획득해갈 수 있음을 시사하고 있다. 이렇게 보면 말이라는 것은 구조가 새로운 현실을 정의하고자 문장이라는 행위자를 통해 설치한 함정이라는 비유적 표현도 성립할 수 있을지 모르겠다. 이 경우 '새로운 현실'이란 그것이 아무리 평온한 일상생활의 한가운데서 일어나더라도 사람의 인식 지평에서는 지금껏 '주변 부분'이었던 존재라고 볼 수 있다. 사건은 사소하다 하더라도 현실의 기존 시스템의 확대에 의하지 않고서는 파악할 수 없는 성질을 띤다. 리쾨르는 폴리세미의 이름에서 자신의 그림자를 시스템의 표층에 내던지는 것은 이러한 누적적·암유적 과정이라고 말한다.[14]

여기서 문제가 되는 것은 '사건'의 시스템으로의 귀속이라는 현상이다. 리쾨르는 폴리세미가 이와 같이 구조와 사건의 교환이라는 현상을 일으킨다는 의미에서 의미론의 중추를 형성한다고 강조한다. 그에 따르면 이 과정 중 하나가 확대 요인, 궁극적으로는 한계에 이르러 과중해지는 요인이다. 이러한 누적의 확대는 시스템 내부의 기호 사이에서 서로를 견제해 한계점에 도달했을 때 정지한다. 따라서 확대에 대해 장場을 지점으로 한 한정적 행위를 운운할 수 있는 것이다. 이렇게 폴리세미는 무한한 행위가 아니라, 일정한 한계를 가진다. 그러나 한계점은 일정한 방향의 폴리세미의 종점이 아니며, 신조어 혹은 새로운 '꼬리표가 달린' 형태로 스스로의 형태적 한계점을 극복해간다.

'꼬리표 달림'이라는 부정적인 개념의 형성 과정을 통해 의미 작용의 분기점을 나타낸 사람은 언어학자 니콜라이 트루베츠코이Nikolai S. Trubetzkoy였다. 폴란드계의 기호학자 바우만은 『프락시스로서의 문화』[15] 에서 이 개념을 문화의 기호학적 개념으로 높여 사용하고 있다.

트루베츠코이는 의미 특징을 가지는 두 대립항은 세 가지 변환 가능한 방법으로 구별된다고 설명했다.

(1) 각각의 항은 달리 나타나지 않는 요소를 공통 부분 바깥에 가진다. Private Oppositionen

(2) 동질의 것을 정도가 다르게 가진다. Graduelle Oppositionen

(3) 꼬리표가 달린 것과 그렇지 않은 것. Äquipollente Oppositionen

마지막 대립은 "흠성대립欠性對立"이라고 불리는 것인데, 바우만은 이 대립 개념이 문화 연구에 매우 유효하다고 역설한다. '꼬리표를 가지지 않는' 항이라는 것은 범주 전체나 '꼬리표가 달린' 항이 다른 것을 잘라 버리고 남은 부분을 가리킨다.[16] 양자의 차이는, '꼬리표가 없는' 쪽은 의식意識에 오르지 않는다는 것이다. 따라서 '꼬리표가 없는' 쪽은 전체의 일부를 나타내는 것이기는 하지만, '꼬리표가 달린' 항에서는 그 출현이 강조되는 일정한 변별적 특징의 존재 여부는 불문에 부쳐지는 것이다. 예를 들어 '불량 소년'이라는 표현(꼬리표)이 있다 해도 '선량 소년'이라는 표현은 없다.

이 예가 보여주듯 '꼬리표가 없는' 부분은 기호학적으로 중화된 범주라고 말할 수 있다. '꼬리표가 없는' 기호는 보통 좀 더 단순하고 좀 더 명료하며, 무엇보다도 우리가 달리 구별하지 않는 현상의 총체를 나타낸다.(예를 들어 '스커트'처럼.) 이러한 문맥에서는 하위 무리가 가지고 있는 속성만이 중요해지고, '꼬리표가 없는' 부분의 일부 범위가 이 하위 무리를 부각시키기 위해 '꼬리표'를 다는 것이다.(경계성의 명시) 그러므로 지금까지 독점적이었던 '꼬리표 없음'의 기호는 '꼬리표 있음'과 대립 관계에 들어간다.(그렇지 않은 경우 '꼬리표 없음'은 다른 차원의 다른 항과의 관계에서 변별되는 것에 지나지 않는다. 예를 들면 '스커트'는 '블라우스'에 대치된다.)

이 관점을 명확하게 방법론 차원에서 다룬 사람이 빅토르 마르티노프Viktor V. Martynov다. 바우만에 따르면『사이버네틱, 기호학, 언어학』(1966)이라는 저술에서 마르티노프는 '꼬리표 달기' 이론을 사용하여, 통시적인 변동이라는 과정이 어떻게 끊임없이 지방 특유의 룰을 이용해 공시적 구조 속에서 야기되는가 하는 점을 조명했다고 한다. 이것은 통시와 공시, 역사와 구조라는, 레비스트로스에게는 서로 수용할 수 없는 것이라 여겨진 대립 개념을 지양하기에 충분한 가능성을 감추고 있는 문화 이론의 전개라고 할 수 있다.

마르티노프는 기호학적으로 유효한 문장이 SAO(주제―행위―대상)로 이루어져 있다고 할 때, 이들 세 항 중 어떤 한 항을 변형해 V′라는 문장을 V″라는 문장으로 이행시킬 수 있다고 설명했다. '변화 문체'는 두 극의 대극對極에 더해진 새로운 기호이고, 생기를 불어넣는 주체는 중심 요소에 더해진 기호다. 이렇게 변형이 가해져 '생기가 불어넣어진' 항은 본래 항 '꼬리표가 없는' 부분에 대해 '꼬리표가 있는' 부분의 기호로서 관계를 확립한다. 이 대비는 '이화異化된 것'과 '자연적 상태'에 있는 것에 대응한다. 결국 S″는 'S″-S′'의 대립 중에서 '꼬리표가 달린' 항이다. 바우만은 이것만이 새로운 의미 창출의 유일한 방법이라고 말한다.[17] 하지만 때로는 본래 항이 스스로의 '형태'를 바꾸어 '생기를 불어넣는 주체'와 '변형 주체'를 포괄해버리는 일이 있다. 근대 일본의 '유신維新' 현상에 이러한 '의미론적 응축'(A. V. 이사첸코) 작용이 나타났다고 본다. 천황제의 무시하기 어려운 힘 또한 이러한 기호학적 응축 작용에 숨어 있다고 보아도 좋을 것이다. 일본 민속에서도 이와 같이 풍류와 어령신앙御靈信仰■이 기호론적 재편성의 역할을 수행해왔다.

따라서 우리는 '이인異人 stranger'이 항상 이러한 기호학적 분열을 촉진하는 매체 modifier, actualizer라는 것을 알 수 있다. 결국 '꼬리표를 붙이는' 변형 주체 또는 생기 부여 주체와 이미 존재하고 있는 기호의 관계는, 이전에는 혼돈한 범주에 보다 세밀하고 미세하며 변별적인 기준을 도입하는 작용을 하고, 기호의 세분화와 기호학적 코드의 증식을 가능하게 하는 길을 제공함을 알 수 있다. 그러므로 행위의 '꼬리표가 있는' 부분, 즉 변별성이 있는 하위 패턴의 출현은 보다 광범위한 역할을 하는 새로운 '꼬리표가 있는' 부분에 대한 인지, 보다 한정된 하위 범주에 대한 인지로 이어진다.

이와 같이 의미의 단위는 특정한 기호 자체에 내재하는 것이 아니라, 그것이 대를 이루는 다른 기호와 그것의 관계에서 생긴다. 이미 고찰한 바와 같이 신 개념 역시 그러한 관계 구조 속에 한정되어 나타난다. '꼬리표가 있는' 부분과 '꼬리표가 없는' 부분은 그러한 관계가 존재하는 두 항의 적출을 돕는 매우 유효한 방법이라고 할 수 있다. 의미를 이러한 관계 구조 속에서 이해하는 것은 결코 드문 방법은 아니며, 특히 프랑스의 기호학자들 사이에서는 현저한 경향이라고 할 수 있다.

기호학자 알기르다스 그레마스Algirdas J. Greimas는 『구조 의미론』에서 "의미 작용은 관계의 존재를 전제로 한다. 의미 작용의 필요조건은 용어 사이에서의 관계 발생이다. (…) (따라서) 기본적인 의미 단위는 요소 차원이 아닌 구조 차원에서 찾아야만 한다"라고 말하고 있으며, 또한 앙드레 마르티네André Martinet는 이러한 방향을 한층 진전시켜 "정보는 메시지 자체에 의해서가 아니라 서로 대립하는 메시지 사이의 관계에 의해 전해진다"[18]라고까지 말하고 있다.

기호의 가장 중요하고도 한정성을 지니는 속성은 유사한 기호와 자

■ 어령御靈은 영혼 또는 영령을 존경하는 표현이다. 개인 및 사회에 재난과 흉사, 화를 가져오는 사자나 망령의 작용을 달래고 그것들의 힘을 칭송함으로써 재난이나 화를 막아보려는 데서 비롯되었다. 특히 원한을 품고 죽은 원령의 분노를 풀거나 달램으로써 개인과 사회의 평온을 유지하려는 일본 고유의 신앙이다.

신을 구별하는 것이며, 이 변별 능력이 정보 전달에서는 중요한 부분이다. 그것은 혼돈을 의미 있는 체계로 바꾸며 불확정한 부분을 감소시킨다.

어쨌든 의미 작용은 단독 범주에서는 성립하지 않고, 관계항의 존재를 전제로 한다. 하나의 기호의 존재는 부재하는 다른 존재를 의미한다. 거꾸로 부재(마이너스 기호)는 기호의 존재를 명확히 한다는 구조주의적 장치가 기호의 의미 작용을 보증하고 있다고 할 수 있다. 따라서 특정한 문화적 기호 패턴이 지니는 의미론상의 가치는 그것이 자신과 대를 이루는 항의 대립 요소와 다르다는 점에 있다. 그것들은 각각의 긍정적·적극적 특성에 의해 정의되는 것이 아니라, 대립하는 질과 분화한 가치의 담당자에 의해 역조사되고 특징지어지는 것이다.

그러므로 대립은 필연적으로 배제 관계를 전제로 한다. 보다 광범위하게 설정된 범주 속에서는 등질의 요소를 포함하면서도 이들 대립항은 다른 차원에서 서로를 배제하지 않으면 안 된다. 우리가 문화 가운데서 질서라고 생각하는 상태는 이러한 통합과 배제의 수많은 조합 위에 성립하고 있다. '배제'의 독특한 방법이 문화의 특정 요소를 결정한다. 정치 집단에서 배제의 원칙을 관철하는 방식은 음식 문화에서의 배제와 완전히 똑같지는 않지만 그 속에는 공통된 '배제의 원칙'이라는 문화 논리가 관철되고 있다는 것 역시 부정할 수는 없을 것이다. 우리가 '유행'이라 이름 붙인 현상에도, 풍류라고 부르는 행위의 형식에도, 틀이라고 명명한 성향에도 이러한 '배제'의 원칙이 관철되어 있으며 미셸 드 세르토Michel de Certeau가 역설한 것처럼 '역사'는 어떤 의미에서 배제한 것의 총체일지도 모른다.[19]

롤랑 바르트Roland G. Barthes는 요리의 언어 체계를 논하면서 '배제의 원칙'이 요리 언어의 기초를 성립시키는 데 작용함을 강조하고 있다. 예를 들면, 서구 사람들이 날생선을 제외하는 것은 날생선이 문화의 질서 안쪽에 속해 있지 않기 때문이다. 이와 같은 '배제의 원칙'이 가장 유효하게 작용하는 곳이 많은 문화에서 보이는 동물의 문화적 분류다. 에드먼드 리치는 "언어의 인류학적 측면—동물의 범주와 욕설"이란 제목의 논문[20]에서, 명확하고 기능적인 개념의 필요성과 '경계적인 지각 현상'을 충전하거나 억압할 필요성 사이에는 표리일체라고도 할 수 있는 밀접한 연관이 있다고 말했다. 그는 시간론時間論에서도 시도했던 것처럼, 이 관계를 다음과 같은 형태의 선으로 표현했다.

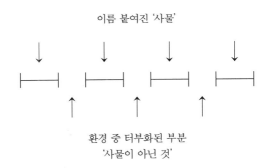

이름 붙여진 '사물'

환경 중 터부화된 부분
'사물이 아닌 것'

바우만은 리치의 이 같은 지적을 따르면서, 질서화란 연속적이고 무정형인 지각의 흐름을 뚜렷한 한 묶음의 전체적인 것으로 변질시키는 작업이라고 말한다. 리치와 메리 더글러스Mary Douglas는 이렇듯 지각의 문화적 영역의 경계를 긋는 것으로서의 '터부' 개념을 기호학적으로 위치 짓고 있다. 리치는 '터부'를, 단편화된 연속체 속의 '이름 붙여진'

부분의 승인을 거부하는 행위라고 말한다. 이렇게 제외되어 잘린 '혼돈' 부분은 문화의 프락시스의 기호학적 작용에 의해 주변적인 부분에 모습을 나타내면서 존재하게 된다. 단지 이 부분은 지각의 주변을 떠돌며 환상 혹은 무의식을 통해 질서화된 의식에 작용한다. 터부와 상징은 밝고 어두움의 경계가 분명하지 않은 부분에서 증식한다.

2
혼돈과 질서의 변증법

혼란(=혼돈)의 요소는 민속 안에도 다양한 형태로 삽입되어 있다. 민속학 분야에서는 분류 기준이 기능론에 치우쳐 있었기 때문에, 민속적 사실을 혼돈과 질서의 변증법적 상관관계로 파악하려는 시도는 지금까지 거의 없었다.

그러나 문화의 질서 개념이 혼돈과 대의 구조로 되어 있음이 확실시되는 지금, 민속 차원에서 문화의 전체성을 이해하는 데에도 역시 이 양자를 대등하게, 변증법적으로 상호 규정하는 개념으로 파악하는 것이 불가피해지고 있다. 일본 민속에도, 질서였던 농경의례를 중심으로 한 연중행사 사이에 짬을 내서 하거나 혹은 그 일부로서 반양속反良俗, 반질서 양성釀成을 전제로 하고 있다고 볼 수 있는 행사가 섞여 있었다. 그것들은 연중행사에서만이 아니라 세속 신앙, 미신, 옛날이야기, 전설, 순례, 유랑 악단 등의 다양한 '민속적 유형'으로 계속 존재해왔다.

일상생활의 질서의 환영을 받았든 받지 않았든 간에, 불길하거나 이질적인 요소의 침투라는 이미지를 띤 채로 말이다. 하지만 이 '꼬리표가 달린' 풍속을 기호학적으로 보자면, 우주론적인 수준에서 그것들이 '꼬리표가 없는' 일상생활에 대해 가지는 의미가 분명해진다.

긴키近畿 지방 주변의 산간 지역은 『대반야경大般若經』■에 얽힌 민속신앙이 비교적 강하게 남아 있는 곳으로 알려져 있다.21 이 행사는 정월과 기우 의례, 역병이 돌 때에 거행되었다. 『대반야경』이라 해서 절하고만 관계있는 것은 아니다. 이는 진언종, 천태종 등의 절에서뿐만 아니라, 마을에 있는 사당과 씨족 신을 모시는 신사 앞에서도 행해졌다. 동네 어귀나 경계에 있는 사당에서 방랑승들이 거행했던 것이 본래의 모습이었을지도 모르겠다. 해마다 그해 축제를 맡도록 뽑힌 마을 사람이 1년간 목욕재계하고 씨족 신에게 봉사함으로써 이 축제는 거행된다. 반드시 승려가 경권경문을 적은 두루마리을 사용해야 한다는 규정은 없다. 신주神主와 그해 축제를 담당한 마을 사람이 사용해도 좋다. 행사는 반야의 날을 맞이해 마을 사람들이 모두 사당 또는 신사에 모여서 예를 올리는 것으로 시작된다. 그 후 **마을의 사방 경계에** 전독찰転読札전독은 경문經文의 본문을 생략하고 처음, 중간, 끝의 요소 또는 제목, 품명만을 읽는 독송 방법이 세워진다. 마을 사람들은 전독 중간중간에 '난성乱声' '다다오시タタ押し' '오니하시리鬼走り' 등을 행한다. 난성은 마을 사람들이 돌아가며 지팡이로 사당

■   600권에 이르는 최대의 불전으로, 반야바라밀般若波羅密의 뜻을 설법한 여러 경전을 집대성한 것이다. 반야의 입장에서 일체의 존재는 모두 공空이라는 공관空觀 사상을 담고 있다.

마루와 툇마루를 치는 것이고, 다다오시는 사당 안을 깡충거리며 뛰어
다니면서 시끄러운 소리를 내는 것이다. 오니하시리는 귀신 춤이라고
도 하는데, 귀신 탈을 쓴 귀신 역할의 사람이 횃불을 휘두르면서 사당
안과 밖을 두루 뛰어다니는 것이다.

여기서 볼 수 있는 것은 시끄러운 소리와 이상한 몸짓, 경계의 명시
를 중심으로 하는 일상생활의 정숙함에 대한 '이화성'의 의례라고 해도
좋겠다. '슈시하시리呪師走り'주문의 내용을 알기 쉽게 연기로 보여주던 사람, 노能의
난성, 헨바이反閇▪ 등 예능사藝能史의 근원적인 행위들이 이러한 '이화
성'의 의례와 대응한다는 점 역시 분명하다.

현재 우리의 의도는 민속을 문화의 기호학적 '텍스트'로서 해독하기
위한 첫걸음을 다지는 것이다. '이화성'은 '자연'의 텍스트를 '분석'을 위
한 텍스트로 이행시키는 막幕의 역할을 한다. 실은 그 막 자체가 기호
학의 대상이지만 말이다.

레비스트로스는 『신화학 1』이라는 저서에서, 일식 때의 소음과 신혼
부부에게 부과되는 침묵의 행위, 시끄러운 의례의 우주론적 의미를 언
급하면서 '음音의 코드'를 논하고 있다. 그는 우주론적인 균열이 발생했
을 때 코드화된 소음이 사용된다고 설명하고, 문화의 프락시스 속에서

▪   원래 궁중에 속하며 점, 풍수지리 등을 관장한 벼슬자리인 온묘지陰陽師가 사악한
     기운을 물리치기 위해 땅을 밟으며 행했던 주술의 일종이다. 헤이안平安 시대 이래
     천황이나 귀족이 외출할 때 자주 행해졌으며, 나쁜 방향의 기운을 밟아서 없애려
     는 의미였다. 카구라神楽가 예능화되기 시작한 중세에 이르러 일본 고유의 진혼법
     과 결합했고, 신을 맞는 제사 음악이자 일본 전통 예능의 하나인 사루가쿠猿楽에
     편입되어 일본 전통 예능의 특수한 발동작을 일컫는 말로 쓰이게 되었다.

의 소음과 침묵의 배치를 문제시한다. 레비스트로스는 이 코드의 보편성을 다음과 같이 말했다.

금세기 말까지 리투아니아 사람들은 일식 때에 사악한 영을 추방하려면 막대기로 냄비나 다른 금속 그릇을 쳐서 소리를 내라고 명령받았다. 봄 축제 때에는 한층 더 큰 소리로 막이 올랐다. 부활절 축제가 열리는 성금요일에는 젊은이들이 책상, 침대 등의 가구를 부수며 소음을 냈다. 옛날에는 죽은 사람이 사용하던 가구를 가능한 한 큰 소리가 나게 부수는 것이 관례였다. 이와 같이 리투아니아에서는 소리, 물, 불은 악한 힘을 쫓아내는 데 효과적이라고 생각했다. 이러한 풍습은 보편적인 것으로, 서구 여러 나라에는 다음과 같은 확실한 흔적이 남아 있다. 예를 들면 이탈리아에는 12월 마지막 날 자정에 도자기를 부수고 불꽃을 쏘아 올리는 관습이 있고, 뉴욕의 타임스스퀘어, 런던의 피커딜리서커스, 파리의 샹젤리제에는 새해가 되는 순간 일제히 자동차 경적을 울리는 관습이 있다.[22]

레비스트로스가 소음의 '중개성'을 문제시하고 있는 데 비해, 영국의 구조주의 인류학자이자 리치와 쌍벽을 이루는 로드니 니덤Rodney Needham은 「소음과 이행移行」이란 논문에서 중국을 비롯한 다양한 민족지 자료의 분석을 통해 소음과 이행이라는 두 상태에는 긴밀한 관계가 있다는 결론을 내리고 있다. 노치지테後ジテ노能에서 나카이리中入り의 뒤에 등장하는 주인공 역할의 배우가 출현하기 전에 연속적으로 울리는 큰북, 가부키에서 유령이 나오기 직전에 울리는 작은북의 역할이 현실로부터의 탈

각을 돕는 것임을 알고 있다면 니덤의 결론이 그다지 색다르지 않을 수 있으나, 소음에는 ⑴ 감정─정감 속의 영향과 ⑵ 이성─범주 변화의 논리 구조라는 두 가지 요소가 포함되어 있다는 그의 지적을 염두에 두면 좋을 것이다.

앞에서 든 긴키 지방 민속지의 예에서는 소음 및 이상한 몸짓이 특징적으로 나타나지만, 간토関東 북부의 천태종, 진언종, 조동종선종의 일파 등의 사원에서 행하는, 마을 기도 혹은 가두 기도라고 불려온 대반야大盤若 전독 행사에서는 경계 표시 쪽에 중점이 놓여 있다. 이것은 마을의 경계 또는 마을 안의 길거리에 제단을 만들고 행하는 일종의 진혼 주술로 간주된다. 이 지방에서는 정월이나 초여름이 되면 길거리에 제단 및 작은 대나무 네 그루를 세우고 금줄을 팽팽하게 두른 뒤 책상을 만들어 영혼을 모시는 단과 같은 것을 준비한다. 마을 젊은이들이 『대반야경』 100권이 든 상자를 들고 집집마다 돌아다니며 대문 앞에서 한두 권을 전독하는데, 이를 두고 "반야의 바람을 넣는다"라고 말한다. 또한 이때 절에서 발급하는 표찰인 세키후다関札 또는 쓰치후다辻札 금지 사항을 적어 네거리에 세웠던 푯말를 작은 대나무에 끼워서 사방 입구에 세웠는데, 일반 가정에서는 이것을 출입구에 세우기도 한다.

이러한 사례를 소개한 고라이 시게루五来重는 같은 논문에서 다음과 같이 대반야경 전독 행사의 특징을 소개하고 있다.

보통 대반야 전독에서는 큰북을 힘차게 치고 대개 마지막에는 경본經本으로 경찰經札을 치는데, 이는 꼭 난성, 다다오시와 비슷한 것으로 보이며 가능한 한 큰 소리를 내는 것이 일반적이다. 고라이는 노의 '아오이노우에葵上'■에서 "두려운 반야 소리般若声다. 여기까지다. 원령아,

이제 다시는 오지 마라"라고 말할 때 이 반야 소리는 원령을 위협하는 대반야 전독의 큰 소리를 가리킨 것임에 틀림없고, 귀신의 얼굴을 반야라 일컫는 것은 대반야에 수반하는 오니하시리의 멘面에서 전한 것으로 이해해도 좋을 것이라고 설명한다.

나아가 고라이는 반야 전독이 기원상 바깥의 적 또는 실체화된 악한 영혼을 '추방하기' 위한 대항 주술이며, 그렇기 때문에 '두드린다' '밟는다' '외친다' '불을 땐다' '무서운 가면을 쓴다' 등의 주술적 행위가 따른다고 결론짓고 있다.

이와 같은 '이화성'은 민속 중 의례 체계 안에서 코드화되는 경우도 있지만, 위상적位相的인 공간 안에서 경계선을 외재화하여 '이화성'의 침입을 저지하려는 시도 역시 기호 체계 속에서 조직화된다. 사회학자 미하시 오사무三橋修는 이와 같은 이화 공간에 대해 다음과 같이 말한다.

> 고대적 의식에 나타나는 공간은 성스러운 산을 원점으로 하고, 나아가 산의 신이 강림하는 정착 주민의 노동의 장소로 확대되며, 그것이 다한 지점에서 끝난다. (…) 그 지점은 경작에 적합하지 않은 습지와 발 디딜 틈 없는 원시림으로 봐도 좋을 것이다. (…) 미지의 어두운 바깥의 세계는 공포의 대상이었고, 그렇기 때문에 화를 초래하는 곳, 더러운 곳이라고 여겨졌다.[23]

■　『겐지 이야기』의 주인공인 히카루 겐지의 최초의 아내. 로쿠조노미야스도코로六條御息所의 생령에게 괴롭힘을 당하다 출산 후 급사한다. 훗날 제아미世阿彌가 노의 하나로 개작했다.

미하시의 지적은 '이화성'을 민속의 기호학으로 변환할 수 있는 중요한 단서를 포함하고 있다. 이러한 '꼬리표가 달린' 지점의 예로는 산소散所■를 든다. 그곳은 '한가롭고 또는 그다지 도움이 되지 않는 곳' '구속받지 않는 장소'이며 그곳에는 보다 성지聖地다운 감각이 뒤따른다. 산소의 대부분이 물가나 교통의 요충지 혹은 거기에 포함되기도 하는 마을의 경계 부분에 있었다. 그의 정의에 따르면 산소는 "애당초 생산물을 낳지 않는, '성스러운=더러운' 장소"였다. 미야타 노보루宮田登가 에도 시대의 이나리稻荷 신앙■■을 논하면서, 산소의 대부분이 절벽과 평지의 경계선에 있음을 지적한 것은 이나리의 지령地靈 성격에 대한 그의 견해를 보여주는 시사적인 정보라고 생각된다.[24] 우주론적 경계성의 강조에 대한 이와 같은 언급은 히로스에 다모쓰広末保의 악장소惡場所에 대한 연구[25]와 함께 널리 받아들여지고 있으며, 이는 상징 비교에 대한 확실한 근거를 제공하고 있다.

앞에서 논한 대반야 전독은 민속에서 가미오쿠리神送り■■■ 풍속의

■ 에도 시대에 일부 천민이나 그들의 거주지를 가리키는 말로 유포 정착되었다. 나라 시대인 747년의 문서에 최초로 나타난다. 당시부터 헤이안 시대 초기까지는 직접적 지배 권역에 속하지 않았던 장소나 사람을 의미하는 말로 쓰였다. 헤이안 시대 중기부터 무로마치 시대에 걸쳐서 영주의 영지의 일부 또는 그곳에 정주하는 것이 허용된 사람들을 가리키는 말로 쓰였으며, 이들은 영주에 종속되었으면서도 연공을 면제받는 대신 수공업, 교통, 수렵 등 노역에 종사했다. 그 후 중세에 이르러 천민시되었다.

■■ 이나리 신사의 제신祭神으로 추앙되는 우카노미타마노카미倉魂神에 대한 신앙. 농경 신앙에서 상업 신, 집 신 등 다방면의 신앙으로 확대되었으며 전국적으로 확산되었다.

■■■ 신 보내기. 음력 9월 보름부터 10월 1일에 걸친 밤에 여러 구니国의 신들이 이즈모 대사出雲大社로 여행을 떠나는 것을 배웅하는 신사神事.

일부에 속한다고 봐도 좋을 것이다. 이 가미오쿠리 풍습은 정월, 2월, 3월, 6월, 추석盆, 12월 즉 계절의 전환점에서 행해지는 행사로 일본 전역에 널리 퍼져 있으며, 다양한 형태를 간직하고 있다. 크게 다음과 같이 나눌 수 있겠다.[26]

  (1) 배웅하는 신령 또는 정령 : 바람의 신, 역신, 해충, 사네모리実盛■, 번개 등
  (2) 정령을 가탁하는 사물 : 볏짚 인형(사네모리, 신복家来 또는 남녀 한 쌍), 신목神木, 작은 대나무笹, 횃불松明
  (3) 배웅하는 장소 : 마을의 경계, 강가
  (4) 행위 : 춤, 큰북, 징, 철포, 거친 몸짓, 인형 태우기 등

이 가미오쿠리의 풍속은 일본뿐 아니라 중국에서도 보이며, 더욱이 서구의 '마디그라' 카니발에 대응한다는 사실을 나는 이미 몇 번이나 논했다.[27] 결국 이 풍속이 지향하는 바는, 경계를 통한 마을의 질서인 '문화'에 대항하는 '자연'적 요소(사네모리, 도둑, 어령, 해충, 원령, 바람의 신 등)를 시각화함으로써 질서와 혼돈의 요소를 대치시키고, 소음

■ 헤이안 말기의 무사. 본래는 아리와라 씨在原氏, 후에는 후지와라 씨藤原氏. 대대로 에치젠越前에 살았지만, 무사시국武蔵国 나가이長井로 옮겼으며 처음에는 미나모토노 다메요시源為義, 요시토모義朝를 따랐으나 후에는 다이라노 무네모리平宗盛를 섬겼다. 고레모리維盛를 따라 미나모토노 요시타카源義仲를 칠 때 데즈카 미쓰모리手塚光盛에게 패배했다고 한다. 강이나 마을의 경계까지 배웅하는 사이토 사네모리盛斎実盛가 벼에 걸려 넘어져 패배하여 벼벌레가 되었다는 전설도 있다.

으로 우주적인 균열을 발생하게 하여 시간 및 공간을 소생시킴에 있다.

스페인 북동부의 랑스라는 마을에서 열리는 카니발인 마디그라 행사에서는 큰 인형을 준비하고 이 인형을 내세워 마을을 두루 돈 후에 마을의 경계에서 태워버린다. 이 인형의 이름은 예전에 널리 알려져 있던 대도둑의 이름이라고도 한다.[28]

이와 같이 서구의 카니발, 특히 마디그라 당일에는, 이렇게 인형 혹은 동물(닭) 등을 골라 여기에 지난해의 액운이나 더러움 등을 옮긴 뒤 파괴하는 풍속이 널리 전해졌다. 이와 같이 악의 상징이라고도 할 수 있는 것을 드러나게 하고 이를 가시적인 것으로 만드는 행위에는, 혼돈을 불러일으킴으로써 마이너스의 엔트로피*를 흡수하고, 세계를 정화하는 기능을 포함한다는 사실은 야나기타 구니오의 다음과 같은 언급에서도 분명히 볼 수 있다.

내 상상으로는 마을에 역병이 유행하거나 밭에 병충이 생기면 그제야 서둘러 가미오쿠리를 기획하는 현재의 방식보다 한층 오래된 형태는, 매년 날을 정하여 약간의 징조가 보이기 전에 미리 일정 기간의 불안을 제거해두려는 의식의 축제였을 것이라고 생각한다. 여기에는 물론 벌레나 역병 같은 특정한 적은 없다. 단지 인간 이상의 힘을 가진 영물이 아

■ 　루돌프 클라우지우스가 명명한 열역학 개념. 물리적으로 가역적인 변화라면 엔트로피는 일정, 불가역 변화라면 엔트로피가 증대한다. 엔트로피가 큰 상태는 무질서의 정도가 크다는 것을 의미한다.

주 오랫동안 우리와 같이 있게 되면 종국에는 어떤 두려운 일을 일으킬지도 모르기 때문에, 일정 기간이 지나면 밭의 신도, 정월 신도, 집집마다 모시는 조상신도 모두 대접하여 되돌려 보냈던 것은 아닐까.[29]

물론 야나기타의 이러한 설명은 민속적 인과론을 적용한 해석이다. 이 설명을 기호학의 차원으로 환원하면, 안쪽의 경계성의 환기와 그렇게 환기된 존재의 물리적인 경계(마을의 경계)로의 전이, 이 과정으로 인한 '꼬리표가 달린' 부분으로서의 경계의 강조라는 의례적=기호학적 질서의 재구축이 형성되는 것이다.

민속에서 경계라는 것은 의미가 출현하기 직전 또는 소멸하기 직전의 혼돈의 표현이라고 할 수 있다. 혼돈은 바람직하지 못한 요소로서 생활의 질서 안으로 들어오지 않기를 바라지만, 때와 장소에 따라 의식되고 화제에 오르기를 은연중에 바라는 요소로서, 민속 내에서 여러 형태를 취한다.

'꼬리표 달기'의 예를 일본의 민속 어휘 중에서 뽑아보자면, '우제켄ウゼケン'이라는 말을 들 수 있다. 야나기타 구니오의 설명[30]에 따르면 가고시마에서는 우제켄이 세간의 바깥 세계, "미지의 세계, 누구라고 할 것 없이 자신과 대립하는 것"을 의미한다. 이는 '세간'에 대해 '꼬리표를 단' 관계에 있으며, 분명히 세간과 대의 구조를 이루고 있는 것이다. 이와 마찬가지로 '히로시마'라는 말이 대의 범주의 일단을 담당했던 사실은 분명 주의를 끌지 못했을지도 모른다. 야나기타 구니오는 이 말이 아이즈히노에마타会津檜枝岐 등의 수사狩詞로서, 사람 사는 마을人里을 뜻했다고 한다. 계곡에 있는 오두막의 조용하고 차분한 작은 무리의

분위기와 다른 장소라는 이유에서 생긴 차별어였으리라고 보는 것이다. 더욱이 이키壱岐 혹은 이요伊予의 내해 쪽에서는 '히로시마에 간다'라는 금기어忌詞는 '죽는 것'을 의미했다.[31] 따라서 히노에마타檜枝岐의 경우와 더불어 '히로시마'란 '다른 세계'라는 어감을 띤, '시마(마을)'에 대해 '꼬리표가 달린' 말이었다고 할 수 있을 것이다.

웃음을 매개로 해서 타소他所 즉 타자성을 설화화하면 '바보' 이야기가 된다. 야나기타 구니오는 『웃음의 본원』에 수록된 "길우회기사吉右会記事"라는 제목의 논문에서, 끊임없이 웃음의 전제가 되는 어떤 다른 마을이 존재했다는 사실을 논하고 있다.

> 이전에는 미련한 사람은 단순히 웃음거리가 되었고, 그가 바보이고 실패만 거듭하는 것은 겁쟁이가 전투에서 패하는 것처럼 매우 당연한 것이라 생각한 시대가 있었던 것 같다. 대신 그러한 사회에서는 비슷한 사람들로부터 웃음거리가 되는 사람은 없었다. 토지 관리인이나 절의 스님 들과 같이 다른 처지에 있는 자도 다소의 비웃음거리는 되었지만, 주로 경멸의 대상이 된 것은 다른 마을 사람이었다. 마을과 마을끼리는 무기를 사용하는 전투가 멎은 후에도 한동안 언어와 조소로 싸웠다. 인접한 농촌들은 평화롭게 지냈어도, 이렇다 할 이해의 영향권이 없는 곳에 대해서는 어쩔 수 없는 예로부터의 정복욕이 집중되지 않을 수 없었던 것이다. (…) 우리 주위에는 우스갯소리의 소재가 되는 벽촌이 대개 하나씩은 있어왔다.[32]

야나기타는 여기서 현대 심리학이 논하는 '공격성'의 문제를 적확하게 파악하고, 공격성을 유발하는 담당자로서 '우스갯소리의 소재가 되는 벽촌'의 기호학적 여건을 예상하고 있었다는 듯이 다음과 같은 예를 선보였다.

히고肥後의 히토요시人吉 부근에서는 '잇킨비야イッキンビャァ'라고 해서 이쓰키무라五木村에 붙어 다른 사람 흉내를 내다가 실패한 이야기, 속이려 하다 오히려 손해를 본 이야기, 우둔한 척하고서 다른 사람을 놀린 이야기, 즉 깃초무吉ョム 이야기 계통의 우스갯소리가 전해진다. 분고豊後의 오노군大野郡에는 다카치호高千穂 이야기, 부젠豊前에는 기이城井 산기슭 가까이의 사와다寒田 이야기, 간토에는 가즈사上総의 가와즈바川津場 이야기, 아와安房의 마스마增間 이야기, 신슈信州 사쿠佐久에는 가와카미川上 이야기, 가미시모타카이군上下高井郡에는 아키야마秋山 이야기, 이나伊那에는 도야마遠山 이야기 등이 있는데, 야나기타는 "하나같이 시장에 촌스러운 옷을 입고 나온 사람들을 단지 표정이 평지의 사람과 다르다는 이유로 놀리는 식의 이야기"라고 평가했다. 이 '어리석은 마을'은, 이른바 인간 행위 속에서 '공동체' 내의 인간의 정상성을 떠올리게 하기 위해서 '경계' 공간에 '꼬리표를 다는' 기호학적 행위라는 것은 대략 추측한 대로다. 이와 같은 공격성 유발이 다양한 차원에서 관찰되고 있음은 이미 고찰되어왔다. 동일한 문화적 장치가 단순히 일본적 문맥에서뿐만 아니라, 인도의 시크족을 대상으로 언급된 '싱가싱가 이야기' 등에서도 작용하고 있음을 알 수 있다. 이와 같은 피격적被擊的인 역할을 상호 담당하는 관계를 인류학 용어로는 "조킹joking 관계"라고 한다. 이 관계는 부족 간, 씨족 간, 친족, 가족 등의 일정한 채널을 통해 실현된다. 나는 일찍이 이 관계의 연극성에 대해 논한 적이 있다.[33]

'석신 문답石神問答'■을 비롯한 야나기타 학學의 중요한 일부를 구성하고 있는 것은 어떤 의미에서 지금까지 논한 경계의 징표의 재구성이 될 것이다. 경계가 가지는 양의적 성격이야말로 야나기타가 평생 동안 관심을 가진 기본적인 모티프였던 것 같다. 이러한 점에서 볼 때 '석신 문답'은 그 선언이라고까지도 말할 수 있으며, 경계에 대한 감수성이야말로 우리가 논리적 정합성의 세계에서 상실한 것일지도 모르겠다. 경계는 다의적이기 때문에 일상생활 속에서는 위치를 부여할 수 없는 이미지가 출현할 가능성이 있다. 모순되는 두 가지가 동시에 나타날 수도 있다. 그곳에서는 말이 되기 이전의 이미지 및 상징이 끊임없이 출현하고 증식하며 새로운 통합을 완수한다.

이러한 경계가 일본 민속에서 어떠한 형태로 존재해왔는가 하는 것은 흥미로운 과제다. 야나기타 학에서는 이러한 경계를 다음과 같이 파악하고 있다.

(1) 도조신道祖神■■(賽の神)

도조신의 권진勸進절이나 불상의 건립·보수를 위해 금품을 거두는 것은 마을의 네거리와 마을에서 가까운 경계의 신을 환기시키는 행사를 말한다. 이날

■ 교겐의 하나. 부인이 남편과 헤어지고 싶어서 석신에게 그 가부를 점치는 것을 남편이 석신인 척해서 방해한다는 내용의 이야기.

■■ 경계의 신의 총칭. 일본어로는 '도소진'이라고 읽는다. 도소진이라 불리는 신 외에 사에노카미, 사이노카미, 도로쿠진 등으로 불리는 신을 포함하는 경우가 많다. 이 신들은 전국적으로 모두 같다는 전제하에 보고되는 경우가 많으므로, 그 관계와 분포가 반드시 명확한 것은 아니다.

아이들은 욕설을 퍼붓고, 길을 가는 여자에게 잡스러운 말을 걸 수 있다. 어린이 자체가 경계적 성격을 가지고 있음은, 본래 아이들이 영매역으로 쓰였던 일화에서도 추측할 수 있다. 야나기타는 이와 같은 아이들의 행동에 대응하는 행사의 예로 '지바와라이千葉笑い'■나 '악태제惡態祭'를 든다.³⁴ 모두 민속 속에 '어린이―자유로운 행위―도조신―경계'라는 관계가 어렵지 않게 성립한다는 전제가 있었다고 봐도 좋다. 여기에 도조신의 몸이 화합쌍체和合雙體였다는 점이 덧붙는다면 더더욱 양의성이라는 상징적 연상이 성립한다. 화합쌍체 위에는 성적인 이미지가 가탁되기 쉬운데, 에로스가 지니는 '결합' 작용에는 다양한 이질적인 사물을 만나게 할 가능성이 있음을 고려한다면 도조신의 다의성은 점차 분명해질 것이다.

(2) 톤도トンド(左義長) 행사

도조신의 축제에 동반되는 행사이며, '불이 타는 소리'를 흉내 낸 소리에서 비롯한 것으로 보이는데, 야나기타는 이것이 '원호遠戶' 혹은 '바깥쪽의 경계'라는 가정하에 "바깥쪽이란 마을에 속하는 산과 들이 다른 마을과 접하는" 곳이라고 말한다.³⁵ 어느 지방에서는 이 불을 柴燈이라고 쓰고 '사이토'라고 부르고 있다. 혹은 사혜토道祖土일지도 모른다고 한다. 미카와三河의 기타시타라군北設楽郡 꽃 축제에서는 '사이토'

■ 시모우사국下総国에서 섣달그믐에 사람들이 모여 얼굴을 감추고 머리를 감싸며 목소리를 바꾸어, 선악을 주장하고 행실이 나쁜 사람이나 불충·불효하는 무리에 대해 크게 웃고 칭찬하고 헐뜯는 관습.

를 '세이토'로 부르는데, 이것은 신좌神座에서 봤을 때 춤추는 공간 오른쪽 안팎의 중간에 해당하는 부분에 준비해둔 불과, 이 불 주위에 모여 진행되는 의례를 야유하는 관객을 가리킨다. '세이토'의 관객은 한쪽에서 '타후레'라는 소리를 지르면서 동시에 춤추는 사람에게 욕설을 퍼붓는다. 여기서도 불—양의성(안과 밖)—욕설이라는 관계가 성립하고 있음을 알 수 있다.

(3) 고릉묘古陵墓

고릉묘는 여러 의미에서 중간적이며 양의적인 공간이다. 야마토大和 가와치河內에서는 특히 이 땅에 '슈쿠노모노凤之者'이 지역에서 근세 무렵 천민 취급을 받은 사람들가 살았다고 한다. 야나기타는 "오래된 무덤에는 초목이 우거져 있어서 멀리서 바라보는 것을 막고, 보통 사람은 더러운 기운穢 氣을 두려워하여 이것에 가까이 가지 않았다"는 것과 "무덤에 속한 땅은 항상 제외된 땅이었기 때문에 비용을 필요로 하지 않고, 차지하려고 싸우는 자가 없었다"라는 것을 이유로 들고 있다. 결국 "사회적으로 영원한 빈 땅으로서 존재해야 하는 것"이었다고 한다. 오래된 능과 묘는 황무지와 경작지의 중간으로서 '문화' 가운데 남겨진 '자연'으로 봐도 좋을 것이다.

(4) 슈쿠노모노ツュクの者

야나기타에 따르면 '슈쿠'의 원래 음은 '스쿠'인데 '하치타타키鉢叩き' 헤이안 시대의 승려였던 구야空也의 염불, 또는 염불을 하며 걷는 반속 승려의 하치와 마찬가지로 군읍의 경계 또는 말단을 의미하는 말로서, 사카(坂 또는 境),

사코·세코(迫), 사키(崎 또는 尖), 소키·소코(底 또는 塞), 소구(削), 스구루(過) 등의 '벗어남'이나 '과도적인' 상태를 나타나는 말과 상통한다. 더욱이 슈쿠라는 지명이 대부분 경계에 있었으므로 슈쿠라는 말과 경계의 대응이 한층 더 확실시된다.[36]

(5) 슈쿠 신ツュク神

이러한 뜻이 변하여 수궁신守宮神 또는 숙신宿神이라고도 쓰고 '슈쿠가미'라고 불리는 신성은 '경계의 신'이었다. 야나기타는, 수궁신은 궁중 또는 국부国府의 땅 중 주로 총사總社율령제 아래에서 하나의 구니마다 설치된 일종의 관청에 근접해 있었고, 무녀의 조상신으로서 궁중을 수호하는 신이었을 것으로 추정한다. 그는 이 신을 모시고 기예를 생업으로 하는 사람이 마을로 들어와 외래의 사악한 신을 물러가게 하는 임무를 인계받은 것을 볼 때, 이 신의 이름인 시키 또는 슈쿠가 경계의 땅에 부가되어도 이상한 것은 아니라고 한다.

(6) 장님 중

경계의 신인 슈쿠 신을 모시는 장님 중 역시 경계와 밀접한 관계가 있다. 자토座頭장님들은 매년 야마시나山科의 사궁천원四宮川原에 모여서 제사를 지낸다. 보통 그들은 특히 서국西国, 중국中国에 있으며『지신경地神經』을 낭독하고 각 집의 부엌을 청소했다. 수천궁水天宮 및 지장地藏 신앙과의 관계로 볼 때, 그들이 본래 '지하'와 '지상'의 중개자였음은 의심할 여지가 없다. 야나기타에 따르면, 야마시나의 사궁천원도 셋쓰摂津와 그 외의 구니들에서 많이 보이는 숙천宿川·숙천원宿川原과 마찬가

지로 경계의 땅이었다고 한다.[37]

(7) 사카도 신サカド神

슈쿠 신과 마찬가지로 경계의 신으로서 제사되는 신에는 사카도묘진坂戸明神 또는 사카테묘진逆手明神이라는 신이 있다. 야나기타는 사카도, 사카테는 읍의 경계를 의미한다고 한다. 간토 지방에는 이 신의 신성을 지명으로 한 사카사이촌逆井村이나 사카사이坂齊라는 것이 여기저기 흩어져 있는데, 이들도 경계상의 진방신鎭防神이었다. 이 신의 제사에서는 인신 공양을 떠올리게 하는 의식이 거행된다.[38] 또한 오스미大隅 아이라군姶良郡의 도가미止上 신사에도 제물을 바치는 제식이 있다. 도가미는 문의 신門神, 즉 경계의 신이라고 한다.[39]

(8) 슈쿠노모노와 비슷한 조건의 공간에 살았던 집단에는 이른바 피차별민이 있다. 야나기타는 이와 같은 집단이 정착해서 살고 있던 토지의 조건에 관해 "마을에서 가장 쓸모없는 빈 공간을 차지한다. 대부분 경작지로 이용할 수 없는 그늘진 땅들, 예를 들면 마을 경계에 있는 들의 한복판, 산림에서 벗어난 부분, 습지, 강가의 모래밭은 익숙한 사람이라면 마을의 겉만 봐도 이 무리들이 사는 곳임을 알 수 있다"고 한다. 단바丹波, 이나바因幡에서는 이러한 지역을 하도何島라고 한다. 이것은 "홍수 뒤에 생긴 땅으로, 토지는 비옥하지만 수해에 대한 방비가 없다는 입지 조건 때문에 일반 농민이 욕심 내지 않은 토지였다." 즉, 비옥함과 더불어 홍수에서 기인하는 황폐의 가능성을 지닌 양의적인 토지라고 보아도 좋다. 이러한 토지, 즉 완전한 들(자연)도 아니고 농경지

(문화)라고도 할 수 없는 양의적인 이미지가 그 토지에 정착해 살고 있는 무리에게 전용轉用된 것이다.

(9) 미사키ミサキ신의 사자라 믿어지는 존재로. 여우나 까마귀를 달리 이르는 말

보통은 이나리 신사에서 여우와 같이 신의 출현의 징조로 생각되는데, 야나기타는 '석신 문답'에서 이것이 경계에서 제사되며 경계를 지키는 신이었다고 보고 있다. 미사키는 일본 서부에서는 부뚜막 신과 같은 이미지를 지닌다. 예를 들면 도사土佐에는 기라吉良의 7인 미사키라는 부뚜막 신 신앙이 있었는데, 이것은 조소카베 모토치카長曾我部元親를 위해 할복한 기라 이하 7인의 영을 함께 모신다고 전해진다. 여러 곳에서 재앙을 내렸기 때문에 이와 같이 두려워했다고 한다.[40]

(10) 하시히메橋姬

야나기타 구니오가 「외눈박이 도깨비 외」에서 하나의 장을 할애해 다룬 하시히메 역시 경계의 신의 연장선상에서 생각할 수 있는 존재다. 그러므로 이 신은 "노하게 되면 사람의 생명을 앗아가고, 기쁠 때는 세상에서 보기 드문 보물을 선사하는 양면·양극단의 성질을 구비하고 있다"라는 양의적 성격을 지닌다.

(11) 닷쇼タッショウ

이 말에는 다양한 의미가 있는데, 특히 중부 지방을 중심으로 촌락의 경계를 가리키는 말이었다.[41] 예를 들면 시모이나下伊那와 기타시타라北設樂의 2군 2현 경계의 산촌에서는 정월에 새로운 나무를 벨 때 이

와 닮은 형상의 나뭇조각을 많이 준비하여 집집마다 무덤에 세워놓았다. 이 나무를 닷샤나무タッシャ木라고 부른다. 야나기타는, 닷샤는 묘지를 가리킨다고 설명한다. 나아가 사쿠라다 가즈노리桜田和徳의 보고에 근거해 미에현 시마志摩의 미나미하타와구南端和具에 있는 닷바タッバ라는 장소를 사례로 들고 있다. 닷바는 상을 당한 이 마을 여인의 집 바로 아래에 있는 해변으로, 탈상한 여자들이 바닷물을 끼얹었다고 하며 동시에 병을 내쫓는 볏짚 인형을 떠내려 보내는 장소로서 정령 맞이의 염불 공양소로서도 사용되었다고 한다.

야나기타는 이 외의 다양한 사례를 토대로, 다치タチ란 본래 나타나다라는 뜻을 가지고 있었던 것은 아닐까 추정한다. 눈앞에 모습이 떠오르다라는 의미의 오모카게니 다츠面影に立つ, 신불이 현몽하여 계시하거나 죽은 사람이 꿈속에 나타나다라는 의미의 유메마쿠라니 다츠夢枕に立つ를 비롯해 번개를 간다치カンダチ, 음력 초하룻날을 쓰키다치月立ち, 그 외에 용을 다츠タッ라고 읽고 물속의 괴물을 닷쿠치나와タックチナハ(사가佐賀 지방)라고 한 예 등은 본래 닷에 신령이 나타난다라는 의미가 포함되어 있었음을 상정케 한다.[42] 나아가 그는 다타리タタリ재앙라는 말은 오늘날 벌이 내린다라는 뜻으로만 사용되고 있으나, 오키나와에서는 다리タァリ라 하여 신이 나타나는 것을 뜻했으며, 스와諏訪의 신사에서도 예전에 다타헤灘ヘ라 하여 순행일 행선지의 큰 나무 아래에서 제사를 올리는 것을 가리키기도 했다고 한다. 야나기타는 이전에는 산과 숲속에 '다치도코로立ち所'라는 영지가 있어서, 거기서 선조의 영을 맞이하고 제사하는 풍습이 있었던 것은 아닐까 추정하고 있다.

이들 사례가 시사하는 바는, 닷을 통해 나타나는 장소는 공간적으로 '저쪽 편'과 '이쪽 편'의 경계이며, 양의적 성격을 띠기 쉬운 장소였다는 것이라 할 수 있다.

앞의 예에서 볼 수 있듯이 경계는 안과 밖, 생과 사, 이쪽 편과 저쪽 편, 문화와 자연, 정착과 이동, 농경과 황폐, 풍요와 멸망이라는 다의적 이미지가 중첩되는 장이었다. 경계를 둘러싼 풍습은 형태상에서 이러한 다의성에 대응한 것이라 생각할 수 있다.

3
그들 ─ 이인異人

문화의 프락시스 속에 살면서 이를 의심하지 않는 인간의 세계상은 많든 적든 자신을 중심으로 한 동심원을 형성하고 있으며, 당연히 원주를 그 경계로 가지고 있다. 물론 중심은 원의 중심과 겹치는 '나'이며, 이 '나'는 '그', '우리'는 '그들', '이 세계'에 대한 '저편의 세계'라는, 바깥에서 의식화되는 원주의 형태로, 그리고 저쪽 부분에 대치하는 형태로 세계상을 그린다. 원주 부분에 나타나는 '그들'은 타인의 원상原象을 제공한다. 그렇지만 원주는 유동적이며, 확대되거나 축소되므로 '안'과 '밖'이라는 개념은 결코 고정된 것이 아니다. 원환 안의 '우리'는 운명을 공유하고 다 같이 풍요로워지기도 하고, 다 같이 궁핍함을 맛보기도 한다. 그들의 이해는 기본적으로 우리의 이해와 대립하며, '그들'은 우리의 성공을 질투한다. 우리는 함께 살고 서로 도우며 서로 이해하고(실제로는 그렇지도 않지만, 이 경우 그러한 차이는 문제가 되지 않는다), 희로애락을 함께하며 비슷하게 생각한다. 그렇지만 '그들'은 우리와 교류하지 않으며 이해할 수 없고 불길한, 완전한 타인이다. '우리' 쪽에서는 질서가 지배적이고 이 질서 속에서는 모든 것이 일정하며, 일어날 수 있는 사항에 어떻게 대응하면 좋을지도 알고 있다. 반면 저쪽 편은 한 치 앞도 내다볼 수 없는 어둠이고 모든 것이 불확정적이다. 실은 '이쪽 편' '저쪽 편' 모두 의식의 내부 상태의 투영에 지나지 않음은 말할 것도 없다. '저쪽 편'은 의식 밑바닥의 어떤 상태의 투영물인 이상, 만일 '그들'이 존재하지 않으면 '그들'을 만들어내야 한다. 여기서 작용하는 논리는, '그들'은 '우리'의 대의 일부라는 것이다. '그들'은 '우리'의 정체성이 확인되기 위해 필요한 것이며, 그들은 그러한 의미에서 유용한 것이다. 기독교 사회가 게토유럽에서 유대인을 격리·거주시켰던 지구를 필요로 하게 된 문화적 전제가 바로 여기에 있다.

중세 서구의 유대인은 기독교 사회의 주변에 위치하는 집단이었다. 유대인은 '우리'인 동시에 '그들'이다. 마술witchcraft 현상은 실로 이러한 논리 표명 중 가장 특징적인 형태의 하나다. 많은 사회에서는 여성이 잠재적으로 그러한 위치를 차지하고 있다. 필자는 질서에서 '여성'을 배제하는 장치가 기호학적 배경을 가지고 있음을 설명한 바 있다.[43]

이와 같이 일상생활의 주변에 위치하는 '이인異人'은 안쪽의 '이화성'에 빛을 비추기 위한 민속적 모델 또는 또는 광원光源이 된다. 바우만에 따르면, 게오르크 지멜Georg Simmel과 로베르트 미헬스Robert Michels가 말하는 '이인'은 무엇보다도 '취약성'을 의미한다고 한다. 이인은 공동체 안에서는 우선 암흑의 약점이자 거동의 연약함이며, '이인'을 특수한 구석으로 몰아 넣는 집단의 '이인' 지향의 문제이기도 했다. 미국인류학

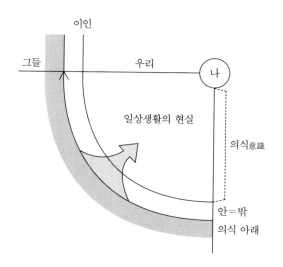

자 중에서 끝까지 '이인'인 채 결국 그다지 평가도 받지 못하고 죽은 줄스 헨리[Jules Henry]는 가족의 병리인류학이라고 할 만한 『광기로 가는 지름길』[44]에서 '피격성'이 없으면 냉혹함이 성립되지 않으므로, 그것은 냉혹함의 변증법적인 필수품이라고 주장했다. '냉혹함의 변증법'이란 이미 고찰의 대상으로 삼았듯 '문화의 프락시스' 밑바닥에 깔려 있는 것이다. 헨리는 다음과 같이 강한 어조로 문명과 피격성의 논리를 역설한다. "진보란 냉혹함의 지배와 피격성에 대한 수탈 위에 성립한다"[45]라고. 헨리는 가족 성원 가운데서도 아이들이 피격성의 담당자가 되는 경우를 명확하게 보고한다. 즉, 모든 가족에게는 오줌싸개나 게으름뱅이, 도벽, 허풍선이라는 오명을 음양으로 뒤집어쓰며 잠재적으로 차별당하는 아이가 있다. 가족의 평화란 의외로 이러한 '배제의 원칙'이 적용되는 위에 성립하고 있는 것이다.

헨리는 이 문제를 가족인류학의 핵심 부분이라 못 박았다. 가족은 내부의 적을 필요로 한다. 이 '적'은 가족의 말단으로 몰리고, 때로는 유해하다고 취급되거나 쫓겨나기까지 한다. 가족, 또는 그 안의 몇몇 성원들은 그로부터 자신을 방어해야만 하고, 그를 벌하고 파멸로 몰아넣을 수 있는 **권리**조차 지닌다. 전쟁은 반대자를, 정당하게 파괴할 수 있는 유해한 **것**으로 전환시킴으로써 일어난다.[46]

가족 안의 잠재적 이인의 문제는 이후 더욱더 연구되어야 할 과제로서, 죽음—병—미치광이의 문제와 함께 가족 안에 작용하는 잠재적 연극성의 문제를 해결할 유효한 실마리가 될 것이다.

사회 집단에서의 '이인'의 역할은 게오르크 지멜의 연구가 선행된 후, 사회학 내의 주변적 문제로서 사회학자의 흥미를 약간 끌고 있었다. 그러나 이 문제를 현상학적 전망으로 재구축한 사람은 알프레드 슈츠였다. 슈츠는 「이인」이라는 논문[47]에서 '이인'을 다음과 같이 정의했다.

우상 파괴자, 신성 모독자 또는 공동체의 구성원 중 단 한 사람에게라도 서로 이해하거나 이해할 수 있는 정당한 기회를 주는 데 충분한 일관성, 명증성, 통일성이라는 외관을 보증하는 '상대적·자연적 세계관'을 계속해서 붕괴시키는 자, 공동체 내의 구성원이 의문을 품지 않는 거의 모든 것에 의문을 품는 자.

물론 이 정의는 '이화성'이라는 표현을 매개로 할 때, 다양한 방향에서 조사照射 가능한 개념이다. 문화의 제도화에 매개되어 있기는 하지만 '존재의 불안'에서 유래한 '자연적 태도'이기 때문이다. 이 '존재의 불안'은 리치가 말하는 선형화線化될 수 있는 부분과 그렇지 않은 혼돈

부분의 단절 의식에서 유래한다고 볼 수 있다. 사람은 연속하는 선 안쪽으로의 침입을 두려워한다. 이 침입은 경계 및 방벽을 쌓음으로써 해결된다. 하지만 이것은 외래자의 침입을 막는다기보다는, 의식 안쪽의 '이화적'인 부분을 가시적인 것으로 바꿔 외재화하고, 그리하여 경계 밖으로 추방하려는 바람인 것이다. 물리적인 '이인'은 이렇게 해서 '천계天啓'적 존재가 되는 것이다. 의례를 현상학적 관점으로 분석할 수 있게 되는 것 역시 이러한 관점을 도입하기 때문이다. '봉해라'라는 말이 잘 사용되는데, 실은 '봉하기' 위한 누미노시스의 환기 방식이 중요한 것이며, 이는 '이화성'의 침입과 엔트로피의 증대를 막기 위해 '이화성'을 경계로 삼아 드러내려고 하는 시도인 것이다.

이와 같이 질서를 확인하기 위해서는 경계의 설정이 필수 전제이고, 생생하게 상상력이 발동하도록 경계의 이미지를 부상시키는 가장 유효한 지름길은 첫 번째 장에서 검토한 것처럼, 이 공간에 출몰하는 마성을 지닌 존재를 만들어내는 것이다. 이 마성을 지닌 존재는 인간의 착실한 형상(=신택스)이라는 형태로 나타난 '질서'의 골격과, 동물적 부분(=말)을 구비하고 있는 것이 바람직하다. 프랑스의 미술사가 발트루사이티스Jurgis Baltrušaitis가 정력적으로 탐구했던 서구 중세 및 고딕의 도상학적인 유산은 그것의 이상적인 형태였다고 볼 수 있다.[48] 특히 보스Hieronymus Bosch 및 브뤼헐Pieter Bruegel의 환상 회화와 플로베르Gustave Flaubert의 작품으로까지 이어지는 '성 안토니우스의 유혹'이라는 주제에는 경계를 표시하는 인물과 경계에 나타나는 키마이라적 존재인 이매망량의 대의 구조가 전형적으로 잘 표현되어 있다.

이러한 대의 구조는 서구의 이상향의 이미지에서도 볼 수 있다. 미르

체아 엘리아데Mircea Eliade에 따르면 다음과 같다.

사람이 오르는 산, 사람이 살며 경작하는 토지, 거슬러 오를 수 있는 강, 도시, 성역聖域 등은 이향적異鄉的 원형을 가지고 있었다. (…) 그러나 인간을 둘러싼 모든 것이 이러한 원형을 가지고 있는 것은 아니다. 예를 들어, 악마(악귀)가 사는 사막, 미개간지, 아직 누구도 항해해본 적이 없는 바다는, 바빌로니아의 도시나 이집트의 주州가 갖고 있는 특권, 즉 그 도시들이 가지고 있는 것과 같이 선명하게 자기 모습을 드러내고 있는 분화된 원형을 소유하는 특권을 갖고 있지 않다. 그것들은 다른 종류의 또 다른 신화적 모델에 대응하며, 야생적이고 미개간된 토지와 거기에 준하는 것들은 모두 혼돈에 동화된다. 그것들은 여태껏 창조 이전의, 분화되지 않고 형태가 없는 상태에 참여하고 있는 것이다.[49]

유토피아와 역逆 유토피아의 공간은 많은 사회에서 천상계와 지하계라는 변별적으로 대치된 우주의 경계로서, 대를 이루는 것으로 표현된다. 그러나 천계의 이미지가 강고하게 확립되어 있지 않은 문화에서 지하계는 오히려 양의적인, 다시 말해 재앙과 복을 함께 가져오는 영역으로 여겨지곤 한다. 아우에한트Cornelis Ouwehand가 밝힌 대로, '메기鯰 신앙'에서 보이는 것처럼 지하계에 대한 일본인의 이미지에서도 역시 혼돈과 생성이라는 서로 대립하는 요소가 강하게 배어나고 있는 것이다.

혼돈이 공간에서 배어나고 있는 것과 같이 시간에도 질서와 질서의 진공 상태라는 두 개의 요소가 투사된다. 선박이 적도를 넘어가는 때와 섣달그믐 자정에 큰 소동을 벌이는 풍습이 경계 지점의 통과 의식과 매우 밀접한 관련이 있다는 사실은 오늘날 잘 알려져 있다. 영국의 풍습인 4월 1일 만우절 역시 딱 들어맞는 예다. 우리에게도 이날은 공공연히 거짓말을 할 수 있는 날로 알려져 있다. 그러나 그것은 이날이 본래 계절의 경계 지점에 설정된 혼돈과 소생의 익살스러운 축제일이었다는 사실의 일부만을 전하고 있다. 남을 속여서 심부름을 보내는 등 특정한 속임수가 어린아이들 사이에서 성공하게 되면, "에이프릴 풀!"이라고 외치는 것이 관례다. "이브의 어머니의 생애"라는 제목의 책을 사오라며 아이들을 서점에 보내기도 한다. 그러나 '에이프릴 풀'의 시간은 밤 12시에서 1일 정오까지로 엄밀히 한정되어 있어서, 이를 착각하고 그 뒤에도 계속 거짓말을 하는 사람에게는 "만우절은 끝났어. 너는 바보고 나는 바보가 아니야"라고 호되게 욕을 한다.[50]

이러한 전환 의식을 서구에 널리 퍼져 있는 카니발이라는 민속으로까지 확대해 이해하는 것도 결코 어려운 일이 아니다. 카니발 축제는 본질적으로 전환 의식에 따라오는 양의적인 세계 감각의 표현이다. 따라서 이날은 바보 왕을 선출해서 왕관을 쓰게 하고, 온종일 지나친 장난에 열중하며 모든 질서를 정지시키고 혼돈을 세계의 기조로 삼는다. 모든 가치, 사람, 사물은 그것이 보통 속해 있는 맥락에서 벗어나, 다른 사물과 이상하게 보이는 사물을 연관시켜 그것들이 일상생활에서는 나타나지 않는 잠재적인 의미를 표면화한다. 즉, 존재하는 사물의 일상의 효용성의 맥락에서는 보이지 않는 다른 모습이라고 할 수 있는 '여파'가 축제일의 우주의 기조가 된다. 소음이야말로 이날 의식의 과도적 상태를 중개하는 데 없어서는 안 될 요소가 되는 것이다.

그러나 이와 같은 과도적 상태는 그 도상적 과잉성 때문에 인간의 통상적인 경험 안에서는 결합되기 어렵다. 따라서 이러한 과잉성은 아예 금기의 영역으로 방치되곤 한다. 사람이 머리카락과 그 부속물인 빗에 대해 품는 공포감은 끊임없이 급속하게 증식하는 것에 대한 인간의 형용할 수 없는 이화감에 기초할 때가 많다.

이렇게 해서 프락시스가 접근할 수 없거나, 질서의 최첨단을 나타내기 위해 프락시스가 지배하는 지대에 무리하게 도입된 여러 요소는 부정형, 유계幽界, 혼돈의 경계로서 방치된다. 우리의 입장에서 보면, 질서에 생기를 불어넣는 것은 이와 같은 분류항 사이에 존재하는 빈틈이기 쉽다.

금기가 논리적으로 거리가 있는 두 유형 사이의 간극을 메우고 있다는 것은 이미 논했는데, 이 단층에는 다양한 마성을 가진 사람, 반인반수의 존재가 살고 있는 경우가 많다. 일본 민속에서도 두 세계를 연결하는 다리에 하시히메다리를 지키는 여신. 특히 산성의 우지교宇治橋에 있다 같은 존재가 등장한다. 원숭이나 여우와 같은 히에신日吉神과 이나리의 미사키에서 보이는 것처럼, 이러한 주변적·양의적 존재는 신과 인간의 중개자라고 보인다. 이 존재는 전승에서도 '영웅'이라는 형태로 서술되는데, 헤라클레스 이야기처럼 영웅이 인간의 모습과 짐승의 힘을 가지고 문화와 자연을 연결하는 자로 그려지는 경우가 많다. '영웅'담의 전형적인 형태는 '긴타로金太郎'▪ 전설에서 볼 수 있다. 그것은 타잔 설화를 일본화한 것 같은 '동물=자연' 세계를 향한 상상력을 통해 이루어낸 가교작업의 결과였다. 이들 설화는 문화가 스스로의 신택스 속에서 길들인 기교한 말로서의 자연의 속성이다. 어떤 의미에서 예수 그리스도를 이러한 중개자=영웅의 맥락에서 다시 파악하는 것도 불가능한 것만은 아니다. 그리스도는 지상의 처녀를 어머니로 하고 신을 아버지로 해서 태어난 아들로서, 두 세계에 서로 관련된 양의적인 존재이며, 기호학적으로는 신의 사자 역할을 하는 다양한 동물과 같은 위치를 차지한다. 그리스도를 바보로 파악한 하비 콕스의 제창[51]이 의미를 가지는 것도 그리스도의 중개자적 성격에서 유래한 것일지도 모르겠다.

'영웅'(=소설, 극의 주인공)에게 나타나는 것은 하나의 문화에서의 '이 세계'와 '저 세계'의 경계다. 경계는 이와 같이 개인을 매개로 해서 나타나는 경우도 있지만, 다양한 직업 집단 형태로 나타나는 경우도 있다. 대장장이, 쇠 녹이는 사람, 풀무장이, 연금술사라는, 반은 성직이고 반은 버림받은outcast 집단에게는 끊임없이 침범자라는 각인이 새겨진다. 이러한 침범자라는 성격 때문에 서구 사회에서 연금술사는, 브뤼헐의 판화에서처럼 사기꾼 취급을 받게 되었다. 르네상스 회화에서는 홀바인Hans Holbein의 작품을 비롯해 '니맨드'라는 오갈 데 없는 나그네의 모습이 나타나는데, 이 인물은 어지럽게 널려 있는 공구들과 대장일 도구들 한가운데에 앉아 있다. 엔리코 카스텔리Enrico Castelli는 이러한 계통의 그림이 르네상스 우주관의 중요한 주제 중 하나였던, 광기(난잡)와 창조(수작업)의 양의적 세계 표현에 그 뿌리를 두고 있다고 본다.[52]

■ 미나모토노 요리미쓰源賴光의 사천왕 중 한 사람인 사카타노 긴토키坂田金時의 어렸을 때 이름이며 거기에 얽힌 괴아怪兒 전설의 주인공이기도 하다. 사가미相模의 아시가라야마足柄山에 살았던 야마우바의 아이라고도 하며, 전신이 붉고 뚱뚱하며 괴력을 가지고 있다고 한다. 곰, 사슴, 원숭이를 친구로 하여 항상 큰 도끼를 가지고 다니며 스모와 승마를 즐기는 인물로 묘사된다.

이러한 예들이 나타내듯 경계에는, 일상생활의 현실에서는 수습하기 어려우나 사람들이 은밀하게 배양하길 바라는 다양한 이미지가 가탁되어왔다. 이 이미지들은 일상생활을 구성하는 익숙한 기호로 변해 끊임없이 발생하고 변형을 시도하는 상태에 있기 때문에 생기가 넘친다. 일상생활의 안쪽에 자리 잡고 있던 기호조차, 경계로 밀려나면 의미의 증식 작용을 다시 시작하여 신선함을 재획득한다. 이것은 인간도 마찬가지다. 인간은 스스로를 특정한 시간 속에서 경계 위 또는 안에 둠으로써 일상생활의 효용성의 지배를 받는 시간과 공간의 틀에서 스스로를 해방시키고, 자신의 행위, 언어가 잠재적으로 가지고 있는 의미 작용과 직면하여 '다시 태어난다'는 체험을 획득할 수 있다. 유희, 축제, 구경거리에는 그와 같은 경계성의 기능이 갖추어져 있으며, 거꾸로 신체의 운동에 제약을 가하는 '질병'에서도, 반대 방향에서이기는 하지만 그것이 일상화하지 않는 한 인간은 아주 간접적으로 죽음의 그림자를 스치는 것만으로도 이와 비슷한 것을 체험할 수 있다.

이렇게 고찰해온 바와 같이 문화의 도발적 부분은 그것이 감추고 있는 반사회성 때문에 발생 상태에서는 주변으로 떠밀리게 되지만, 끊임없는 기호의 증식 작용을 통해 중심에 생기를 불어넣는다. 중심은 시간과 장소를 정해서 경계를 시각화하고 강조하고 꾸밈으로써, 중심을 구성하는 질서에 대한 '역정언逆定言counter-statement'을 행하는 것이다.

문화와 이화성

1
문화의 프락시스

문화는 새로운 질서를 무정형의 자연에 끊임없이 부여하여 성립한다. 그러한 의미에서 문화의 축으로서 성립하고 있는 세계관은 날마다 새롭게 형성되는 혼돈을 질서 속에 포함시키는 장치로 작용한다. 따라서 문화의 프락시스는 결코 고정된 것이 아니며, 유동적이고 역동적이다. 질서와 혼돈의 접점은 어느 때건 고정되어 있지 않고 끊임없이 이동하고 있다. 그러한 관점에서 문화는 끊임없이 증대하는 엔트로피와의 갈등 과정으로 이해할 수 있다. 그러한 능력을 상실할 때 문화는 엔트로피의 증대에 의해 무위無爲inertia와 퇴행 상태로 몰린다. 이에 비해 엔트로피를 포함하는 데 성공한 문화는 '문화 기동장치'가 비교적 순조롭게 작용하고 있다고 할 수 있다. 이 기동장치는 실은 인간의 의식 속에 들어 있는 '의미 조정의 룰'이라 할 수 있는 영역에 뿌리를 내리고 있다. 새삼 말할 필요도 없겠으나, 문화 차원에서의 질서 형성은 생물학적 차원의 질서 형성과는 다르며, 의미 형성의 작용을 통해 달성된다. 이 의미 형성의 작용은 앞 장에서 살펴봤던 것처럼 인간의 주위를 둘러싼 사상事象에 기호를 붙이면서, 그것들을 유類로 나누는 의식의 행위를 말한다.[1] 기호를 붙이는 작용의 결과 초래되는 '의미'란 롤랑 바르트의 표현을 빌리면, "혼돈을 양측에 대기시키는 질서"가 될 것이다. 다르게 표현하면 의미란 하나의 현실 영역을 '동류와 그 부정적 구성 요소'로 분기시키는 '지시'라는 행위에 의해 창출된다. 바우만은 "인간의 프락시스는 그 가장 보편적이고 일반적인 형태에서 볼 때 혼돈을 질서로 바꾸는 행위로 되어 있다"[2]라고 말한다. 기호학은 의미와 무의미(=혼돈)의 변증법적 관계를 원근적으로 구성함으로써 실로 역동적인 연구 과제를 만들 수는 있겠지만, '의미'는 기본적으로 '질서' 쪽과 관련을 맺고 있다. 달리 표현하면, '의미'는 좁은 의미의 '문화'('자연'과 대치된)와 겹친다고 해도 좋을 것이다. 바우만은 레비스트로스의 연구 대부분이 질서를 발생시키는 룰의 탐구라고 말한다.(단, 내가 레비스트로스와 몇 차례 대화를 나누고 느낀 바는 이렇다. 레비스트로스 자신은 '혼돈'의 의의를 인정하고 있다고는 하나, 그것은 '자연'의 등치물로 끊임없이 저쪽 편으로 밀려나는 것이며, 그가 적극적으로 관심을 기울이는 대상은 아닌 것 같았다.)

문화는 다양한 기호를 통해 '혼돈'을 본연의 시스템의 안쪽으로 끌어들이려고 한다. 사람들은 한편으로는 혼돈을 계속 배제하면서도, 문화 전체의 필수 불가결한 부분인 그것을 한쪽 편에 몰아넣음과 동시에 보호해두어야 하는 것이다. 그것은 신체, 집, 거주지 등의 여러 분야에 걸쳐 적용되는 사항이다.

신화적 공간을 표상하는 방법이 신체를 기준으로 한 공간에 대한 감각과 대응하고 있음은 에른스트 카시러Ernst Cassirer 역시 이야기한 바다. 그에 따르면, "신화적인 세계관이야말로 감각적=공간적 존재의 가장 한정된 영역에서 출발하여 서서히 전개되는 것이다." 카시러는 신화를 단순히 상징적인 이야기가 아닌 사고의 형식, 세계에 대한 이미지를 정리하는 수단으로 보고 있다. 그러므로 그 구체적인 이미지는 인간 신체의 직접성에 유래한다고 한다.

> 인간 신체와 각 부분은 다른 모든 공간에 대한 규정을 변환할 수 있는 참고reference의 체계라고 할 수 있다. (…) 신화가 그 속에서 고유의 사고방식으로 파악하려는, 유기적으로 조합된 전체(상징적 우주)를 발견하고자 할 때, 신화는 이 전체를 인간 신체의 이미지와 끼워 맞춰보려고 한다. 객관적인 세계는 인간의 신체를 머릿속에 그려서 유추적으로 '모사될' 때에만, 신화적 의식에서 만져서 알 수 있는 것이 되고 존재의 확고한 영역에 편입된다.[3]

카시러가 이와 같이 신화적인 인식 방법의 원점을 신체의 직접성과의 대응으로 성립시킨 것은 매우 개방된 사고였다. 그것은 한편으로 감각적 여건으로서의 에로스 감각을 모델로 하는 심층심리학과 상통하는 입장이며, 다른 한편으로는 에드몽 오르티그Edmond Ortigues가 다음과 같이 어느 정도 완곡한 말투로 변별적 사유의 신체성을 언급하려할 때, 의식되고 있는 상징적 사유 구조를 급진적으로 해명하려는 자세에 매우 가깝다고 볼 수 있다.

신체의 이미지는 항상 이중적인 영상이며, 반대 극의 직접적인 대립에 의해 분할되고 있다. (…) (그것은) 항상 분열의 문제를 반영하고 있다. 즉, (보편적인 것에 대해 개방된) 주체가 그 자신의 신체와 일치하는 것은 애매한 이중화나 아니면 외부 시선의 주술적인 힘이 아니면 묶을 수 없는 것으로 여긴다는 문제를 반영하고 있다. 이 애매한 이중화는 끝없이 발전할 수 있다.(인도 신화에서는 신이 신체의 여러 부분으로 표상된다는 것과 그 신체의 수가 매우 많다는 것을 자주 말한다는 것 등을 참조하기 바란다.)[4]

사실 오르티그는 "신적인 것은 모두 인간적인 것의 역逆이다"라고 말한다. 신과 사람의 두 세계 사이의 사물의 교환 계수라고도 할 수 있는 원리에 대해 "인간은 브라만의 어깨띠를 왼쪽 어깨에서 오른팔 아래로 내려오게 차지만, 신들은 그 반대로서 신들의 오른팔이 인간의 왼팔에 대응한다"라고 이야기한다. 신체적 표현이 뒤바뀐 예를 들어서 신과 인간의 세계의 상보 관계를 설명하는 것이다. 그는 한 발짝 나아가 신화적 사고가 신체적 표현에 밀착하고 있는 예를 보이고 있다. 이익을 분배하는 인도의 행운의 신 바가Bhaga는 장님이었고, 시작의 신이자 추진력의 신인 사비트르Savitr에게는 손이 없었으며, 가축과 고기의 신인 푸샨Pushan에게는 치아가 없었다는 신체적 표현이, 긍정적·부정적 기호의 변화에 의해 가역적인 관계를 만들려고 하는 경우 마이너스적인 이미지 형성이 이루어지는 예들이다.

이러한 점에서도 카시러의 입장은 적어도 신화론에 관한 한 구조주의적 입장에서 재차 검토될 수 있는 부분을 많이 포함한다고 할 수 있다. 카시러가 신화적 사고의 출발점으로서의 신체 이미지라고 말하는 경우 '대우주macrocosm'와 '소우주microcosm'의 대응이 의식되고 있는 것이다. 카시러는 『리그베다』의 창세 신화를 예를 들면서 이렇게 말한다.

　여기에서도 신화적 사고의 초기 단계에서 소우주와 대우주의 통일은 인간이 세계의 일부로 만들어졌다기보다는, 세계의 형태가 인간의 신체에서 만들어지고 있다는 식으로 해석되고 있다. 아담의 신체는 대지와 비슷한 근육, 바위와 비슷한 뼈, 바다와 비슷한 피, 초목과 비슷한 머리카락, 구름과 닮은 사유思惟 등 여덟 가지 부분으로 되어 있다는 기독교의 표현을 고려하면 이와 같은 태도는 기독교적 관점과도 같은 것으로 볼 수 있다. 어떤 신화라도 세계와 인간의 공간적＝신체적 대응에서 시작하고, 이 대응에서 '시작'의 통일성이 추정되고 있다.

　여기서 비롯한 유추로서의 신화적 사고의 기본적인 이미지가 존재의 모든 형식으로 전위되는 것은, 어떤 유사도 신화적 사고에서는 본래적인 친연성, 기본적인 동일성에서 유래한다고 간주하기 때문이라고 설명하고 있다.

　그러므로 카시러는 신체를 부분으로 분할하는 것 자체가 신화적인 상상력의 원천이라고 말한다.

　작은 것은 큰 것 속에 반복되고, 멀리 있는 것은 가까운 것 속에 투영되며, 둘은 기본적으로 동일하다. 이와 같이 인체의 특수한 부분이 세계의 특수한 부분으로 등치되는 주술적 해부학이 존재하는 것과 마찬가지로, 지구의 구조가 동일한 기본적 직관과 합치하도록 기술되고 규정되는 신화론적 지지地誌와 우주지宇宙誌도 존재한다. 그리고 이 두 가지, 즉 주술적 해부학과 신화론적 지지는 자주 하나로 융합된다.[5]

이러한 설명은 모태 회귀, 즉 인간의 원초적 고향原鄕으로의 귀일이라는 표현이 무의미하다고 보이지 않는 현시점에선 결코 무모하다고 할 수 없다. 카시러가 든 예는 고전 고대의 신화와 미국의 주니족이다. 7이라는 수에 관련한 히포크라테스의 책에서, 일곱 부분으로 이루어진 세계지도는 지구를 인체에 비유하고 있다. 머리 부분이 펠로폰네소스, 이스트무스는 그 등골, 이오니아는 횡격막, 즉 '세계의 배꼽', 세계의 중심으로 표현된다. 카시러는 이와 같은 그리스 철학 여명기의 세계상은 세계에 두루 퍼져 있는 신화 수준에서의 병렬적인 현상을 두고 보면 비소로 잘 이해된다고 말한다. 카시러는 이 병렬이란 것을 바이마르 문화의 정수인 바르부르크 문고[6]에 들어 있는 인류학적 재료들을 광범위하게 뒤져서 구한 것임에 틀림없다. 그는 토템적인 사고가 신화론적 우주지 및 지지에 깊이 관계한다고 말한다.

> 토테미즘 속에서 우리는…… 모든 존재가 엄밀하게 분배된 클래스와 집단의 분할과 분산적 특수화라는 원시적인 분절화를 본다. 인간 개인과 집단이 단순히 특정한 토템 안의 멤버십에 따라 서로의 차이를 분명하게 밝히고 있을 뿐만 아니라 이 분류가 전체 세계에도 적용되고 있다.[7]

눈치 빠른 독자는 이 입장이 토테미즘에 대한 레비스트로스의 관점에 매우 가깝다는 것을 알 수 있을 것이다.

커싱Frank H. Cushing이 세밀하게 기술한 주니족의 신화론＝사회학적인
세계관에는, 전 세계를 관철하는 토템 조직의 일곱 겹의 형태가 특히 공
간에 대한 사고에 반영되어 있다. 전체로서의 공간은 동, 서, 남, 북, 상,
하, 중심이라는 일곱 지대로 분할된다. 이것을 토대로 현실 세계의 모든
성분이 이 일반적인 분류 속에서 그 분명한 입장, 즉 결정적으로 치환되
지 않은 장을 차지하고 있다. (…) 북쪽에는 기氣가, 남쪽에는 불이, 동쪽
에는 흙이, 서쪽에는 물이 있고, (비슷한 분류로) 북쪽은 겨울이 돌아가
야 할 곳, 남쪽은 여름이, 동쪽은 가을이, 서쪽은 봄이 돌아갈 곳이 된
다. 다양한 인간의 계층, 직업, 제도도 이 기본적인 틀 안에서 정리된다.
즉, 전쟁과 전사는 북쪽으로, 수렵과 사냥꾼은 서쪽으로, 약藥과 농경은
남쪽으로, 주술과 종교는 동쪽으로라는 분류가 성립되어 있다. 언뜻 이
러한 분류는 색다르고 어림짐작같이 보일지도 모르나, 결코 우연히 성
립하는 것이 아니다. 그것은 매우 명확하고, 사물을 보는 전형적인 견해
의 표현임이 분명하다.[8]

이와 같은 카시러의 설명을 "순수 수학의 **기능적**인 공간과 대비해볼
때, 신화적으로 파악되는 공간은 **구조적**임을 알 수 있다. (…) 아무리
작게 공간을 분해한다 해도 우리는 각 부분에서 전체의 형태·구조를
발견한다"[9]는 구조주의적 입장으로 간주하는 것은 흥미로운 일이다.
에드먼드 리치는 초기의 카시러를 프레이저James G. Frazer, 프로이트
Sigmund Freud와 함께 상징주의자로 규정하면서, "이 상징주의 저술가들

모두가 공통으로 품고 있는 바는, 신화는 신화가 언급되는 사회적 맥락을 전혀 고려하지 않고 '사물 그 자체'로서 이해할 수 있다는 사고방식이다"[10]라고 지적하는 등 부정적인 입장에서 카시러의 신화관을 제시하고 있다. 그러나 이것은 카시러의 『인간이란 무엇인가』와 『국가의 신화』 정도만 읽은 리치의 성급한 오해다. 카시러가 '초기'에도 '후기'에도 결코 사회인류학의 표적이 될 만한 입장을 취한 적이 없었음은 다음과 같은 표현에서도 분명히 알 수 있다.

신화적 사고에서 하나로 '존재하는' 것과 그것이 위치하는 장場 사이의 관계가 무리하게 붙여진 것도 결코 우연이 아니다. 장 자체가 이미 물체의 존재의 일부이며, 그것은 매우 특수한 내적인 연결성을 사물에 선사한다. 예를 들어 토템 조직에서 특정 씨족은 단순히 다른 씨족 집단뿐만 아니라, 대부분의 경우 공간 속의 특정한 지대에 대해서도 본래적인 친연성을 가지고 있다. 무엇보다도 각 씨족에게는 확실하게 정해진 공간적인 방위와 범위가 주어져 있다.[졸저인 『신화적 사고의 개념 형태』 54쪽 이후에 부록으로 재록한, 〈왕립인류학협회지〉 1889년 18호의 「오스트레일리아의 클래스 체계에 대한 추조적追條的 비망록」 62쪽 이후에서 A. W. 호윗Howitt이 논하고 있는 전형적인 예를 참조하기 바란다.] 어느 씨족에 속하는 성원이 죽었을 경우, 그 씨족에게 특수하게 지정되어 임의로 바꿀 수 없는 공간적 위치와 방위에 따라 죽은 자를 묻는다. 이와 같은 관행 모두에서 우리는 공간에 관한 신화적인 정감의 두 가지 기초적인 모양—즉, 신화적 사고의 출현을 가능하게 하는 공간의 뒷받침과 개별화, 그것이 필연적으로 도달하려는 체계화—을 볼 수 있다. 이 체계

화의 가장 명확한 표현이 성신학星辰學에서 탄생한 '신화적 지지地誌'라는 형태다.[11]

이 서술에서도 알 수 있듯이 카시러는 리치가 강조하는 것처럼 신화나 신화적 사고에서 벗어나 문화의 다른 카테고리와 무관한 표의 언어를 긁어모은 것이 아니다. 다만 현재 한계점을 드러내고 있는 기능주의적 사회인류학자들처럼 사회구조의 반영으로도 보고 있지 않는 것 역시 확실하다. 인간과 사물의 세계의 관계 원형으로서의 분류가 있고, 그 분류의 카테고리가 대등하게 신화나 사회조직에서도 표출된다는, 현재 인류학이 도달한 성과에 비추어볼 때도 충분히 유연한 입장으로 양자를 파악하고 있는 것이다. 단, 이 경우 카테고리의 모델은 인간 신체의 이미지가 제공한다고 말하고 있다.

앞에 언급했던 오르티그의 "신체의 이미지는 항상 이중적인 영상이며, 반대 극의 직접적인 대립에 의해 분할되고 있다"라는 명제는 카시러에 의해서도 개진된 바 있다.

공간에 대한 신화적인 정감 작용의 전개는 항상 낮과 밤, 빛과 어두움이라는 이항 대립二項對立에서 출발한다. (…) 신화적 사고를 그 이상으로 전개하는 데에 이 이항 대립은 특별하지 않은 모티프다. (…) 신화적 공간 안에서의 공간의 구역의 어떤 분리나 분절화도 전체적으로 이 대비에 기초하고 있다. 성과 속이라는 특히 신화론적인 악센트를 줄 때에도 다양한 방법으로 분리한 방위와 지대에 분배되고 있으며, 그 각각에 결정적으로 신화=종교적 각인을 준다. (…) (동서남북이라는 기본적인 방위에서도) 각각의 공간적인 한정은 특정 신화에서 호의적이거나 적대적인가 하는 것은 별도로 치고 악마적이거나 성스러운 또는 부정不淨한 '성격'을 띤다. 빛의 원천으로서의 동쪽은 생명의 원천이며, 태양이 지는 장소로서의 서쪽은 죽음과 관련한 모든 공포로 둘러싸여 있다. 그리고 이 낮과 밤, 빛과 어둠, 탄생과 죽음이라는 이항 대립은 생활의 구체적인 사상事象을 신화론적으로 해석하는 경우에도 무수한 방법으로 반영된다.

이러한 이항 대립이 기본적으로는 오른손과 왼손이라는 신체 표상으로 나타나는 사회가 많다는 사실은 오늘날 잘 알려져 있다.

이와 같이 우주의 여러 차원(태양, 성신, 식물계, 동물계, 인간의 세계, 가옥, 신체 등)은 각각 상징적·신화적 논리로 구성되어 있다고 볼 수 있으며, 그 각각의 차원을 일관하는 논리가 공통된 기반을 가지고 있다고 할 때, 그 기반은 말할 필요도 없이 결합과 배제의 원칙이 될 것이다. 의례적 행위라고 불리는 것의 대부분은 이러한 원칙을 확인하기 위해 원초의 상태를 재현하는 행위로 이루어져 있다. 재현된 의례의 소우주 속에서, 마이너스 요소의 재현·배제, 플러스 요소의 질서 회복이 강조된다. 의례는 다양한 차원 가운데 하나의 소우주로 집행되는데, 이것이 다른 차원에 영향을 미친다고 본다. 때로는 의례라고 생각되지 않는 행위 안에도 의례의 원칙이 관철되는 경우가 있다. 예를 들면 메리 더글러스는 일상적인 청소를 하면서 우리가 행하는 것은 경계를 설정하여 격리시키는 것이라고 말한다. 사물을 두는 곳을 정하는 것은 질서를 재확인하는 날마다의 의례인 것이다. 그녀는 부시먼족의 여성이 불을 피우고 막대기를 세움으로써 오른쪽과 왼쪽을 명확히 나누고, 남자 부분과 여자 부분이라는 상징 공간을 만들어내는 것을 예로 들면서, 우리의 생활과 그들의 생활 사이에는 본질적으로 차이가 없다고 말한다.[12]

더글러스는 우리의 다양한 차원의 의례 행위가 서로 관련이 없는 무수한 작은 항아리들을 만들고 있는 데 비해, 고풍스런 문화 속에서의 의례는 궁극적으로는 상징론적으로 일관성을 가지고 있는 우주로 수렴되어간다고 말한다.[13] 그러므로 후에 나이지리아의 주쿤족의 예에서 볼 수 있듯이 배제의 원칙은 우주론적 균형을 최종적으로 포함함으로써 비로소 보답받는 것이다.

모든 시대, 모든 문화는 줄곧 사회적 결합을 필요로 하고 있었다는 사실을 통해, 어째서 모든 시대에 걸쳐 인간은 가옥이나 신체의 그리 멀지 않은 부분에 취약한 부분을 만들어왔는가 하는 의문이 설명된다. 예를 들어 예절과 같이 사회는 모든 차원에서 무질서에 대한 의례적·상징적·기호학적 싸움을 장려함으로써 연명해왔던 것이다. 기호는 항상 이를 위한 탄환이라는 측면을 가지고 있다.

신체 역시도 이러한 질서=혼돈의 분류에서 예외일 수는 없다. 그렇다기보다 신체야말로 우주 질서의 기초라고 말해도 좋을 정도로, 신체는 대우주를 반영하는 소우주라는 사고는 서구 중세뿐만 아니라 다양한 세계, 많은 문화에서 엿볼 수 있다. 아프리카의 많은 전통문화에서는 왕의 신체가 대우주를 반영한 것이라고 생각되었다.[14] 왕의 육체적인 힘의 쇠퇴가 우주력의 쇠진과 동일시되는 것도 그 때문이다.

소우주의 질서는 그것이 배제하는 것과의 대비에 의해 확인된다. 일상생활에서의 우리의 좋고 싫은 감정조차도 바람직한 부분과 바람직하지 않은 부분이 나뉘어 있다. 어쨌든 바람직하지 않은 부분은 더러움, 때 묻음, 오염이라는 감각을 매개로 해서 반질서적인 부분으로 의식되고, 평상시의 커뮤니케이션 질서에서 배제된다. 또한 대변, 모유, 침 등이 감히 의례에 사용되는 것은 신체적 우주에서 이러한 배설물이 차지하는 기호학적 위치 때문이다. 일상생활의 가치에서 배척되고 있어서 일상생활의 기호 체계에서는 표현할 수 없는 것(시니피에)들은 의례의 맥락에서 '의미하는 것'(시니피앙)에 의해 비로소 유효해지는 것이다.

배설물과 월경의 부산물, 손톱과 잘라낸 머리카락 등은 많은 문화에서 그 매끈매끈한 (어쩐지 기분이 나쁜) 기호학적 위치 때문에 부각된다. 이것들은 이쪽에도 저쪽에도 속하지 않는, 경계를 초월한 존재다. 경계야말로 그 명확한 표시 때문에 질서의 기초를 이루고 있다. 경계 안쪽의 사물은 다양한 차원에서 코드화되고 있는데, 그 중요한 결절점에서 경계 바깥쪽의 사물과 기호학적으로 대응한다.

신체에서 버려진 사물은 '야수'에 속하며, 은밀히 공생하는 여우, 생쥐와 함께 권내圈內의 반역자라는 이미지를 계속 가진다. 이 동시에 이방인과 마을 사람이라는 타협하지 않는 두 가지를 타협시키려고 하는 '이인'에게도 공통성은 적용된다. 이러한 '끈끈함'은 프락시스가 각인된 것이지 그들 자신의 본질로서 부착되어 있는 것은 아니다.

2
여성의 담론

나는 나이지리아 주쿤족의 세계가 기본적으로 이원적인 대립항의 조합 위에 형성되어 있음을 여러 기회를 통해 소개해왔다.[15] 이 사회는 어떤 의미에서 여성을 안쪽의 '그들'로 설정함으로써 성립하고 있다고 할 수 있다. 우선 양손은 오른손=남성의 손과, 왼손=여성의 손이라는 식으로 분류되는 등, 인간의 육체에서 왼손은 '안쪽'임이 거부되고 있는 것이다. 이 사회에는 좌우에 해당하는 단어가 존재하지 않으므로, 대로 파악되는 일체의 사물은 남성과 여성의 손에 비유되어 평가된다. 하지만 그 위치는 코드의 차원에 따라 다르며 상대적이다.

주쿤 사회에서는 고야高野 산■과 마찬가지로 여성이 잠재적으로 더 럽혀진 존재라는 우주론적 취급을 받는다. 왼손이 여성과 연관되어 있는 것은 이 사회에서 의례적으로 여성을 차별하는 결정적 전제로 작용한다. 사물을 주고받을 때에는 결코 여성의 손을 사용해서는 안 된다.

거꾸로 용변을 볼 때나 성행위를 할 때 오른손은 사용하지 않고 왼손을 사용하는 일례를 보더라도 육체적 사고에서 여성 원리가 더러움과 연결되어 있음을 알 수 있다. 덧붙여 '여성의 손(아보 스)'이라는 말은 '손(아보)'이라는 말과 '여성 성기'라는 '육체'의 불결한 부분과 연관되어 있다. 여성은 원칙적으로 남성이 의례를 집행하는 '비에 코'라는 '성스러운 공간'에 절대 출입할 수 없다. 따라서 '비에 코'의 소유자인 가장은 소년을 급사로 고용한다. 가장은 '비에 코' 안에서 다양한 제사를 위한 의례를 집행한다. 의례적으로 그는 격리된 인격이기 때문에 기본적으로 '비에 코' 안에서 신인공찬神人共餐의 성격을 갖는 식사를 타인에게 보여주지 않고 혼자서 한다. 이를 위해 그에게는 특별한 급사가 필요하게 된다. 물론 각 가장의 이러한 행위는 궁정의 '비에 코'에서 왕이 우주적 리듬을 순조롭게 전개시키기 위해 집행하는 날마다의 의례와 대응하고 있는 것이다.

주쿤족의 '질서'는, 기본적으로는 이렇게 남성에 의한 의례의 집행이라는 프락시스를 중심에 조직하고 있다. 이 의례적 '질서'와 대응되는 개념이 여성의 존재, 특히 여성에 얽힌 피에 대한 꺼림이다. 어떤 의미에서는 여성의 더러움에 대한 공포가 항상 주쿤족의 '질서'를 재편성하는 원리가 되어왔다고 해도 무리는 아닐 것이다. 우주론적으로 여성이 '질서'에 대한 잠재적인 위협을 형성하고 있다는 것은 여성에 대한

■   와카야마현 북동부에 있는 1000미터 높이의 산으로 둘러싸인 진언종의 영지. 816년 구카이空海가 자신의 영지로 하사받은 후 진언종의 총본산 곤고부지金剛峯寺를 창건했다.

여러 종류의 터부를 부과하는 전제가 되고 있다.

여성은 가장이 의례를 집행하고 있는 성스러운 공간(비에 코)을 절대 엿봐서는 안 된다. 특히 피의 껴림을 입고 있는 여성이 가장의 식사를 요리해서는 안 된다. 또한 그녀는 의례 전후에 가장이 지나다니는 작은 길도 통과해서는 안 된다. 물론 가장이 식사에 사용하는 식기에 손을 대는 것 역시 허용되지 않는다. 의례를 집행하고 있다는 사실을 나타내는 표현을 해서도 안 된다. 언어적 표현이 행위를 오염시켜 쓸모없는 것으로 만들어버리기 때문이다.

어떤 의미에서는 '터부'의 수가 많기 때문에 주쿤족에게 여성은 그 대극에 있는 왕과 호응하는 성격을 구비하고 있다고 말할 수 있을지도 모른다. 하지만 여성에게 터부만 부과되어 있는 것은 아니다. 이 터부란 종교적 제재에 의해 보강되어 있기 때문이다. 주쿤족의 성원은 다양한 제사 결사結社에 속해 있는데, 그중 가장 중요한 제사 결사는 '아크 와환(우거진 숲의 주인)'이라고 불리는 것이다. 이 결사는 기본적으로 죽은 자의 집합령集合靈을 제사하는 집단으로, 주요 사당은 우거진 숲 속에 있으며 거기로부터 신령을 나누어 모시는 사당이 시내에서도 발견된다. 전자는 대의 요소 중 남성, 후자는 대의 요소 중 여성으로 보인다. 주쿤족의 상징적 세계에서 시내가 여성으로, 우거진 숲이 남성으로 분류되는 것은 납득이 가지 않는 사항일지 모른다. 그러나 가장 중요한 제사의 명칭이 '우거진 숲'에 관계되어 있고 또한 그 사당이 우거진 숲 속에 있으며 더욱이 왕의 즉위식 및 가장 중요한 국가 의례인 '푸제'가 우거진 숲 속에서 거행된다는 것을 생각할 때, 우주적인 여러 힘의 저장소가 시내가 아닌 숲 속에 있다는 주쿤적 우주관이 그리 이해가 가지 않는 것도 아니다.

이 '아크 와 환' 제사의 중요한 부분은 장례식이 치러지는 날 밤에 가면을 쓰고, 죽은 자가 생긴 집을 방문해 담 너머 안쪽에 있는 여성을 한 사람 한 사람씩 불러내 나무라면서 제재를 가하는 것이다. 여성들 한 사람 한 사람은 그들이 범한 터부를 지적받고 문초를 당한다. 물론 수많은 터부 중에서 무엇을 범했는지, 여성들의 기억에 일일이 남아 있을 리는 없다. 여성들은 한결같이 목소리만 들리는 가면 쓴 무리에게 공손한 마음을 나타내고 그에 상응하는 벌금이나 물품을 내서 용서받는다. 여기서 중요한 것은 여성이 실제로 터부를 범했는가의 문제가 아니다. 그녀들의 침범성을 연극적으로 보이는 것이 중요한 것이다. 이와 같이 의례적 위협을 통해 남성은 여성에 대한 통제를 재확인할 수 있을 뿐 아니라 새삼 '질서'를 강조하는 것이 가능한 것이다.

주쿤족은 주술이 개인의 일상생활을 위협하는 최대의 적이라고 생각한다. 주술을 심판하는 일은 오늘날 불법이기 때문에 공공연히 재판하는 풍경은 거의 볼 수 없다. 나는 딱 한 번, 베누에 강가에 있는 아빈시라는 마을에서 목격한 적이 있다.

1964년 3월, 마을 사람들이 이 마을에 머무르고 있던 나를 부르러 왔다. 마을 광장에 가서 보니 C라는 마을 주민 한 사람과 B라는 여성이 한가운데 앉혀져 있었다. 웬일이냐고 묻자 이 사람들이 저주의 주술을 사용했다는 것이다. A라는 남성이 고발을 했는데 그 여동생이 주범이라고 한다. 다른 마을 주민이 설명하는 바에 따르면, 남성(A)과 여성(B)은 남매 사이인데 근 1년 사이에 A의 자식 둘이 차례로 죽었다. A가 주술사(파 시코)에게 상담하자 이 점쟁이는 그가 최근 경제 형편이 좋았음에도 여동생에게 수익을 조금도 나누어주지 않자, 이 여동생이 근처의 남성 C를 돈으로 고용하여 A의 두 아이의 수호령인 '아야'를 훔치고 저주했기 때문에 아이들이 죽었다고 말했다는 것이다. 그래서 내가 이 두 사람은 이 사실을 인정했느냐고 묻자 인정했다고 했다. 이 두 사람 중 어느 쪽이 죄가 무거운가를 물으니 B의 죄가 훨씬 무거우며 C는 고용되었을 뿐이라고 한다.

내가 갔을 때 이미 이 두 사람은 내리쬐는 태양 아래 3시간째 앉혀져 있었다. 그들은 내게 이자들의 사진을 찍으라고 했다. 나는 매우 결정적인 순간이라고 생각했다. 하지만 프로 사진가가 아니라서 셔터를 쉽게 누를 수 있을 만큼 담력이 세지 못했다. 대신 고발자와 마을 장로들의 기념사진을 찍었다. 그러자 어떤 사람이, 모처럼 사진을 찍을 수 있게 불러주었는데 찍지 않는 것은 카메라 속에 저주가 들어가는 것이 싫어서냐고 내게 물었다. 그들이 차마 말은 하지 않았지만, 사진을 찍으라고 했는데도 거절한 것은 그들의 추론의 맥락 안에서는 위험한 일임에 틀림없었다. 그들의 기대를 거스르는 것은 내가 이들 마법사witch 동류이기 때문이라는 생각이 성립할 수 있기 때문이다. 사실 그들에게 유럽인(외국인)은 잠재적으로 마법사라는 사고가 존재한다는 것은 분명하다.

이 과정을 보아도 알 수 있듯이 마법사의 적발이 매우 조심스럽게 이루어지지 않으면, 본인이 마법사의 잠재적 가능성이 있는 것으로 여겨질 수 있다. 잠들어 있는 마법사의 능력을 불러일으키는 것은 종종 피해자의 행위일 때가 있기 때문이다. 이러한 경우 주술사는 심리요법을 행하고 있다고 봐도 좋을 것이다. 두 아이의 죽음은 확실히 설명할 수 없다. 우리가 살고 있는 이 세계에서도 우연의 개입 때문에 설명할 수 없는 일이 많다. 우리는 이러한 개운치 않은 기분을 어떻게 할 수가 없다. 이러한 불안감에 주변의 인간도 휩쓸리게 된다. 주술의 적발은 이전의 상징적 논리를 사용하여 우주론적 원리로 개인의 불행을 자리 매김함으로써 카타르시스를 행하는 집단치료와도 상응한다고 말할 수 있을 것이다.

우주론적 원리라는 말이 약간은 과장이라는 인상을 받을지도 모른다. 하지만 이 의문은 주술이 모든 각도에서 여성과 관계가 있다는 사실에 착안할 때 해결할 수 있다. 우선 주술사(파 시코)가 남성(=오른손) 편으로 분류되고 있음에 반해, 마법사(파 시부)는 여성(=왼손) 편에 분류되고 있음에 주의하길 바란다. 주술사는 요술을 부리는 존재로서 주술로 다른 사람을 파멸시킬 수 있는데, 이는 의지로 통제할 수 있는 것이며 주술과 약물의 조합, 주문 등 원칙적으로는 훈련을 통해 아버지로부터 아들에게 전달된다. 의지로 통제할 수 있다는 것은 주술이 본인의 의지와 상반되게 사악한 목적에 사용되는 일이 없음을 시사한다. 이에 반해 파 시부는 의지와 훈련을 통해서 전달되는 것이 아니라 원칙적으로는 의식을 통하지 않고 본래부터 지니고 태어나는 것이며 어머니에게서 딸에게로 전달된다.

에드먼드 리치는 "인류학을 다시 생각하기"라는 제목의, 스스로도 거창하다고 말하는 제목의 책에서 주술을 신비적인 힘의 작용으로 정의했다. 그리고 이것을 통제되지 않는(=무의식) 작용이라 생각되는 경우는 x, 통제되는 것(=의식적)이라 생각되는 경우는 y 계수로 정의할 것을 제창했다.[16] 그 결과 x와 y는 많은 사회에서 상보적이었다는 사실이 증명되었다. 그가 조사한 카친족의 예를 들어보자.

카친족은 마법사를 무의식적이고도 통제되지 않는 사악한 힘(x)의 앞잡이로 여긴다. 그녀는 남편 및 아이들에게도 재앙을 초래한다. 그렇지만 그녀가 그렇게 하려고 생각해서가 아니라 마법사의 영혼(hpyi)의 수납고라는 불운을 등에 업고 있기 때문이다. 그녀 스스로의 잘못에 의해서가 아니라, 오히려 '통제되지 않는 신비력'(x)에 의해 오염된 인간인 것이다. 카친어로 제어된 주술(y)을 가리키는 말(Mătsa Kănu)은 tsa(의붓아버지·어머니의 형제)와 nu(어머니)라는 어근을 포함하고 있다. 이 사실은, 카친족은 제어된 주술 역시 어머니 쪽의 인척을 통해서 전달된다고 보고 있음을 의미한다. 결국 카친족의 경우 x와 y는 동일 기원으로, 주술 저주가 어머니 쪽 형제의 부계 집단으로부터 초래된다고 본다. 이는 카친의 혼인 체계에서 '딸'을 시집보내는 집단이 압도적인 우월성을 가지고 있다는 사실로도 설명할 수 있다.

서아프리카의 탈렌시족에게 x와 y는 각기 다르다. x(제어되지 않는 공격)는 모계 친족에 의해 초래되고, y는 부계 선조의 작용이라고 생각한다. 이는 주쿤족의 경우와 거의 대응한다.

같은 가나의 모계 아샨티족은 x가 아버지에 의해 초래되고 y는 모계 리니지(단계 혈연집단)에서 온다고 믿고 있는 듯하다. 탈렌시족과 카친족과는 반대다.

남태평양의 티코피아족은 x는 어머니, y는 아버지의 누이로부터 온다고 생각한다. 리치는 이 '아버지의 누이'와 '아버지'가 영적으로 결합 관계에 있는 것이 마라요=폴리네시아 형의 일반적 형태라고 한 R. 파스와 마부치 도이치馬淵東—의 논문을 그 논거로 들고 있다. 오키나와의

'오나리 신'■ 신앙을 이 일환으로 덧붙이고 있는 마부치 도이치의 논점은 그의 연구와 맥락을 같이하는 연구자들에게는 잘 알려져 있다.[17]

앞의 예에서 얻을 수 있는 결론은, x와 y는 대의 개념이며 x의 전달은 혼인에 의한 결합 관계alliance에 가탁되고, y는 권위의 상하 관계를 통해 성립된다는 것이다. 리치는 부계·모계라는 유형론에 근거를 둔 비교론은 오늘날 그다지 중요하지 않으며, 흔히 부계 사회 혹은 모계 사회만을 비교해서 결론을 얻으려는 시도는 아무런 소득이 없다고 말한다. 신비로운 힘의 작동 방식을 고찰할 때 중요한 것은, 플러스 기호가 붙은 관계 및 그 관계에 의해 보증되는 질서를 확실히 하기 위해 마이너스 관계를 강조하는 논리가 작용한다는 사실 그 자체다.[18] 리치의 논문에는 신비로운 힘이 미치는 범위의 문제와 능력 전달의 문제 사이에 혼동이 있는 듯 보이지만, 적어도 주술을 구조주의적으로 설명할 수 있는 우리의 입장에 유력한 방증이 되어주는 셈이다.

우리가 주쿤 사회의 주술 신앙을 사례로 삼아 밝히려고 한 것은, 부계 사회의 질서를 확립하기 위해서는 여계 원리를 희생해야 한다는 문화의 프락시스에서의 전제였다. 즉, 마이너스의 기호를 띤 요소를 떠오르게 함으로써 플러스 질서는 재인식되고 유지된다는 점에 대한 확인이다. 리치는, 왕의 권력은 그 대극에 있는 마법사에 대한 메타포를 통해 보증되고 있다고 말한다. 왕권에 대한 이러한 파악 방법은 앞에서

■　오키나와 지방에서 형제를 수호한다고 여겨지는 자매의 영위靈威. 오키나와에서는 자매를 오나리オナリ라고 하고, 오나리가 형제 에케리ㅋ케リ보다 영적으로 우월하다는 신앙이 널리 분포되어 있으며, 여기에 다양한 의례가 동반된다.

말한 케네스 버크의 '역정언'의 이론(이 책의 112쪽)과 대응하며, 이 점에 대해 주쿤족은 가장 좋은 자료를 제공한다고 생각한다.

우리는 이미 주쿤족의 경우 여성이 잠재적으로 더러운 존재로서 일체의 의례적 상황에서 제외되고 있음을 확인했다. 왕권을 중심으로 구성된 의례의 소우주에 대해 위협을 형성하고 있는 존재가 여성이라는 사실이 다양한 기회를 통해 강조되었다. 여성이 상징적으로 다양한 형태로 주술과 연관되어 생각되고 있는 것과 앞의 사실 사이에는 밀접한 관련이 있다. 즉, 왕권은 여성을 통한 신화·상징론으로 주술의 메타포와 관계를 유지하고 있다고 말할 수 있다. 리치 역시 하나의 문화에서 수장으로부터 발산되는 위협은 마법사로부터 발산되는 위협과 대응하며, 수장과 마법사는 일상생활에 대한 위협을 구성함에 있어서 '꼬리표가 달린' 존재라고 말하고 있다. 아래 주쿤족의 마법사 기원 설화에서는 마이너스 기호의 여자 마법사와 플러스 기호의 수장 사이의 구조적 긴장 관계를 엿볼 수 있을 것이다.

옛날에 자기 아들을 한쪽 구석부터 먹어치우는 여자가 있었다. 그녀는 아홉 명이나 되는 아기를 먹어치웠다. 그러다가 열 번째 아기를 낳은 그녀는 어느 날 이 아기를 잡아먹으려고 작은 칼을 갈기 시작했다. 아이가 말했다. "어머니, 아직 저를 드실 때가 아닙니다. 저는 너무 작아요. 젖을 뗄 때까지 기다려주시면 어떨까요?" 어머니는 동의했다. 젖을 뗄 즈음이 되자 "아요[아들을 부르는 말], 너를 죽일 때가 왔다"고 말했다. "어머니, 움직일 수 있을 때까지 기다려주실 수는 없나요?"라고 아들은 말했다. "그것도 일리가 있네"라며 어머니는 동의했다. 다시 조금 지난 어느 날 어머니는 작은 칼을 갈기 시작했다. 아들은 "어머니, 형들은 성장해서 충분히 살이 붙은 후에 드시지 않았습니까? 조금만 더 기다리시면……"이라고 말했다. 어머니는 또 동의했다. 어머니와 아들이 이러한 대화를 몇 번이나 반복하는 사이에 시간은 흘러갔다. 아들이 완전히 성인이 된 어느 날, 어머니는 "이번에야말로 기다리지 않겠다"라고 말했다. 그러자 아들은 "그렇습니까? 그럼 작은 칼을 갈고 밤이 될 때까지 기다려주세요"라고 부탁했다. 이렇게 시간을 번 아들은 어머니가 작은 칼을 갈고 있는 사이 마을에서 도망쳐버렸다.

초원으로 도망친 아들은 주술의 힘을 써서 이 땅에 마을을 세우고 마을의 수장이 되었다. 그도 여러 명의 부인을 거느리게 되었다. 어느 날 그는 부인들을 불러 모아 "어떤 일이 있어도 내 진짜 이름을 입 밖에 꺼내서는 안 돼. 당신들도 알듯이 내 진짜 이름은 아디야"라고 말했다. 부인들은 그러겠다고 했다.

한편 그의 어머니는 그를 찾기 위해 여행에 나섰다. 필사적으로 그가 사는 곳을 알아보았으나, 그의 소식은 묘연하여 알 수 없었다. 하지만 "만일 녀석이 아직까지 살아 있다면, 사는 곳을 밝혀내지 않고 그대로 놔둘 성싶으냐. 만일 죽었다고 해도 어디서 죽었는지 확인할 때까지는 절대 포기하지 않겠어!"라며 어머니는 전혀 포기할 기색을 보이지 않았다. 그녀는 박 씨 한 알을 가지고 "만일 이 씨가 진짜이고 선조들이 사용했던 박의 씨라면, 싹을 틔워 내 아들이 살고 있는 그곳으로 인도해다오"라며 땅에 심었다. 씨는 싹을 틔우고는 쑥쑥 자라나기 시작했다. 그리고 드디어 아들이 다스리는 마을까지 뻗어 나갔다.

어머니는 수프의 간을 맞추는 데 사용하는, 아보라 불리는 잎을 잔뜩

가지고 시내로 갔다. 그런데 이때는 왕성한 건기(여름)였으므로 보통 이러한 종류의 잎은 구할 수 없었다. 한편 이날 수장인 아들은 술을 빚고 마을 사람들을 밭에 모이게 해 씨를 뿌리고 있었다. 그의 첫째 부인은 시내로 갔다. 시내에서 그녀는 귀한 아보 잎을 가진 어머니를 보았다. 첫째 부인은 어머니로부터 잎을 조금 샀다. 그러고 나서 자꾸 덤을 더 달라고 졸랐다. 그러자 어머니가 소리를 질렀다. "뭐야, 아주 조금만 사고선 계속 덤, 덤이라니. 덤만 많아지잖아!" 첫째 부인은 엉겁결에 "여보! 아디!" 하고 소릴 질렀다. 그러자 갑자기 어머니가 "당신 남편의 집은 어디지요? 저를 데려가주지 않겠어요?"라고 부드러운 목소리로 부탁했다.

첫째 부인은 어머니를 집으로 데리고 왔다. 수장은 아직 돌아오지 않았다. 그러자 어머니는 아무 말 없이 첫째 부인을 삼켜버리고, 집 안에 있는 동물들을 한쪽 구석부터 먹어치우기 시작했다. 곧 수탉 한 마리만 남게 되었다. 어머니는 쫓아갔고, 수탉은 지붕 위로 퍼덕이며 도망치면서 "꼬꼬댁 꼬꼬! 아디여, 당신의 어머니가 와서 염소도 양도 아이들도 모두 삼켜버리고 말았습니다!"라고 외쳤다 두 번째 울었을 때 그 소리가 밭까지 울려 퍼졌다. 이를 듣자 수장은 "좋다. 돌아가자"라고 말하고 말에 오를 채비를 했다. 그는 커다란 숫염소도 데리고 갔다. 숫염소는 작은북을 지고 수장을 따라 마을로 돌아왔다. 한편 어머니는 거대한 박으로 변해 있었다. 숫염소는 "와, 커다란 박이 있군! 뭔가 있는데? 박이 내게 덤빈다면 나도 박에 맞서겠어"라고 말하면서 수장을 잡으려던 어머니에게 다가가 박을 둘로 쪼개버렸다. 그러자 안에서 어머니가 삼킨 사람들이 나오기 시작했다. 처음에 나온 사람이 백인이고, 다음에 나온 것은 희지도 검지도 않은 사람들(폴라니족)이며, 마지막에 흑인이 나왔다.

이 설화는 왕권의 상징인 영웅 마르두크와 그 어머니인 암흑의 여신 티아마트의 쟁투가 나오는, 고대 서남아시아의 마르두크 신화에 (이야기의 끝에서 신체를 절단하는 것에 이르기까지) 대응한다. 그러나 이 점을 논한다면 두 번째 장으로 되돌아가는 것이 된다. 이 설화에서 표현된 왕권과 여성의 관계는 139쪽 표와 같이 표현 가능하다.(A항은 리치가 말하는 y에, B항은 x에 해당한다.) 이것은 선인과 악인이 등장하는 설화에서는 얼마든지 만들어낼 수 있는 표라는 이의도 있을 수 있다. 그러나 보통은 의식되지 않는 차원이다.

설화의 대립 구조에는 선인과 악인의 가치관을 직접적으로 투영하는 감정의 차원과, 세계를 상징적 대립 구조로 파악하는 사고의 차원이 있다. 이 대립 구조에는 일상생활에서의 사고가 투사되는 부분과 일상생활에서는 잠재적으로만 느껴지는 부분이 있다. 따라서 대립 표를 작성하는 것 자체는, 오늘날에서는 통속적인 절차일지 모르겠지만 여기에는 두 가지 이점이 포함되어 있다. 첫째는 새로운 대립과 중개 역할을 하는 존재의 발견이다. 아내에게서 중개성을 발견하고 이름에서 양의성을 발견하는 것이 이에 해당한다. 둘째로는 여성의 담론과 남성의 담론이 구조적 항상성을 가진다는 지적을 들 수 있다.

다음 설화는 여성의 담론으로서의 주술과 남성의 담론으로서의 왕권이 서로 대비됨을 보여주고, 중개자의 역할을 보다 선명하게 말해주는 예다.

일찍이 마을의 주민들이 알 수 없는 이유로 하나씩 죽어간 적이 있었다. 왕은 그 원인을 알아보려 했지만 좀처럼 알 수 없었다. 어느 날 한 점

A항 (꼬리표 없음)		B항 (꼬리표 달림)
Chidō(천신)		Ama(지모신)
+		–
아들		어머니
末子		長子
왕권		Witch
숫염소		이상한 박
꺼낸다		삼킨다
창출(마을)		파괴
생산	← 수탉	(소비)
노동	← 시장 →	교역
자루, 알, 약	아내 →	칡, 재
사냥		먹는다
(우기)		건기
도주		추적
일관성		변신

쟁이가 왕에게 와서 이렇게 말했다. "이는 파 시부witch의 소행입니다. 만일 정말로 요술사들을 없애고자 하신다면, 그들에게 빨간 곡물을 주십시오. 이 곡물을 먹고 나서 얼굴과 입이 붉어지는 사람들이 요술사입니다. 그들이 강에서 얼굴을 씻고 있을 때에 관찰해보십시오. 얼굴과 입이 붉은 자가 요술사입니다. 나중에 왕궁으로 주민들을 불러 모으면 누가 요술사인지 일러드리겠습니다."

정해진 날 왕은 주민들을 궁정에 불러 모았다. 점쟁이는 요술사를 하나하나 찾아냈다. 붙잡힌 요술사들은 한 채의 집에 갇힌 채 불에 타 죽었다. 그런데 요술사 중에는 임신부가 하나 있었다. 그녀는 요술사 무리가 불에 타 죽을 것 같자 도망쳐 나왔다. 다른 자들이 울부짖는 사이 그녀는 집으로 돌아와 사내아이를 낳았다. 자라서 어른이 된 그는 어머니의 남편이 되었다. 그 요녀는 계속 아이를 낳았기 때문에 세상은 다시 요술사로 가득하게 되었다.

어느 날 트릭스터trickster, 특수한 힘이나 마력을 가지고 속임수와 마술 및 난폭한 짓을 행하는 동물이나 인간. 전 세계의 구비전승에서 나타난다인 산토끼가 우연히 이 요술사들이 살고 있는 곳 근처에 와서 그들을 보고 돌아가 왕에게 이 사실을 고했다. 왕은 그게 사실이라면 어떻게 해야 그들을 모조리 없앨 수 있을지 물었다. 그러자 산토끼는 "저에게 맡겨주십시오"라고 말하고는 피리를 챙기고 면으로 한쪽 눈을 가리고서 요술사들의 집으로 갔다. 그러고는 나무에 올라가 그 위에서 피리를 불기 시작했다.

피리 소리를 들은 요녀는 "아니, 이 아름다운 소리는 도대체 어디에서 들려오는 것일까?"라고 말하며, 다른 요술사들을 시켜 큰북을 가져오게 하고 피리와 큰북 소리에 맞춰 춤을 추기 시작했다. 아침이 되자 그들은 나무 아래로 와서 누가 피리를 불고 있는지 보려고 했다. 산토끼임을 알게 되자 그들 중 한 사람이 나무로 올라가 산토끼에게 땅으로 내려와 계속해서 피리를 불어달라고 간청했다. 산토끼는 승낙했고, 그들과 함께 다시 춤추기 시작했다. 산토끼는 그들의 춤에 맞춰 피리를 불면서 그들을 점점 마을 가까이로 끌고 왔다.

마을 어귀에 다다르자, 산토끼는 요술사에게 조금만 기다리라고 말하고는 궁정에 가서 왕에게 요술사들을 마을 어귀까지 데리고 왔다고 전했다. 왕은 그들이 들어오면 가장 큰 집으로 인도하라고 산토끼에게 명했다. 춤추느라 정신이 없는 요술사들은 피리를 부는 산토끼와 함께 마을 한가운데까지 들어와 가장 큰 집으로 들어갔다. 그러자 왕은 그들에게 소를 주었다. 그들이 소를 요리해서 먹고 있는 사이, 왕은 신하에게 명하여 집에 불을 지르게 했다. 하지만 또다시 아이를 밴 요술사 하나가 도망치고 말았다. 이렇게 해서 오늘날까지 요술사들이 사라지지 않게 된 것이다.

여기서 기본적인 대립은 왕의 질서와 여자 요술사의 혼돈 사이에 있다. 그리고 이 설화에서 점쟁이와 산토끼의 중개자 역할이 강조되고 있다는 것은 말할 필요도 없다. 여기서 왕은 마법사로서의 여성과 대치되어 있다. 이 설화는 마법사=여성과 왕권의 중개자로 산토끼를 등장시키고 있다. 우리가 두 번째 장에서 다루었던 설화의 논리에 비추어 볼 때, 왕=산토끼는 여성=마법사와 '궁극인'적 균형 관계를 형성하고 있다고 할 수 있겠다. 이 왕권과 여성의 은밀한 연결은 주쿤족의 왕권 의례 가운데 가장 중요한 의례가 시행되는 곳(푸제)이 일찍이 궁녀들이 월경을 치르던 곳이었다는 전승에도 잘 나타나 있다. 그러나 이 두 가지 카테고리의 대립은 의례·설화의 표면상의 신태그마 위에서 발생하는 것이며, 보다 심층의 상징적 차원에서는 양쪽 모두 일상생활의 질서에 대립하고 있다고 할 수 있다. 마법사=여성 : 산토끼=왕과 상징적으로 대응하는 것을 다른 말로 표현하면 '타자성' '이인성'이 된다.

주쿤족의 우주론cosmology에서 여성이 나타내는 것은 마이너스의 지표라는, 여성의 잠재적 '이인'으로서의 기호학적 위치임이 분명해졌다. '이인'성이 나타내는 것은 '질서'의 '예측 가능성' '확정성'에 대한 '불확

A항 (꼬리표 없음)		B항 (꼬리표 달림)
왕 = 산토끼	점	여자 = 마법사
		임부
	피리	춤
		대식大食
왕궁, 오두막	나무	오두막
(푸른색, 흰색)		붉은색(검은색)
징벌(태워 죽임燒殺)		(주술을 걸어 죽임呪殺)
		외눈
	유인	
		근친상간
y		x

정성'이다. 여성이 가지는 일상적 질서에 대한 불안정함이 상징론적·기호학적으로 여성에게 꼬리표를 붙이는 원인이 되고 있다고도 할 수 있다. 다음 순간 어디를 향해 달리기 시작할지 모르는 산토끼도 이러한 자격을 충분히 가지고 있다.

주쿤족의 이와 같은 예는 필자의 조사에 근거한 것인데, 좀 더 넓은 지역에 대한 기술이 필요하다면 같은 서아프리카의 밤바라족(말리 공화국)의 예를 들 수 있겠다. 밤바라족은 근처에 사는 도곤족과 함께 프랑스 민속학의 보고 중 하나다.

주쿤 설화의 여성=어머니=마법사에 상당하는 밤바라족의 신화적 존재는 '작은 노파'라는 뜻의 무소 코로니Mousso-Koroni라는 이름으로 불린다. 이와 마찬가지로 시원적 요모신妖母神la Sorcière-Mère은 광명에 대항하는 모든 속성―혼미, 밤, 주술―의 소유자다. 그녀는 또한 반역, 무질서, 부정이라는 상의 결합체다. 주쿤족의 악의 원리가 의례적 배제의 원칙에 따라 표현되고 있음에 반해, 밤바라족의 악의 원리는 신화계 안에서 명확한 표현을 부여받고 있다. 밤바라족의 창조신은 남녀 양성을 모두 가지고 있는 파로Faro 신이다. 이 신은 남신 펨바Pemba와 여신 무소 코로니가 중화된 존재라고 볼 수 있다. 이 여신은 처음에는 대장장이 펨바 신의 천지창조에 협력하다가 도중에 그 일이 싫어져 방해하기 시작했다. 그러다가 펨바 신에게 추방당해 매우 화가 나서 자신의 손톱과 이로 할례를 행하여 피투성이가 된 몸 안의 폭력성을 방출했다. 이것이 세계 최초의 월경수다. 이후 이 여신은 그녀가 접촉하는 모든 사물을 오염시키고, 우주 속에 악Wanza의 원리를 도입했다. 이 악이란 고통과 죽음이다. 밤바라족은 그녀를 다음과 같이 표현한다. "정신이 돌아버린 마법사, 넝마를 걸치고 짝이 맞지 않은 짚신을 신은 채 투덜거리며 제정신이 아닌 상태를 나타내는 늙은 여인네."[19]

밤바라족의 신화적 표현은 주쿤족의 그것보다 정교하다. 그럼에도 불구하고 여성―월경수―더러움―악―혼돈―광기―기호학적 혼란이라는 기본적 대응 관계에서 양자는 공통의 기반 위에 형성되어 있다고 봐도 좋다.

여기서 '질서' 형성이란, 혼돈이라는 이름의 연속적이고 형태 없는 것 속에서 분간이 가는 일정한 덩어리를 취하는 기호학적 행위라는 사실은 주쿤족(및 밤바라족)의 세계관의 기호학적 처리에서도 명백하게 나타난다. 그렇다고는 해도, 우리 스스로에게도 혼란스러운 민족지에 대한 이러한 분석이 '질서' 형성의 작업이라고 자부할 생각은 별로 없다. 이렇게 해서 문화의 프락시스는 '주변'에 대한 '질서'의 작용에 의한 커뮤니케이션(교감)으로 보증되고 있다. 이러한 기호 차원에서의 주변의 강조가 '희생자의 조작'이라는 행위를 통해 '질서'와 '혼돈'의 변증법 형성에 가장 역동적인 형태로 작용함을 분명히 한 것은 케네스 버크였다. 버크는 모든 반질서적 마이너스 기호가 붙은 '희생자'와의 거리에서 문화는 '질서'를 형성한다는 문화 프락시스의 근본 원리를 명확히 한다. 문화의 그 숨겨진 근원에는 비의로서의 '희생자'의 상징적 말살이 있음을 보여주는 것이다. 주쿤족을 통해 살펴본 것처럼 '여성'은 잠재적으로 '다른 곳에 있는 자'로서, 상징론적으로 배제당하기 쉬운 존재다.

'마을의 무리'와 '다른 곳에 있는 자', '친척'과 '타인'이라는 구분은 거의 모든 사회에서 인간 정체성 형성의 전제로 존재한다. 이 구분은 필연적으로 사물의 기호학적 분열을 불러일으킨다. 즉, 존재가 명명될 때 그것을 긍정과 부정의 측면으로 분리하고, 이에 따르는 형용사를 배분하는 것이 그것이다.

앞에서 소개한 영국의 사회인류학자 메리 더글러스는 이 안팎의 구분과 주술 신앙의 대응 관계를 다음과 같이 나눈다.[20]

(1) 다른 곳에 있는 자로서의 마법사

이 경우 가상의 적으로서의 마법사는 원격 조작으로 미사일과도 같은 무기를 피해자의 몸에 명중시킨다고 여겨지며 고발은 집단의 경계와 단결을 재확인하는 방향으로 향한다. 따라서 가해자는 상징적으로 묘사하면 그만이므로, 실제로 마법사가 고발되는 일은 거의 없다. 하지만 때로는 이제껏 외부의 침입자라고 생각되어온 집단 성원에게 고발의 화살이 향하기도 한다. 여기에는 다음의 두 가지와 같은 하위 유형이 있다.

① 마법사가 발견되거나 처벌 받는 경우는 없다.(예 : 나바호 인디언의, 침략을 알리는 화살로 공격을 걸어오는 '먼 곳의' 마법사)

② 마법사가 추방된다.(예 : 남미의 트리오족의 마법사. 말에 의한 저주를 무기로 한다.)

이렇게 해서 ①과 ②의 역할은 경계를 재정의하는 것에 있다.

(2) 내부의 적으로서의 마법사

이것은 약간 더 복잡한 사회 조직으로, 집단 내에 둘 혹은 그 이상의 분파가 존재한다고 보이는 것이다.

① 마법사가 적대시하는 당파(예 : 남미의 샤반테족, 동아프리카의 야오족, 남아프리카의 체와족)

고발의 기능 : 당파 간의 경계를 재정의하거나, 당파 간의 위계를 재편 또는 공동체를 분열시킨다.

② 위험한 일탈자로서의 마법사(예는 생략)

고발의 기능 : 공동체 가치 방위라는 이름하에 일탈자를 제지한다.

③ 외부와 관계하는, 내부의 적으로서의 마법사

고발의 기능 : 당파 간의 경쟁을 강화하고 공동체를 나누며 위계를 재정의한다.

확실히 메리 더글러스의 분류는 주술 고발에 작용하는 '내부'와 '외부'의 논리를 추출하는 시도로서는 유효하다. 그러나 많은 분류가 그러한 것처럼, 분류될수록 각 항은 하나의 존재가 다른 표현법을 취한다는 것이 분명해진다. 이러한 점은 스탈린 체제 아래에서의 '트로츠키주의자' 또는 기독교 국가, 특히 나치 독일의 유대인의 예에서도 확인할 수 있다.[21]

　다음으로, 더글러스의 분류로 표면화할 수 없는 것은 '가해자'가 실은 '피해자'이며, '피해자'와 자신을 동일화하는 공동체 쪽이 '가해자'를 만들어내야 하는 사정이다. 이 점은 주술이 사회적·심리적 현상인 동시에 버크가 말하는 바와 같이 '원논리학'적·우주론적 현상임을 명확히 하지 않으면 충분히 이해할 수 없는 부분이라고 생각된다.

3
배제의 원칙

　문화의 기호학적 기초로서의 '배제의 원칙' 또는 '희생자의 조작' 논리에 대해, 정신 분석학자 토머스 사스Thomas S. Szasz는 게임 이론을 이용해 중세 서구의 마녀재판을 다음과 같이 설명하고 있다.[22]

　우선 중세의 신, 그리스도 및 기독교 신학은 악한 신 및 그 권속(악마, 마법사, 요술사)의 존재라는 신념과 떼려야 뗄 수 없는 대 개념이다. 이와 같은 대 개념의 시각에서 보면 성적 문란이라는 마법사의 이미지 역시 가톨릭교회의 공적—반성적反性的 태도의 일부가 된다. 따라서 마녀들을 불태우고 그 신체의 파괴를 강조하는 것도 중세인의 신학적 세계관이라는 전제 아래에서 생각해야 한다. 신학적 세계관에서 신체는 약하고 죄가 깊은 존재다. 영혼의 영원한 구제야말로 인간에게 유일하게 가치 있는 목적이다. 이러한 상황에서 인간을 말뚝에 매달아 태워 죽이는 것은 상징적인 행위였다. 그것은 게임의 공적인 룰에 대한 고집의 표현이기도 하다. 이 게임의 공적 룰에 따르면, 육체는 악이고 영혼은 선이다. 육체를 혹사하는 것은 영혼을 고귀하게 만드는 가장 확실한 방법이다. 이러한 관점에서 순교는 마녀를 화형에 처하는 행위와 정반대 방향의 연장선으로 연결되어 있는 것이 된다. 마녀를 화형에 처하는 본래 목적은, 이러한 사회적 신화의 영속적 가치를 확보하는 데에 있다. 사스는 중세의 마녀재판이 1930년대에 금주령이 선포된 미국에서 적발된 술통을 공개하고 파괴한 것에 대응한다고 말한다.

한편 중세 서구에서 성적인 행위는 오늘날 중년 이상의 수준에서 보면 현저히 문란했다. 그러나 법은, 성직자가 아닌 일반인은 거의 지킬 수 없는 정도의 높은 기준으로 설정되어 있었다. 당시의 인간들은 마치 자신들이 법을 준수하며 살고 있는 것처럼 가장하고 스스로 믿기 위해, 이렇게 법을 따르지 않는 인간이 있음을 강조할 필요에 시달리고 있었다. 이렇게 해서 '희생양'이 만들어졌다. 희생양에는 정체를 알 수 없는 힘의 소유자인 여성이 선정되었다. 사스는 이러한 관계를 신학적 게임이라고 불렀다. 사스가 말하는 신학적 게임은 역사의 신화학적 해석이라고도 할 수 있는 『마녀』라는 저서에서 이미 쥘 미슐레Jules Michelet가 밝힌 바 있다. 우선 미슐레는 '마녀sorcière' 개념이 '남자 마법사sorcier'와 대치되고 있다는 것을 분명히 했다. 이 마녀는 그녀들만 가지고 있는 존재의 비밀에 대한 감수성 때문에, 역사의 과정에서 '질서'의 대극에 있는 반사회성=혼돈의 각인이 찍히게 되었다. 미슐레는 서장에서 마녀 탄생의 경위를 빌려 여성의 잠재적 트릭스터성을 논한다. 마녀에 대한 미슐레의 다음 기술은, 카를 융Carl G. Jung의 '아니마'에 대해 '아니무스'가 걸어온 운명에 대한 신화로서 다시 읽으면 오늘날 다른 주술론보다 훨씬 설득력을 가진 것임을 알 수 있다.

　"'자연'이 그녀들을 마녀로 만들었다." 마녀란 '여성' 고유의 '정수'와 그 기질인 것이다. (…) 고유한 섬세함, 장난기(이는 아주 변덕스럽고, 선의에서 나온 것이다)를 통해, 여성은 '마녀'이며, 사람에게 행운을 주고 적어도 여러 번민을 잠재우며 달래준다.

　여느 미개 종족을 보아도 거기에는 동일한 하나의 출발점이 있다. 우리는 그것을 다양한 '항해기'를 통해서 볼 수 있다. 남자는 사냥을 하고 전투를 벌인다. 여자는 궁리하고 공상한다. 여자는 다채로운 꿈과 신들을 낳는다. 여자는 때로 **천리안**이다. 그때 여자는 욕망과 환상으로 이루어진 무한한 날개를 가지기 때문이다. 사계절의 움직임을 더 잘 알기 위해 여자는 하늘을 지켜본다. 그러나 대지 역시 하늘에 밀리지 않고 그녀의 마음을 사로잡는다. 사랑스러운 꽃들을 두 눈으로 바라보면서도 자신 역시 꽃인 여자는, 꽃들과 밀접한 관계를 맺는다. 여자로서 그들은 자신이 사랑하는 사람의 병을 낫게 해달라고 꽃들에게 부탁한다.

　단순하지만 사람의 심금을 울리는 여러 종교와 과학의 단서이리라! 시간이 더 흐르면 모두가 분열하게 된다. 그때 남자 전문가라는 존재가 보이게 되고, 음유시인, 점성술사 즉, 예언자, 강신술사, 사제, 의사가 나타난다. 하지만 처음에는 '여자'뿐이었다.

　강하고 활력 있는 종교는 그리스의 이교가 그러했던 것처럼 무녀로 시작해 마녀로 끝을 맺는다.[시작―여자―트릭스터 대對 시작―주술―유대인] 그 여자는 천 년 후에 마치 한 마리 야수와 같이 사냥당하고[주쿤족의 주술 기원 신화 참조] 모든 길에서 사방으로 쫓기고 모욕당하며,

질질 끌려 다니고 돌로 얻어맞고 타오르는 석탄 위에 앉혀졌다![기독교 사회에서의 유대인의 기호학적 위치] (…)

이 불행한 여자를 향해 성직자들이 아무리 땔나무로 산을 쌓는다 해도 부족했으며, 사람들이 아무리 욕설을 퍼부어도 모자랐으며 아이들이 아무리 돌을 던져도 충분한 적이 없었다. (…) 마녀는 그 손안에 자연의 기적의 지팡이를 거머쥐고 있으며, 또한 조력자이자 자매인 '자연'을 가지고 있다. 인간을 치료하고 다시 고치는 연구가 그녀들 사이에서 시작된다. (…)

사제는 충분히 예언하고 있다. 위험이, 적이, 두려운 경쟁 상대가, 그리고 그가 경멸하는 척하는 자들이 '자연'의 여사제 안에 있음을. 그녀들은 고대의 신들을 통해 자신의 신들을 잉태했던 것이다. 과거의 사탄과 나란히, 사람들은 그녀 안에서 미래의 사탄이 나타나는 것을 본다.

'마녀'는 천 년에 걸쳐 민중에게는 유일한 의사였다. (…) 사람들은…… '산파sage-femme'에게만 진찰을 의뢰했다. 그녀가 아픈 사람을 고치지 못했을 때 사람들은 그녀를 비난하고 마녀라 불렀던 것이다. 하지만 일반적으로 사람들은 공포가 섞인 외경의 마음에서 그녀를 '좋은 부인bonne dame' 또는 '아름다운 부인belle dame'(bella donna)이라는 이름, 즉, '요정들'에게 주어진 이름으로 부르고 있었다.

마녀가 즐겨 사용한 식물인 벨라돈나와, 마녀가 일찍이 골라 썼으며 중세의 여러 두려운 역병의 해독제로 쓰인, 약효가 좋은 다른 독초들에서 아직도 발생하는 현상이 그 무렵 그녀들의 몸에서 일어나고 있었다.[리치가 보여준 식물 분류=동물 분류=음식 분류=인간 분류라는 메타포적 사고는 미슐레가 여기서 이미 파악한 바였다.] 아이, 무지한 통행자는 우선 이 음기陰氣의 꽃들을 저주하지만 뒤에 가서야 겨우 그 진가를 인정하는 것이다. 이러한 꽃들은 그 괴이한 빛깔 때문에 그들을 두렵게 만든다. 그들은 뒷걸음질해서 거기에서 멀어지려고 한다. 그러나 사실 이 풀이야말로 '치료하는 것consolant'(솔라네 풀)으로서, 신중하게 투여할 때 실로 많은 병을 치료했고 진정시켜주었던 것이다.

이 식물들이 발견되는 곳은 비할 데 없이 불길하고 고립된, 나쁜 소문이 도는 곳과 황폐한 집, 잔해가 있는 곳이었다. 여기에 또한 이러한 식물과 그것을 사용하는 여자 사이의 유사성이 있다.[이 기술에서 공간의 기호학에 대한 예감을 느낄 수 있다.] (…)

사람들은 고문과 화형으로 마녀들에게 보답했다.[여기서 미슐레는 '무어인과 유대인이 있는 곳, 마녀를 대동하는 스페인'이라며 제삼자의 대응을 지적한다. 이 제삼자야말로, 신대륙의 주민과 함께 셰익스피어의 '이인'을 구성하는 것이다.] (…)

특정 시대에는 저것은 **마녀**라는 말 한마디만 붙어도, 그 증오의 대상이 된 사람은 누구나 살해당하고 말았다는 사실에 주의하길 바란다. 여자들의 질투, 남자들의 탐욕 등은 이로 인해 실로 적절한 무기를 얻은 것이다. 어디어디의 여자가 부자라고? ……**마녀**다. 어디어디의 여자가 예쁘다고? ……**마녀**다.[23] [이 책이 나온 것은 1862년. 지금으로부터 100년도 더 전이다.]

여기서 이 긴 인용을 끝낸다는 것은 아쉬운 일이다. 마침 주쿤족의 설화에서 점쟁이와 트릭스터가 치환 가능했던 것처럼, 마녀와 치환 가능한 존재, 사탄이 등장한다. 미슐레의 각성된 말투는 민중의 상상력으로 잘 꾸며진 사탄 상을, 민속적 이데올로기의 치장하에서 그것이 이야기되는 그대로 복원하면서, 나아가 그 밑에 숨어 있는 트릭스터성을 추출해내고 있다. 오늘날 가장 매력적인 프랑스 중세사가 자크 르고프Jacques Le Goff는 미슐레를 "민속적 상상력의 현상학으로서 신화학의 원조"라고 부른다.

트릭스터는 그 양의적인 지위라는 면에서 마법사와 매우 가까운 거리에 있다. 그는 영귀와 다르며, 마법사와 마찬가지로 사회의 안쪽에 존재한다. 완전히 다른 세계의 인간은 이 어느 쪽도 될 수 없다. 행위의 패러다임을 새로 만든다는 점에서, 양자의 사적은 평행선상에 있다. 차이가 있다면 마법사에게는 항상 마이너스의 기호가 씌워지고 있지만 트릭스터에게는 마이너스와 플러스의 기호가 동시에, 아니면 나뉘어 붙는다는 점이다. 그렇지만 마이너스와 플러스의 기호를 뗄 때, 민속적 상상력 안에서는 '형태'(=반사회성)에서 양자가 대응하는 경우가 많다.

트릭스터의 형상이 배제의 대상으로서 주술의 형상과 근접함은 미국의 구조주의 인류학자 토머스 바이델먼Thomas O. Beidelman의 다음과 같은 말에서도 볼 수 있다.

인간은 그들의 수하에 있는 우주론의 구축물에서 신념을 추출하려는 경향이 있다. 하지만 한편으로는 개신改新이라는 사실이 존재한다. 예언자, 마법사 발견자 및 다른 사람들과 마찬가지로 마법사 역시 주변적이기는 하지만 새로운 유형의 인간이다. 그들은 자주, 급속하게 변화하는 사회와 연관을 맺고 있다. 유감스럽지만, 이러한 점은 새로운 사회의 아마도 가장 대표적인 사람이 기선을 제압하는 새로운 전체상이나 가치의 표명으로서가 아니라, 사회의 기능 정지로 나타나게 된다. 그렇다면 마법사와 광인은 얼마만큼 실패한 예언자인가? 예언자는 사회적으로 얼마만큼 인정된 일탈자인가? 이들 양자는 각각 사회적으로 정착된 선과 악을 초월한 양의적인 속성을 그의 지위에 따라 얼마만큼 띠고 있어야 하는가?[24]

미슐레는 민중이 품고 있는 마법사의 상징적 이미지의 바탕에 트릭스터의 양의적 논리가 적용되고 있음을 다음과 같이 이야기한다.

> 그녀는 혼자서 수태하여 자식을 낳았다. 그러나 누구를 낳았을까? 자칫하면 착각할 정도로 그녀와 닮은, 하지만 완전히 다른 한 사람의 그녀 자신을 낳은 것이다. (…)
>
> 이 어린 아이가 어떻게 해서 이 세상에 등장하는지, 당신은 알고 있는가? 그것은 두려운 폭소다. 태어나면서부터 이미 자유로운 초원에 있으므로 이 아이가 쾌활하다고 해도 당연한 것 아닐까? 그의 지하 감옥In Pace은 넓은 세계 그 자체인 것이다. 그는 가고 오고 산보한다. 한없는 깊은 숲이 그의 것이다! 아득한 지평선을 바라는 황야가 그의 것이다! (…) 이 장난꾸러기 어린아이가 즐겨 노는 장소이기 때문이다. 이 아이는 어딘가에서 번성한 나무billeson를 보게 되면 가다 말고 갑자기 딴짓école billesoniel을 하기 시작한다. (…)
>
> 사탄은 '마녀'가 불타고 있는 태내에서 무장하고, 획획 검을 휘두르면서 생기 있게 등장한다.

어느 정도는 사탄을 무서워했기 때문에, 분명히 말해 만일 사탄이 없다면 사람들은 단조로운 생활에 지쳐 죽고 싶다고 생각하게 될 것이다. (…) 이 저주받은 사생아는 물려받은 것이라고는 채찍뿐이면서도, 무언가를 기다리는 일 따위에는 정신을 뺏기지 않는다. 그는 무언가를 찾기 위해 행진하며 결코 쉬지 않는다. 그는 하늘과 땅을 여기저기 두루 다니며 움직인다. 그는 완전히 호기심에 가득 차 있으며, 발굴하고 깊이 틀어박히고 (…) 비웃는다. 그는 항상 말한다. "보다 멀리!" 또 "전진!"이라고. 게다가 그는 젠체하지 않는다. 그는 쓰레기든 뭐든 거두어들인다. 하늘이 내던진 것, 그는 그것을 주워 모으는 것이다. 예를 들면 로마 교회는 '자연'을 불순하고 의심스러운 것으로 여겨 내동댕이쳤다. 사탄은 그것을 꼭 붙잡고 그것으로 자신의 몸을 장식한다. (…)

일찍이 사람들은 파렴치하게도 이렇게 말했던 것이다. "웃는 자 모두에게 불행이 있기를!"이라고. 이 말은 사탄만이 웃을 수 있는 권리를 가지고 있음을 인정하고, 더욱이 웃는 것은 **사람을 즐겁게 한다**고 공언하는 것이 되며, 사탄에게 너무나도 과분한 몫을 미리 주는 것이었다. 보다 분명히 말하면, 웃는 것은 **필요한 것이다.** 웃음이란 우리 인간 본성의 본질적 작용이기 때문에. (…)

로마 교회가 던져버린 작은 것이 또 하나 있다. (…) 자유로운 '이성理性'이다. 이것이야말로 대단히 맛 좋은 것이며, 그로 인해 **또 한 사람의 남자**는 탐욕스럽게 그것을 손에 넣고 말았다. (…)

르네상스가 발생한 곳은 '학교école'와 교양 있는 사람들에게서 멀리 떨어진 곳, 사탄이 마녀들과 목동들에게 수업을 한 야외 교실école billesoniel이었던 것이다.

더할 나위 없이 위험한 교육이었다. 하지만 이렇게 위험을 무릅쓴 일이 오히려 신기한 것에 대한 사랑과 사물을 보고 싶다, 사물을 알고 싶다는 욕망을 북돋워주었던 것이었다. (…) [하지만] 사탄은 마침내 그 어금니를 뽑히고 **선량한 노인**이 되어버린다.[25] (…)

이러한 미슐레의 사탄=마녀(=트릭스터)론은 다음 문장에 나타나 있는 바와 같이 오늘날의 신화학 수준에서 보아도 매우 깊은 통찰을 한다.

사탄을 이렇게까지 쇠퇴한 것으로 추락시켜버린 지금, 도대체 사람들은 자신들이 한 일을 충분히 알고 있는 것일까!―그는 필수 불가결한 배우, 종교라는 커다란 기계에 없어서는 안 될 부품이 아니었을까? 설령 오늘날에는 약간 상태가 이상하다고 해도―그 기능을 충분히 수행하고 있는 한 모든 유기체는 반드시 이중적인 존재이며, 두 가지 측면을 가지고 있다. 인생이라는 것은 대부분 그렇게밖에 운행되지 못한다. 서로 대립하고, 좌우대칭을 이루며, 나아가 서로 평등하지 않은 두 힘의 일정한 균형이 필요한 것이다. 양자 중 열등한 쪽이 균형을 잡으며 다른 한쪽 힘에 대응한다. 하지만 그렇게 되었을 때, 우수한 쪽이 견딜 수 없게 되어 상대를 말살하려 하는 것이다.[26]

놀랍게도 미슐레는 이미 100년도 전에 문화의 구조주의적 역학에 기초를 둔 기호학의 시점을 선취하고 있는 것이다.

오늘날 우리는 토머스 사스의 세밀한 시점에 입각한 다음과 같은 견해가 미슐레의 언명과 거의 그대로 겹치고 있음을 알고 있다.

만일 성자성聖者性과 구제가 기독교적 인생 게임의 일단을 형성했다면, 주술과 저주는 다른 일단을 구성했다. 이 둘은 모두 신조와 규칙의 단일한 체계에 속하는 것이다. 그것은 마치 군대에서 용감함에 대해서는 상찬하고 전선 이탈에 대해서는 벌을 주는 것이 동일한 시스템에 속해 있는 것과 같은 이치다. 긍정적 시인과 부정적 처벌, 또는 상여와 제재는 서로를 보완하는 하나의 세트이며, 모두 게임에 형태와 실질을 부여하는 것이다. 이 게임은 그 룰의 총체로 이루어져 있다고 해도 좋다. 만일 이 룰의 어떤 것이 변하면 게임도 변해버린다. 이 점을 분명히 기억하지 않으면, 바람직한 부분(상)만을 남기고 마음에 들지 않는 부분(벌)을 모두 제거해도 게임의 기본적인 정체성을 유지할 수 있다는, 완전히 잘못된 생각에 사로잡히고 만다.[27]

여기서 사스가 신조와 규칙의 단일한 체계라고 말하고 있는 것은, 단적으로 말해 바우만과 우리가 프락시스라고 부르려고 한 것임에 틀림없다. 그리고 "게임은 룰의 총체로 이루어진다"라고 할 때의 룰은 우리가 기호라고 부르는 것임에 틀림없다. 그리고 기호의 원리가 그 상보성을 기초로 삼고 있다는 것은 미슐레를 비롯해 레비스트로스, 리치 및 바우만을 거쳐 우리 역시 계승하려고 하는 '대립'의 편성에 기초한 문화의 기호학의 원리이며, '배제의 원리'란 문화의 논리학으로서의 기호학의 모든 출발점으로 자리매김하고 있는 것이다.

기호학의 전략에서 볼 때 특권적인 기호의 묶음이 우리에게 존재하고 있음을, 주술의 우주론적 확대를 분석함으로써 알 수 있었다. '이인'이 문화의 프락시스 속에서 차지하는 역할 또한 거의 같은 위상이라 해도 과장은 아닐 것이다.

이와는 별개로, 미슐레의 시선이 당시의 민족지와도 동떨어져 있다는 사실은 인류학자로서 매우 마음 든든하게 생각한다. 또한 미슐레가 축제적 역사관의 철학자 잠바티스타 비코Giambattista Vico의 『새로운 과학』을 최초로 프랑스어로 번역한 사람이라는 사실은 번역자의 정신사 속에서 길이길이 빛날 사실일 뿐만 아니라, 역사 속에서 신화적 사고를 해독하는 기술을 바로 비코에게서 물려받았다고 해도 좋을 것이다.

미슐레가 추구한, 이러한 '마이너스의 기호학'의 중요성에 대해서는 이미 조르주 바타유Georges Bataille가 '미슐레론論'에서 충분하게 설명하고 있다고 보아도 좋다.[28] 바타유가 미슐레에 의거해 전개한 악의 기호학은 어떤 의미에서는 케네스 버크의 그것과 가깝다. 버크의 저서가 프랑스에서 거의 읽히고 있지 않다는 점에서 이것은 매우 흥미로운 일이다. 질서는 무질서를 환기함으로써, 또한 이 무질서에 온갖 마이너스 요소를 짊어지게 함으로써, 산 제물을 바치고 속죄를 완수함으로써 보호된다는 버크의 설명은 바타유의 주장과도 매우 가까운 것이 된다. 버크에 따르면 질서란 그렇게 해서 만들어진 마이너스 상징에서 반비례한 거리의 측정에 있다. 문화 속의 인간은 스스로가 그러한 마이너스의 근원적 상징으로부터 동떨어져 있음을 타인에게 내보이고, 스스로도 납득하기 위해 주위에 마이너스의 상징을 등에 진 사람이나 사물의 존재를 필요로 한다. 일상생활 속에서 비교적 환영받는 기호란, '형태'만 의식되거나 '살 수 있는'가 하는 기호인데, 이것은 '꼬리표가 달린' 것을 배제한 나머지 부분으로 이루어져 있다고 할 수 있다.

그렇지만 세계에 대한 우리의 지각 작용은 '꼬리표가 없는' 기호로 이루어진 질서로는 정리할 수 없는 부분에까지 미친다. 의식 속의 인과 관계의 균형추로는 수습할 수 없는 부분을 의식 아래에 위임한다. 물론 역설적으로 말하면, 의식 아래의 부분이 인간의 집단 형성 및 유지를 위해 필요한 부분을 '의식'이 관장하는 기호에 위임한다고도 할 수 있겠다. 따라서 기호는 동시에 이중 작용을 진행하고 있는 것이기도 하다. 한편으로는 마이너스 항을 대극에 두고 눈에 띄게 배제하면서, 다른 한편으로는 마이너스의 항을 통해 아직 형태를 띠지 않았지만 인간이 전체적으로 세계를 파악하기 위해 없어서는 안 될, 우주력이라고도 할 수 있는 부분과의 연결을 고수해야만 한다. 이 우주력은 때로는 에로스, 때로는 타나토스라 불리며, 나아가서 니르바나 혹은 '자연'이라고 부를 수 있을지도 모른다. 그렇지만 우리가 그것에 대해 이름 붙일 수 있는 범위는 항상 한정된 것일 뿐이다. 이 '열린' 상태가 닫히면 '질서' 그 자체를 지탱하지 못하고 생성 기능을 하는 근원적인 여러 힘이 붕괴하는 엔트로피의 증대로 고스란히 이어지게 된다. 그러나 문명이 보증하는 '질서'란 그러한 여러 힘으로부터의 도피에서 동기를 부여받아왔다는 점 역시 분명하다.

바타유는 이에 대해 "인간 행동의 원동력은 일반적으로 불길한 영역(부패, 오염, 불순하게 채색되어 있는 영역)에서 가장 멀리 떨어진 지점에 도달하려고 하는 욕망 바로 거기에 있다"[29]라고 말하고 있다. 이 욕망은 두 가지 형태로 나타난다. 첫째, 얼마만큼 떨어져 있는가를 보이는 징표로서, 세속적인 격의 분류를 통해 스스로의 위치를 측량하려는 분류 및 평가된 순위에 대한 의존이다. 둘째, 특히 산업 문명에서 현저한 사실로 자리 잡은 것인데, 죽음의 양의성을 잘못 읽어서 일방적으로 죽음의 표징을 억압하려고 하는 노력에 나타난다. 바타유는 이점에 대해 다음과 같이 말한다.

> 우리는 항상…… 우리가 이르는 모든 곳에서 죽음의 흔적과 징후와 상징을 지워 없애려고 한다. 게다가 할 수만 있다면 이러한 노력의 흔적과 징후조차 지워버리려고 한다. (…) 때로는 죽음 그 자체보다도, 오히려 죽음 쪽으로 미끄러져 갈 위험성을 어느 정도 내포하고 있는 더러움이나 무능함 같은 이 의심스러운 길 그 자체가 우리의 반발의 대상이 되기도 하는 것이다.

고대의 아라키노미야殯宮 귀인을 매장하기 전에 귀체를 관에 넣어 임시로 안치한 궁전 의례에서 볼 수 있는 것처럼, '죽음'은 우리가 절대적인 타자와 직면하여 우리의 존재를 다시 단련하는 절호의 기회였다. 그러므로 고대 문화에서 인간은 물리적인 죽음을 신화 및 의례를 통해 화려하게 꾸밀 뿐만 아니라 성년식 때, 샤머니즘 등의 주술사로 변할 때, 액년을 맞이했을 때와 같은 다양한 기회를 통해 죽음을 차안此岸의 제도 속에 포함시킨 것이다. 하지만 산업 문명이 지배적인 사회에서는 죽음이 특히 경제적으로도 사회적으로도 가장 간결한 방법으로 처리되고, 우리의 생활에서 차단되고 말았다. 우리에게 남겨진 것은 전쟁, 쿠데타 등 어떤 종류의 제한된 정치적 항쟁이라는 형태로 죽음과 직면할 수 있는 기회뿐이다. 하지만 그것들조차 일상생활에 붙들린 보통 사람들과는 거리가 먼 것이 되고 있는 형편이다. 우리가 살고 있는 사회는 어떤 의미에서는 죽음과 대화할 능력을 상실하고 있다고 할 수 있을 것이다.

우리가 한계 속에서만 스스로의 정체성을 확립할 수 있는 한, 우리가 유한한 존재임은 자명한 이치다. 하지만 지금까지 확인한 바와 같이, 우리는 한계의 저쪽 편을 엿봄으로써 우리의 존재를 그때마다 재정비했다는 사실 역시 부정할 수 없을 것이다. 이와 같은 '존재' 존립의 근거를 바타유 식으로 말하면 다음과 같다. "그러나 이 존재는 그러한 여러 한계 속에 머물러 있을 수는 없다. 존재를 유지하는 데 필요한 이 여러 한계를 범함으로써 비로소 그 존재는 그 본질^{essence}을 입증할 수 있다."³⁰ 다르게 표현하면, 이 행위는 '삶과 대립하는 여러 요소를 가능한 한 가장 많이, 삶을 손상시키지 않은 채 삶 안으로 도입하려 하는 것'이다.

현실의 다차원성

알프레드 슈츠의 이론을 중심으로

1
학문 대상으로서의 생활 세계

후설은『유럽 학문의 위기와 초월론적 현상학』(이하『위기』)에서 다음과 같이 강조한다.

철학의 존재 이유는 바로 실천의 모든 눈가리개, 특히 과학적 실천의 눈가리개를 벗겨내고 그 진실의 본질적 의도, 결국 전체적 의도를 다시금 깨닫게 하고, 나아가 과학(여기서는 심리학)이 거기에서 생득적인 의미로 실현되었어야 할 것을 구출하는 데 있다.[1]

그리고 눈가리개를 벗겨내는 가장 확실한 출발점은 생활 세계 속의 의식이었다. 이러한 이유로 새로운 학문의 대상에는 당연히 일상생활의 현실에 대한 생활인의 선先과학적·유사 과학적 설명이 포함된다.

생활 세계에 대한 후설의 중심 명제는 아마 다음과 같은 말로 표현할 수 있겠다.

이 영역은 완전히 그것만으로도 완결된 주관적인 것의 영역이며, 독특한 존재 방식으로 존재하고, 일체의 경험, 사고, 생활 등에 작용하고 있다. 따라서 가는 곳마다 늘 따라다니지만 결코 그것 자체로는 주목된 적이 없던, 쉽사리 파악되거나 이해되지 않았던 영역이다.[2]

이렇게 너무 당연한 것이라고 생각되었기 때문에 생활 및 생활자의 의식(주관성)은 철학적 사유의 대상이 되는 일이 거의 없었다. 그것은 '문화'라는 생활의 규정 요인과 동일할 것이다. 후설은 일상생활을 살아가는 인간의 주관적 의식을 통해서 파악된 세계가 궁극적으로 세계를 이해하는 가장 근원적인 방법임을 강조한다.

일상생활의 세계는 우리의 신체를 포함하는 외적 실재의 세계다. 이것은 우리에게는 추진력을 발생시키는 장이며 신체적 행위를 일으키는 장이다. 그것은 저항하기 때문에 극복하려면 노력이 필요하다. 그것은 나에게 과제를 부여하고, 자신의 계획을 추진하는 것을 허락하기도 하며, 나의 목적을 이루려는 노력을 성공이나 실패로 이끌기도 한다. 나는 이 세계를 타자와 공유한다. 타자와 나는 공통된 목적과 수단을 가진다. 이러한 생활 세계의 가장 중심적인 기능은 그것이 커뮤니케이션의 장을 제공한다는 점이다. 이 작업의 세계가 있기 때문에 서로 가까워지려 하는 두 개의 의식 작용이 효력을 발휘할 수 있다. 이러한 중심적인 장을 갖지 못하면 일관된 세계는 하나의 문화 속에서 보장받지 못하게 된다. 따라서 인간은 지금껏 개인적인 자유의 일부를 희생해서

라도 커뮤니케이션을 확보하는 데 필요한 최소한의 장을 남겨왔다.[3]

결국 일상생활의 현실은 간주관적間主觀的인 세계이며, 이것은 내가 타인과 서로 나누어 가지는 것이다. 이런 간주관적 성격에 의해 일상생활의 현실은 다른 현실과 구별된다. 이 현실 속에서 나는 다른 '나'와 공유하는 커뮤니케이션 속에서 정의되고 있다. 이 커뮤니케이션이라는 규정을 기호학적으로 확대하여 몸짓 기호까지 포함하는 상호작용의 체계로 파악하게 되면, 우리는 극히 성긴 그물망을 우리에게 주어진 현실로서 받아들이고 살아가게 된다. 그리고 이 '현실'은 우리가 완전히 '각성한' 상태의 그것이며, 나날의 일상에 젖어들어 있는 상태라고 말할 수 있다. 이러한 상태 속에서 우리는 타인과 협력하고 세계의 구조에 적응하고 때로는 적당하게 어떤 일을 꾸며보기도 하면서, 행위를 매개로 참여해나가는 것이다.

이렇듯 주어진 것으로서의 일상생활의 현실은 우리의 의식을 가리고 있다. 이 때문에 우리가 이 현실을 어느 정도 거리를 두고 바라본다는 것이 이론적으로는 가능할지 모르지만, 그러한 이유에서 나는 일상생활을 살아가기 위해 이런 상대화의 권리를 포기하고 있다.(epoche(현상학적) 판단 중지) 이것은 집단의 네트워크 속에서 살고 있는 한 피할 수 없는 입장이다. 가령 우리가 무의식 속의 다층 현실 속에서 동일한 경험을 갖고 살고 있다 해도, 공동체의 다른 성원과 가장 교신 가능한 일상생활의 현실 우위의 원칙을 쉽게 버릴 수는 없는 것이다.

일상생활의 커뮤니케이션 과정에서 현실은 단절된다. 그리고 현실은 기호에 의해 전달되기 쉽게 다듬어져 개인적 경험의 장에서 떨어져 나간다. 이 과정은 침전화沈澱化라 불린다.[4] 그것은 한편으로는 현실과의 관계의 양식화를 가리키고 한편으로는 공유화를 말한다. 침전한 사상 事象은 기존의 유형과 혼합되고 새로운 유형을 만들며 개인의 관례적인 양식이 되어간다. 이 침전화 작용은, 최종적으로는 지향하는 바가 같을지도 모르는 우리의 근원적인 체험을 여러 다른 과정으로서 임시로 시간 속에 정착시킨다. 그러한 까닭에 우리는 다양한 차이가 있는 차원의 현실을 과정적인 의미 세계(상징의 우주)를 통해서 살아가는 것이다.

유형화는 알프레드 슈츠의 이론 중에서 특별한 위치를 차지하는 개념이다. 그는 유형화에 대해 다음과 같이 쓰고 있다.

유형에 따라 세계를 해석하는 방법은 추론의 결과도 아니고 과학적 개념화의 결과도 아니다. 사회·문화적인 것은 말할 것도 없고, 물리적 자연도 처음부터 유형으로 경험되고 있다. 예를 들면 산, 나무, 새, 개, 집, 책상, 의자, 책, 망치를 포함하는 도구와 같은 문화적 사물이 있다. 그리고 부모, 형제, 친족, 아일랜드 이민을 포함한 이인, 병사, 사냥꾼, 사제라는 유형적인 사회적 역할, 관계라는 것이 있다. 이리하여 과학자, 특히 사회과학자에 의해 이루어지는 유형화와는 달리 상식 차원의 유형화는 판단의 기준이나 정확한 논리적 전제 등의 단언을 동반하지 않고, 당연하게 받아들여지고 있는 세계의 일상 경험 속에서 나타나기 마련이다. 이들 유형은 현상학적인 용어로는 선先서술적 사고라고 일컬어지는 것에 속한다. 일상적인 구어의 어휘나 통사법에는 언어 집단이 사회적으로 용인하는 유형화가 요약되어 나타난다.[5]

우리는 신화적 사고에서 이러한 유형의 원형 형성 작용이 일어나는 것을 첫 번째 장과 두 번째 장에서 확인했다.(세 번째 장에서는 '사건'이라는 개별적인 경험이 '낱말語'을 통해 '구조'에 포함되고 유형화하는 것을 고찰했다.) 유형화한 사물은 필연적으로 가치판단이라는 '구심화' 및 '원심화'('꼬리표 달기') 작용을 거친다. 그러나 그것들은 모두 문화의 차원에서는 '전통'을, 개인 차원에서는 '습관'을 형성한다. 이들 유형에는 그것이 체험되는 전형적인 양식이 있으며, 이러한 유형적 양식에 대한 지식이 우리에게는 '손안에 있는 지식'의 한 요소가 된다.

현상학적 분석은 이러한 경험 영역의 다양한 중복을 명확하게 해준다. 이 사실은 두 가지 방향으로 전개된다. 즉, 하나의 경험은 동시에 다양한 방향성을 가짐으로써 다른 층위에 속하는 현실에 관계하는 동시에, 그때 우위적인 현실 속에 작용하는 논리에 의해 정리된다. 그러므로 이 우위적인 현실의 지표(sign post)의 위치 변화에 따라 자신의 의식은 다양한 '현실' 속을 움직인다.

우리는 일반적으로 현실이 단일하며, 어디까지 가도 지구의 표면과 같이 끊긴 곳은 없는 것이라고 생각하고 있다. 이런 사고가 현상학적 입장에서는 성립되지 않듯이, 윌리엄 제임스William James는 이 현실을 경험하는 주체로서의 '자기'가 단일하지 않음을 지적했다. 제임스는, 자기라는 것은 단일하게 성립되는 것이 아니고 물질적·사회적·정신적인 다양한 자기가 있을 수 있으며, 우리는 끊임없이 움직이는 여러 가지 관심, 의도, 생활상의 상태에 대응해서 이러한 여러 '자기' 및 그중의 몇몇 측면과 합치하기도 하고 분리하기도 하는 것이라고 말한다. 그런데 이러한 다양한 '자기'를 통합하는 주체가 있는가라는 현상학적인 난제가 있다. 이 문제를 사르트르Jean-Paul Sartre는 "자아의 초월", 메를로

퐁티Maurice Merleau-Ponty는 "살 수 있는 신체"라는 말로 이야기한바 있다. 그리고 현상학자들은 후설과 같은 '자기론자自己論者egologist'와 아론 구르비치Aron Gurwitsch와 같은 '자기비재론자自己非在論者'로 나뉘게 된다. 제임스의 입장은 동요하고 있는 것처럼 보인다. 한편에서는 '다양한 자아의 자아'라는 말로 가장 내면의 '나'의 존재를 인정함과 동시에, 그것은 '역사적인 **나**'와는 유리된 '**순수한 자아**'일 수 없음을 설명한다.[6]

그럼에도 불구하고 우리가 세계를 이해하는 열쇠이자 출발점이며 언제나 되돌아가야 할 지점은, 생활 속에 있는 평균인平均人의 주관적 의식을 제쳐놓을 수는 없을 것이다.

일상생활의 현상학적 분석에서는 세계를 해명하는 기초로서 문화 속의 평균적 생활인이 일상생활에서 갖는 주관적 체험에 초점을 맞춘다. 따라서 이 세계를 당장 이론적으로 설명하려 하거나, 분석 대상을 존재론식으로 형이상학적으로 정의하는 것은 피해야 한다. 그러한 의미에서 현상학적 접근은 제일의적인 철저한 기술적 연구라는 점이 강조된다.

주관성이 생활 세계에서 차지하는 위치에 대한 저서 『위기』에 나타나는 후설의 입장에 공감했던 영국의 철학자 로저 풀Roger Poole은 후설의 견해를 이어받아 '심층의 주관성'이라는 입장을 내세웠다.[7]

그는 우선 갈릴레이와 데카르트로 상징되는 17세기의 합리적 계몽주의가 전체성에서 철학을 떼어낸 것을 서구의 지적 감수성에 치명적인 타격을 준 것으로 간주하고서, 다음과 같이 말했다.

그들이 불러일으킨 효과는 철저한 동시에 그 성질이 나빴으므로, 서구의 모든 철학은 그들이 초래한 분열로 인하여 여전히 허덕이고 있다. 객관주의는 무조건 수용되고, 일체의 현실 영역은 오관五官의 세계이건, 정감의 세계이건, 주관의 세계이건, 시각의(시각이 결정하는) 현실이건, 적절한 심리학이건 간에, 미지인 그대로 되돌아보는 일 없이 경멸의 대상으로 방치되어왔다.[8]

갈릴레이적인 객관주의가 현실을 수량화·세부화·단편화한 사실은 『위기』의 제9절 「갈릴레이에 의한 자연의 수학화」에서 특별히 논의되고 있다. 이 방법이 초래한 결과는 현실을 일원화하고, 수리적 처리의 대상일 수 없는 현실을 확실성의 법칙에 따라 배제한 데 있다. 그리고 이 방법의 성공이 가져오는 치명적인 해악은 그것이 학문의 대상에서 전체성을 제외하는 것이다.

이에 반해 후설은 다원적으로 수량화되지 않는 주관성의 세계를 다시 객관성의 대상으로 도입하고 전체성을 구성하는 모든 주체를 고찰 대상으로 삼을 것을 제창했다. 그리하여 『위기』에서 '주관성의 학문'이라고 말할 수 있는 전혀 새로운 학문의 영역을 개척하게 된 것이다. 이 새로운 학문에 대해 후설은 다음과 같이 설명한다.

이론에 대한 통일적인 관심은 오로지 주관적 영역의 세계로 향해야 한다. 그 영역 세계 안에서 종합적으로 결합된 능작能作의 보편성에 의해 세계는 우리에게 단적으로 현존하게 되는 것이다. 자연적인 통상의 세계 생활에서 이 다양하고 주관적인 것들은 끊임없이 우리를 지나쳐 가고 있고, 또 그 경과 속에서 항상적으로 그리고 필연적으로 가려진 채로 있다. 어떻게 해야 그 장막을 걷어낼 수 있을까? 어떻게 하면 이론적이고도 시종일관된 태도를 유지하는 고유한 연구에서 이 주관적인 것을 완결된 영역 세계로 나타내 보일 수 있을까? 이 영역 세계는 궁극적으로 작동하고 능작하는 주관성의 전체적 통일로서 개시되지만, 이 주관성이야말로 세계―우리의 자연적 생활의 지평이자, 우리의 세계―의 존재를 대신하여 나타나지 않으면 안 되는 것이다. 이것이 정당하고 필연적인 과제라면, 그것을 수행하는 일은 독특하고 새로운 학문의 창조를 의미한다. 이 학문은 지금까지 기획되어온 모든 객관적 과학, 즉, 세계의 기반 위에 성립하는 학문과는 달리 세계가 먼저 주어져 있는 그 보편적인 수여 방식을 묻는 학문이다. 따라서 그것은 각각의 객관성에 대해 보편적인 기반으로서의 존재를 형태화하는 학문인 것이다. (…) 나아가 그것은, 모든 객관적 기초 다지기가 그 참된 힘, 궁극의 의미 부여에 유래되는 힘을 거기서 빨아들이려고 하는 것처럼, 궁극적인 근거에 대한 학^學의 창조를 의미하고 있다.[9]

이러한 표현은 참으로 새로운 입장을 포함하고 있으므로 현상학 연구자들조차도 그 새로운 부분을 간과하기 쉽다. 후설이 주관성의 학문을 제창한 시기에 의도했던 바는 한정된 의미에서의 객관성의 학문으로서 수량화된 과학 자체가 전체성의 관점에서 볼 때는 상대적인, 주관성의 영역 중 하나임을 나타내는 것이었다..

이와 같은 후설의 입장은 쿤이『과학혁명의 구조』에서 어떠한 과학의 교리나 이론도 결국 특정 시대를 지배하는 패러다임에 기초한 주관성이라는 한계를 초월할 수 없다는 것을 밝힘으로써[10] 가장 유력한 지지자 내지는 찬동자를 얻게 되었다. 이리하여 우리의 지식과 경험에 대한 최종적인 판단의 근거는 우리가 공동 주관적으로 살고 있는 세계를 전제로 하여 성립한다.

객관적 세계는 애당초 만인에게의 세계, 결국 '누구나'가 세계 지평으로서 가지고 있는 세계인 것이다.[11]

이러한 객관적 세계 안에서는 다양한 각도에서 관찰된 여러 현실이 서로 부딪치고 있다. 그 사이에서 중복되는 부분, 배제하는 부분이 있든 없든 이러한 복수의 주관적 세계의 집합체가 객관적 세계의 전체성을 조형하고 있는 것이다. 이 세계에서 사물存在者은 다른 각도에서 관찰될 때 다양한 모습을 나타낸다.

일체의 존재자는 그에 귀속하는 가능적 경험에 있어서 그 부여 방식……과의 상관관계 속에 있으며, 모든 것은 그 자체에 타당한 양식과 독특한 종합적 방법을 갖고 있다.[12]

우리는 존재하는 사물뿐만 아니라, 다른 순간에 같은 사물을 다른 양식으로 파악하고 있다. 결국 존재하는 사물과의 상관관계에서 각인各人의 주관성도 변해간다.

가능적 경험의 주체로서의 각인은 자신의 경험, 자신의 관점, 자신의 지각의 연관, 자신의 타당성의 변천, 자신의 정정訂正 등을 지니고 있으며, 각각의 특수한 교제 집단 또한 그 공동의 관점 등을 갖고 있다. (…)
각인은 자신이 때로는 현실적이고 때로는 잠재적인 결합 관계를 맺을
수 있는 자신의 동료의 지평에서 살고 있다는 것을 '알고' 있으며, 동료
들 역시 마찬가지다. (…) 각인은 그 및 그의 동료가 서로 현실과 연관을
맺으면서, 경험하는 동일한 사물에 다음과 같은 방법으로 관련되어 있
음을 알고 있다. 즉, 각인은 그러한 동일한 사물에 대해 다른 관점, 다른
측면, 다른 전망 등을 갖지만, 그러나 이것들은 각각 각인이 (똑같은 사
물에 대한 현실적 경험에서) 똑같은 것으로서, 결국 끊임없이 이 사물의
가능적 경험의 지평으로서 의식하고 있는 다양성의 동일한 모든 체계로
부터 분리되는 것이다.[13]

이렇게 해서 다양성의 원천이 각 사물 속에 있는 것인지, 각인 속에
있는 것인지의 문제는 양자택일의 문제가 아니라 상관관계 바로 그 자
체에 있음이 분명해졌다. 이 상관관계의 총체가 바로 전체적 다양성이
다. 전체적 다양성은 틀(패러다임)로서 문화와 관계되는 부분이 큰데,
문화 자체가 제공하는 상관관계의 구조 또한 끊임없이 변하고 있다는
것도 물론 말해주고 있다. 이리하여 무엇 하나 결코 고정되는 일 없이,
모든 사물은 우리가 그것에 부여한 의미에 의해 존재함을 확인할 수
있다. 후설은 주관성을 통해서 실현되는 전체적 다양성을 지향성이라
고 부른다. 후설에 따르면 지향성이 실현되어가는 과정은 "전체적 다
양성 속에서 경험하고 있는 지향을 연속적으로 충실하게 하는 과정"[14]
이라고 한다. 이러한 과정으로서의 '지향성'을 파악하는 것은 대상의
주관적 세계에 대한 이해를 돕는 데 가장 유력한 단서를 연구자들에게

제공한다. 이 지향성을 케네스 버크 식으로 표현하면, '극과정론劇過程論 dramatism'이 될 것이다. 지향성은 내가 어느 일정한 상황에서 의식적·무의식적으로 주위의 사물을 조직하는 가운데 나타난다. 나는 일정한 방법으로 행위함으로써 '지향성'을 실현한다. 그러므로 지향성은 자신을 세계와 결부시키는 중개 역할을 한다고 말할 수 있다. 풀은 지향성이 이러한 자신의 주관성의 잠재적 모델을 제공한다는 점을 명백히 하면서, 다음과 같이 썼다.

> 우리가 한번 지향성으로서의 주관성과 자신의 세계를 존재 한가운데로 가지고 와서, 무한히 빠른 '영감으로 뒷받침된 의문'의 연쇄 속에서 그것을 다시금 기각하게 되는 지향성의 관계에 눈뜨게 되면, 우리는 객관성이란 가설을 180도 회전시켜 우리가 연구하는 주관성을 기계화된 세계의 여러 힘이 작용하는 객체로서가 아닌, 자유자재로 의미를 방출하는 중심으로서 받아들여야 하게 될 것이다.[15]

이러한 주관성의 주체적 성격은, 그것이 세계를 파악할 때 망막에서 지향성을 개입시킴으로써 끊임없이 독자적인 방법으로 세계를 조직하는 과정에서도 나타난다. 이렇게 해서 형성되는 개별적인 세계가 여기저기서 교차하면서 공동주관적共同主觀的 세계가 창출되고, 시각의 세계가 형성된다. 어떤 주관성도 '현실'의 결정판을 제공하지는 않는다. 저마다 각각의 현실의 특정한 상을 갖고 있다. 각각은 스스로의 체험에 존재론적 의미와 해석을 부여한다. 이리하여 전주관적全主觀的 상대성의 세계가 창출되는 것이다.

이미 말한 바와 같이 현실이, 사람이 보통 실제로 느끼고 이해하는 것처럼 단층의 구조를 갖고 있지 않음은 알프레드 슈츠가 현실의 중층성中層性이란 형태로 거듭 설명한 바 있다. 우리가 사용하는 말 중에는 단층이라 여겨지는 일상생활을 중심으로 한 현실을 표현하고 설명하려는 필요에서 비롯된 것이 많다. 따라서 이러한 현실의 한정성限定性을 설명하는 말은, 특히 일본어에서는 충분히 발달하지 않았다. 또 독자가 그러한 표현 혹은 설명에 있는 현실의 복수성을 자연적으로 인식하려고 준비하지 않았을 때 설명은 더욱 어려워지게 된다.

이 현실의 수많은 층위는 각각에 걸맞은 존재의 특수한 양식을 유지하고 있다. 슈츠가 이러한 표현을 사용할 수 있게 해준 전제는 윌리엄 제임스의 '하위 우주subuniverse'였다. 제임스는 물상적物象的 세계, 이념적 세계, 광기의 세계라는 각기 다른 존재 양식을 예로 들고 있다.[16] 물론 슈츠가 이러한 사고를 전개한 데에는 후설과 베르그송Henri Bergson 에게서 받은 영향이 컸다고 보인다. 게다가 그는 제임스가 말한 현실의 '하위 우주'라는 표현을 피하고, 각각의 특수하고 개별적인 현실에 대해 '의미가 한정된 여러 영역'이라는 표현을 쓰도록 제창한다.[17] 그 이유는 우리가 문제시하는 것이 현실을 구성하는 사물의 존재론적 구조가 아니라 우리의 경험의 의미이기 때문에, 위계적 구조를 떠올리게끔하는 표현을 피하려고 한 데에 있었다.

윌리엄 어번은 같은 현실의 일정한 층을 "담론의 세계universe"라는 표현으로 정리한다.[18] 어번은 세계를 상황situation에 대응하는 개념으로 보고, 상황이 무규정적으로 언제 어디서나 성립할 수 있는 데 반해 '소우주'는 명확하고 정연한 체계를 가진다고 한다. 어번은 오거스터스 드

모르간$^{\text{Augustus De Morgan}}$이 논리학을 위해서 창안한 술어인 '담론의 세계'라는 개념을 답습했다. 그것은 문장의 일관성과 관계가 있다. 예를 들면 '투표자는 모두 남자다'라는 명제는 그것이 통용될 만한 역사적인 담론의 세계에 대한 양해가 있기 때문에 성립한다. 그러나 '카이사르는 소수素數다' 혹은 '덕德은 삼각형이 아니다'라는 문장은 일상행활 세계의 문맥에서는 성립하지 않는다. 주어와 술어가 완전히 다른 맥락에 속하기 때문이다.

드모르간의 정의에서는 어떤 속성이 소속되는 종류^{genus}, 또는 그 종류에 포함되는 속성에 결부되기 쉬운 것을 한정된 세계$^{\text{limited universe}}$라고 부르고 있다. 한정을 전제로 한다는 의미에서 이 정의는 슈츠의 "한정된 의미의 장"이라는 표현에 가깝다. 다만 전자가 사전적 장과 문장과의 대응에 중요성을 두고, 후자가 화제^{topic}의 한정성에 중요성을 둔다는 차이가 있다.

어번은 담론의 세계가 자연환경의 다른 이름에 지나지 않는 상황^{situation}의 맥락으로 환원되어야 하는 것은 아니라고 말한다. 그는 모든 맥락을 물리적 혹은 심리적 환경으로 환원하는 것은 자연주의적 인과론의 산물일 뿐임을 강조한다. 이러한 사고 속에 이미 행동주의에 대한 비판이 포함되어 있다는 것은 주목할 만한 점이다. 상황으로 환원되지 않는다고 해도, 담론의 세계는 전제에 의해 제약을 받는다. 여기서 어번은 "말語의 의미는 그 전제에 의해 규정된다"라는 스콜라 학파의 주장을 언급한다. 그는 "요정 중에 어떤 것은 심술궂다"라든가 "그리핀(독수리의 머리에 사자의 몸뚱이를 한 날개 달린 괴수)은 믿기 어려운 괴수다"라고 할 때, 요정과 괴수가 나오는 일군의 옛날이야기와 신화가 전제되지 않으면, 그것은 유효하고 유의미한 명제로 성립될 수 없다고 말한다. 결국 신화적 요소로서 코드화된 일군의 기호를 전제로 하여 명제가 성립되는 셈이다. 우리가 첫 번째 장과 두 번째 장에서 시도한 것도 그러한 신화적 담론의 해명이었다. "결혼은 성찬식sacrament이다"라는 표현으로도 마찬가지의 설명이 가능하다. 이것은 성찬식이 의미를 갖는 담론의 세계에서만 비로소 의미를 갖게 되는 표현이다.

이러한 담론의 세계를 전제로 하는 의미의 해명은 물리적 환경 속에 존재하는 사물 사이의 인과론적 설명과는 상당한 차이를 보인다. 그러나 그러한 까닭에, 일상생활 속에서 살아가는 인간이 경험하는 세계를 포착하고 보다 적절한 방법에 기초를 부여할 수 있다. 오늘날 미국 사회학 가운데에서 민족(사고)방법론ethnomethodology이라는 이름으로 전개되고 있는 현상학적 사회학[19]은 이러한 일상 경험 속의 담론의 세계를 미세하게 기술하려는 노력의 표현이다.

어번은 문맥을 물리적 자연에 속하는 것으로는 생각하지 않고, 담론과 뗄 수 없는 현실 단위로 생각한다. 그래서 어번은 "인간의 언어는 그 자체가 구조적인 것이다. 이와 동시에, 지시하는 대상도 독립된 대상이 아니라, 담화의 체계적인 세계에 자리를 굳힌 일원이다"라고 말하면서 사물(존재자)과 주관성 사이의 상호 관련성을 설명한다. 이것은 또한 지시 대상과 주관성 사이의 관계에서 지향성이 작용한다는 현상학의 명제에 필적하는 논술이다. 우리에게 중요한 것은 지향성이 작용하는 특수한 방법, 그것이 다양한 주관성의 형태 및 그러한 주관성의 틀이라고도 할 수 있는 "한정된 의미의 장"을 결정한다는 사실이다.

언어학자 존 라이언스John Lyons는 자신의 저서 『구조 의미론』[20]에서 어번의 '담론의 우주'는 언어학에서 말하는 '의미 영역'에 가까운 것이라고 말함으로써 이 개념의 중요성을 강조했다. 라이언스 자신은 어번이 말하려고 하는 다양한 종류의 '존재'라는 철학적 질문에 상관할 생각은 없다고 단언하면서, 어번이 문제를 제기한 의도를 바르게 파악하고 있다. 그러나 논리실증주의자인 한스 라이헨바흐Hans Reichenbach에 따르면 '담론의 우주'라는 콘텍스트(맥락)에 대한 '허구의 현실(='존재')'이라는 사고는, 언어의 다양한 차원을 인정함으로써 해결될 사항임을 알지 못했던 철학자들의 미망迷妄의 산물이다.[21] 논리실증주의자인 라이헨바흐가 '존재'라고 인정할 수 있는 유일한 차원이, 어번이 멀리한 '물리적 존재'임은 말할 것도 없다. 라이언스는 언어학자가 이러한 형이상학적인 문제에 대해 중립적이어야 한다고 하면서도 '담론의 우주'가 언어학의 의미 이론에 통합되어야 한다고 강조했다.

2
타당성

어느 하나의 현실은 그 층위의 성격에 따른 '지식의 축적'을 전제로 성립한다. 이들 지식은 해당 현실의 층에 보다 상응하는 형태로 적응하기 위해서 한 사람의 인간이 필요로 하는 일군의 지식을 토대로 삼아 형성되고 있다. 슈츠는 이러한 지식의 축적에 전제가 되는 일정한 기준을 '타당성relevance'이라는 말로 표현하고 있다. 오늘날 이 '타당성'이라는 말은 토머스 쿤이 『과학혁명의 구조』에서 사용한 표현인 '패러다임'과 같이 사용할 수 있을 것이다.

슈츠가 말하는 '타당성'의 체계를 어떤 하나의 현실 차원으로 수용하는 것은 단적으로 말해서 그 '타당성'에 대한 검토 포기라는 뜻에서의 에포케를 의미한다. 따라서 일상생활의 현실과는 다른 현실에 참여하기 위해서는 일상생활이 의거하고 있는 '타당성' 체계에 대한 거부로서의 '자연적 태도의 에포케'를 지양할 필요가 있게 된다. 그렇지만 새로운 현실, 즉 "한정된 의미의 장"은 그 자체의 에포케, '타당성'의 체계를 필요로 한다. 고유의 '타당성'의 체계야말로 각각의 '현실' 속에 있는 '인식의 스타일'을 조형하는 것이다. 이때 '타당성'의 체계는 결코 논리적으로 구성될 필요는 없으며, 때로는 색이나 냄새 같은 상징을 핵으로 하는 경우도 있다.

그러나 현실의 각층에는 이 층에 대한 인간의 관심을 중심적으로 지배하는 행위, 사상, 인간, 표현이 나타난다. 이러한 중심적 표상을 슈츠는 '토픽'이라는 말을 사용해서 지적했다. 따라서 연구자가 어느 사회의 특정 시간 및 공간에 속하는 특정 현실의 층에 깊이 들어가보려고 할 경우에 그것이 그 현실의 측량추가 된다. 슈츠는 "토픽상에서 타당성을 갖는 것이, 적절한 방법으로 문제를 해결하는 데에 필요한 질문의 깊이와 정도를 결정한다"라고 쓰고 있다.[22]

슈츠는 이 지고의 현실에 대한 인간의 연관 방식을 기술하면서, 그것이 똑같지는 않다고 말한다. 우리의 생활 세계에 대한 관심은 다양한 선택에 기초하여 조직되어 있다. 거기서 세계는 시간적·공간적으로 주요한 '타당성'의 층과 부차적인 타당성의 층으로 나뉘어 조직된다. 슈츠는 주어진 세계에 대해 우리가 갖고 있는 지식을 "손안의 지식"이라고 부른다. 이 손안의 지식은 자신이 실현하려고 하는 계획에 목적·수단으로서 유효한데, 또 저해 요인으로서 해로운 경우에 그것은 제일의적인 층으로 조직된다.[23]

기술의 분야에도 이와 비슷한 예가 있다. 결국 어느 일정한 환경에서 사물을 만드는 경우 그 대상이 갖는 의미에 따라 공구와 공정의 선택이 이루어진다. 이것이 사회적 현실에 적용되는 경우에는 일정한 현실

(또는 넓은 의미의 환경)이 몸짓과 사용되는 말에 구속력을 갖는다. 그러므로 연구자 또는 조사자가 이러한 현실에 직면할 때, 토픽의 내적 또는 외적 지평에 얼마만큼을 뛰어들어야 하는가, 그리고 해석상에서 도움이 되는 자료가 어느 정도까지 고려되어야 하는가를 결정하는 것이 토픽의 차원에서 '타당한 것'이다.

'토픽'은 몇 개의 중심적 이미지 또는 개념으로 구성되어 있을지도 모른다. 또 그것은 어둠이나 빛의 반사, 색채, 냄새 같은 감각적 요소에 지배되고 있을지도 모른다. 그러나 그것들은 인간을 일정한 현실로 인도하는 인덱스로 작용한다.

'토픽' 및 그 생성과 소멸의 다이너미즘에 여러 '현실' 사이의 관계를 탐구하는 열쇠가 포함되어 있다. 슈츠가 그러한 다이너미즘을 어떻게 이해했는지 살펴보자.

우선 하나의 '토픽'이 완전히 사라지는 것은 우리가 하나의 '현실'(혹은 '의미성')의 영역에서 다른 영역으로 '비약'할 때다. 이 두 개의 영역은 각성할 때나 꿈의 상황에 대한 의식 및 그러한 의식이 생기는 현실을 예로서 생각하면 이해하기에 가장 쉬울지도 모르겠다. 그러나 각성할 때에 우리는 다른 차원의 '현실'('의미성'의 여러 경계 영역)을 동시에 살아간다. 이들 다양한 현실은 의식의 긴장도, 각성의 정도, 우리가 생활하면서 주의하는 방향에 의해 결정된다. 후설을 비롯한 현상학자들이 '의식이란 어떤 것에 대한 의식이다'라고 강조하고 의식의 방위성(teleology)을 강조하는 것은 현실의 그러한 다층성을 해명하는 문제에 의식의 포착 방법이 관계되어 있기 때문이다. 우리는 '현실'의 악센트를 우리의 의식상에서 생활의 하나 또는 다른 차원에 걸고 있다. 따라서 우리의 의식의 우주가 다양한 이상, 방향성은 다양한 방향을 향해 현재적顯在的 또는 잠재적으로 작용하고 있다. 특히 '신체성'을 고려하는 경우 이 사이의 메커니즘에 대한 시점은 한층 확대되기 마련이다. 친숙한 표현을 사용하면, '현실'의 수는 인간이 감도에 의지해서 주위의 세계를 감지하는 안테나의 수에 상당한다고 할 수 있다. 이러한 안테나는 각각 특징을 갖고 있기 때문에, 인간은 자신이 놓인 환경 속에서 생존의 조건을 유지하는 데에 가장 도움이 되는 안테나를 중점적으로 사용한다. 그러나 다른 안테나는 주역을 담당하지 않더라도 동시에 집음集音 작용을 계속해서 이 데이터들을 하의식下意識의 차원 혹은 신체의 기억으로서 눈에 띄지 않는 형태로 축적한다. 우리는 이들 안테나 중에 우리가 미처 알지 못하게끔 내장된 것도 있음을 잊어서는 안 된다.

수많은 '현실'의 지평은 각각 고유의 한정성을 전제로 해서 성립하므로, 여러 현실의 총체로서의 세계의 전체 구조는 우리 앞에 모습을 나타내는 일은 거의 없다. 신비가의 노력은 이 세계의 전체 구조를 시간과 공간을 초월하여 동시에 파악한다는 목표를 향해 쏟아부어져왔다. 우리의 내적 우주와 어딘가에서 접전을 벌여도, 그것은 우리가 보통 그것이라 이해하고 있는 것과는 완전히 다른 어떤 것=사물로 우리의 내적 우주가 귀일함으로써만 이룩될 것이다. 인간이 일찍이 귀일의 방법을 보다 친숙한 것으로 삼고 있었다는 데 대한 실감은 정신적으로도, 예술사적으로도, 종교사적으로도, 인류학적으로도 최근에 더더욱 우리의 마음을 사로잡고 있다. 그러나 이 문제에 당면한 우리는 당분간 이를 완만하게 진행시켜야 한다. 이 점에 대해 슈츠 역시 다음과 같이 밝히고 있다.

이 세계의 모든 다양성을 포함한 형태에서의 총체성은 인간에게 근본
적으로 불가지이고, 그 자신의 한정성 때문에 그는 우주의 무한정함을
파악할 수 없다.[24]

모든 사회성의 기초라고도 할 수 있는 일의 세계의 지상至上의 현실
가운데서, 이 불가지 현상은 다음과 같은 형태로 해결된다. 이른바 지
식의 사회적인 분배, 이른바 커뮤니케이션이라는 수단에 의한 지식의
단편화 극복이다. 그러나 미지의 지평은 끊임없이 끈질기게 달라붙는
다. 그중 어떤 것은 알 수 있음可知의 가능성을 보이고, 또 어떤 부분은
가능한 범위 안에 있다. 슈츠는 이러한 지식의 해도海圖 안에 맹점이 있
다고 지적했다.

우리의 우주 지도에는 공백의 지점, 아직 밟지 않은 땅이라고도 말할
수 있는 부분이 있다. 이 부분을 답사하는 일은 바람직하며 필요하기까
지 하다. 이 지점을 '공백(Leerstellen)'이라고 부르기로 하자.[25]

물론 이 공백 부분을 메우는 것이 꼭 백과사전적인 지식은 아니다.
우리가 알고 있다고 생각하는 대상 자체에 미지의 차원이 감춰져 있을
가능성이 있기 때문이다.

이 '공백' 부분을 떠올리게 하는 지적 기술이 20세기에 다양한 형태
로 개발되었다. 초현실주의나 인류학, 앙토냉 아르토Antonin Artaud의 '잔
혹극'과 폴란드의 극작가인 비트키에비치Stanisław Witkiewicz가 말하는
'존재의 비의성' 등은 항상 경험 영역의 확대·재편성이라는 결과를 초

래해왔다. 그것은 '타당성'의 미지의 체계의 도입이 이러한 '공백'을 떠올리게 하는 운동이 목표하는 바였음을 보여준다.

'공백'이 우리의 시야 안에 들어오는 것은 다양한 우연적인 계기를 통해서다. 우리의 체험 속에는, 어떤 행동을 일으킨 경우 처음에 의도한 것과 그 결과가 완전히 합치하지 않는 것이 있다. 도중에 생각지도 않은 요인이 개입하기 때문이다. 결국 새롭게 개입하는 요인으로 말미암아 '타당성'의 체계가 지각변동을 일으켜, 이전까지는 전혀 의심 없이 받아들여지던 행위의 프로그램이 전면적인 재검토를 피할 수 없게 되는 것이다. 슈츠의 '행위'(프락시스)의 이론적 핵에 해당하는 부분이 이 주변의 '현실' 차원의 추이 분석에 나타나 있다. 그에 따르면, 내가 이리저리 움직임에 따라 이전까지는 감추어져 있었거나 가려져 있던 사물의 측면이 현재화顯在化하게 된다. 따라서 엄밀하게 말하면 사물은 모든 순간에 내 앞에 미지의 모습을 나타내고 있는 것이 된다.[26] 다만 우리가 파악하고 있는 '타당성'의 차원이 허락하는 범위에서만 의식의 그물에 파악된다. 그러한 새로운 사물의 모습은 오히려 언어화되지 않은 의식의 낮은 곳에 침전되어간다.

그렇지만 그러한 사상事象은 일단 의식의 지평에 나타나면, 다양한 형태로 의식의 중심 부분과 직접·간접적인 형태에서의 관계를 확립한다. 그것은 때로는 부정적인 형태로 의식되기도 하며, 때로는 중심적인 현실을 구성하는 개념의 밑바닥에 침전해서 다의적인 의미 작용을 행한다. 슈츠는 그러한 '토픽'을 "주변적" 토픽이라고 불렀다.[27]

이리하여 우리의 정신생활의 가운데서는 항상 '중심'적 위치를 차지하는 현실과 지평선상에 모습을 나타내는 '현실'의 상호 작용이 일어나고 있다. 한마디로 '기지旣知'의 것과 '미지未知'의 것이 행하는 상호작용의 역동성을 슈츠는 다음과 같이 감동적인 어조로 표현하고 있다.

미지의, 지식으로 변환. 새로운 '미지'를 향한 기지의 분해, 그리고 그 반대 과정. 이제까지는 부적당하다고 생각해왔지만 가능성을 숨기고 있는 지식이, 지금까지 탐구된 적 없는 지평에 발을 내딛는 일. 현실 해석 및 동기 설정을 위한 타당성의 새로운 체계 창출. 결국 이 모든 현상학적 변환[미지에서 기지로의 변환 등], 창출, 폐절, 충족된 기대 및 충족되지 않은 예감의 모든 상호 작용(우리의 지식의 충족성과 비근한 목적의 결정 및 재결정의 의심스러움은 말할 필요도 없다) 등이 그 자신이 과도한 운동(비상의 범위와 홰)과 독자의 분절 및 '정량定量'(이 메타포에 대해서는 앞에서 말했듯 주의해야만 한다)의 충동 등을 동반한, 특수한 개별적인 리듬을 띠면서 일어난다는 것을 우리는 이해해야 한다.[28]

이 결코 이해하기가 쉽지 않은 문장에서 슈츠가 말하는 것은, 의식의 지평에서 '미지인 것'이 차지하는 위상으로 봐도 좋다.

이 기지의 것을 미지의 것으로 전환하는 기술, 그것이 모든 차원에서의 현상학적 환원의 첫걸음이다. 후설은 이 상태를 다음과 같이 기술한다.

오로지 현상학적 환원에 결부되는 새로운 모든 종류 통각統覺대상에 대한 다양한 경험을 종합·통일하는 작용과 이에 동반하는 새로운 종류의 언어—이전에는 완전히 은폐되어 말할 수 없었던 모든 것이 비로소 자기 객관

화 안에서 자신의 심적 생활 속에 유입되고 새롭게 해방된 구성적 작업의 지향적인 배경으로 통각된다.[29]

새로운 종류와 통각과 언어, 그것은 단언하건대 타당성의 새로운 영역이다.

모든 기지의 사물이 '괄호'로 묶일 때, 결국 그것들이 두르고 있던 (시간, 공간의 제약을 받는) 부차적인 요소가 벗겨질 때, 의외의 알려지지 않은 모습 또는 우리가 충분하게 확인하고 있다고 믿고 있는 것과는 상응하지 않는 미답의 지평이라고도 할 수 있는 모습을 표면화시키게 된다. 특히 후자의 경우에는 새롭게 나타난 관심으로부터 결정된 '타당성'의 빛을 받음으로써 보통 그것이 갖고 있는 특수한 성격을 잃어버린다. 이러한 다양한 조건을 거쳐서 새로운 문제가 제기되고, 지금까지 당연한 것으로 불문에 부쳐져왔던 혹은 의문의 여지가 없다고 여겨져왔던 것이 수상쩍은 것이 되며, 다시 한 번 검토해야 할 대상이 된다.

슈츠는 이 점을 깊이 추구했다.

(…) 새롭게 나타나거나 계속해서 일어나는 관심의 질은 모든 과정의 근본적인 재출발을 불가피하게 만든다. 이것은 충분한 신념에 필요한 성격을 상실한 관습적 지식의 재검토를 의미한다. 우리는 이미 알고 있는 것을 그대로 수용하거나 선행하는 여러 과정에서 확실하다고 믿어져왔다는 이유만으로, 그대로를 받아들일 수는 없게 된다.[30]

우리가 타성적으로 획득한다고 믿고 있는, 특정의 관심 영역에 대한 지식 및 우리가 그것에 친숙했던 상태는 이러한 과정을 통해서 관성적 성격을 상실한다.

그러한 상태는 때때로 우리 내면에서 일어나는 타당한 관심 영역의 지각변동이 야기하는 것이다.[31] 결국 이러한 상태는 지금까지의 관심 영역에서 핵심적이라고 생각되어온 것에 뒤따른, 해석상에서의 타당성을 가진 체계와 상반되는 지평선 상에 보일락 말락 하는 부분으로 이행함으로써 야기되는 것이다. 이것은 당연히 우리의 관심이 '주변성'의 문제로 이행되도록 재촉하는 것이지만, 여기서는 이 점에 대해서는 언급하지 않겠다. 다만 이러한 이행은 점차적으로 일어나는 것이 아니라 급격한 전환을 동반해서 일어나는 것이 보통이다. 이러한 급격한 이행을 슈츠는 키에르케고르의 표현을 모방해 "비약"이라는 말로 표현한다.

미국의 연출가인 리처드 볼레슬라프스키Richard Boleslawski는 『연기 입문』[32]에서 부부 싸움이 심해지면 아이들이 아무 말 없이 생양배추를 접시에 담아서 내오는 가정을 예로 들면서, '감정의 기억'이라는 심리 작용을 설명한다. 젊은 시절 두 사람은 어느 날 나란히 교외를 걷고 있었다. 그때 길가의 밭에서 양배추를 보고는 그것을 그대로 씹어 먹었다. 청년이 사랑을 고백한 것은 그 직후의 일이었다. 따라서 생양배추를 씹는 감촉은 그들을 그때 그 두 사람이 살았던 현실로 되돌려놓는 것이었다. 이 현실의 게슈탈트적 구성은 논리 기억의 그물을 가지고서는 길어 올릴 수 없는, 미세한 사실을 생생하게 재현한 것이다.

이러한 예가 보여주듯이 하나의 '현실' 층에서 다른 층으로의 이행을 결정하는 것이 반드시 논리라고 할 수는 없다. 이 이행이 급격할 경우에는 사르트르가 『구토』에서 로캉탱을 주인공으로 묘사한 것과 같은 상황이 일어난다. 슈츠는 『돈키호테』를 예로 하여 이 이행 양상을 훌륭하게 분석했다.

이러한 '현실' 차원의 변동은 특수하고 기본적인 체험을 통해 일어난다. 슈츠는 이 체험을 객관적으로는 '비약', 주관적으로는 '충격shock'이라 규정할 수 있다고 말한다.[33] '충격'이라는 표현은 문화인류학에서는 자연 발생적인 개념으로 사용되어왔다. '문화적 충격'이라는 말이 그것이다. 우리가 지금 논하고 있는 것은 바로 순간적인 현상, 내적인 체험에 초점을 맞춘 현상이다.

이처럼 '일상생활'의 현실을 하나의 중심으로서, 수많은 '현실'의 극이 존재한다. 예를 들면 환상의 세계와 같은 것들 말이다. 거기는 백일몽부터 우리가 예술의 세계에 매료되었을 때 체험하게 되는 허구의 다양한 현실이 있다. 허구를 '중심'으로 할 것인가, 일상생활을 '중심'으로 할 것인가는 개인이 놓인 상황에 따라 다를 수 있다 하더라도, 그 각각을 '현실'의 다른 경계 영역으로서 자율성을 지니게 한 대목에서만큼은 슈츠에 이르는 현상학의 지적 달성을 간파하는 일이 적어도 불가능하지는 않다. 이러한 달성은 하이데거를 비롯, 루트비히 빈스방거Ludwig Binswanger와 유진 민코프스키Eugene Minkowski의 현존재 분석의 시점을 가능하게 한 것이라고 말할 수 있다.

슈츠가 이렇듯 다양한 '현실'의 예로서 거론한 것은 유희, 농담joke, 정신 이상, 이론적 사변, 꿈 등이다.[34] 이들 다양한 현실에 대한 우리의 접근 방법에는 흥미를 본위로 삼는 것, 동기를 갖는 것, 해석을 위한 것 등과 같은 다양한 방법이 있다.

그러나 이미 설명한 바와 같이 우리가 일정 차원의 '현실'에서 다른 차원의 현실로 '비약'했을 때에는 전자의 범위에서 작용하고 있던 '타당성'의 체계 모두를 버리게 된다.[35] '변덕'이라고 불리는 것은 불성실함으로 인해 일상생활의 도덕 체계에서 자주 비난의 대상이 되지만, 사실 의식의 방위성의 전면적인 전환이 하나의 '현실' 차원에서 다른 현실 차원을 향해 일어나는 경우가 있음은 인정해야 한다. 비극 『왕녀 메디아』에서처럼, 사회 대다수에서 그러한 '비약' 현상이 일어난 경우, 남겨진 강렬한 개성은 비극의 주인공이 되어야만 한다. 그렇지 않은 경우에 '변덕' 현상은 꿈과 각성, 빙의와 통상의 의식과 같은 상태 사이에서 일어날 수 있다.

하나의 '현실'에서 다른 '현실' 차원으로의 이행은 이미 기술한 것처럼 반드시 점차적으로 이루어지는 것이 아니라 극히 작은 것을 계기로 하여 일어난다. 이 '비약'은 다른 표현으로는 '각성' 체험이라고도 할 수 있다. 하나의 '현실'에서 다른 현실로의 이행은, 이처럼 그곳을 넘고 나면 세계가 완전히 바뀌어버리는 문지방 넘기에 비유할 수도 있다. 사실 인간은 그 개인적·내적 우주에 시간적 또는 공간적으로 다양한 문지방을 갖고 있다. 어떤 문지방을 넘은 후에는 각성 상태에서 꿈의 상태를 회상하는 경우처럼, 여태껏 살고 있던 '현실'이 완전히 무관계한 것처럼 생각되는 것은 '타당성' 체계가 대폭 바뀐 결과이기도 하다. 이처럼 하나의 '현실'로부터 다른 '현실'로의 이행 속에서 변증법적 비판의 기술을 발견하려는 시도가 이루어지고 있다.

지배적 '현실'을 상대화하기 위해 미국의 인류학자 로버트 머피Robert R. Murphy는 '의심하기 시작하는' 정신 속에서 변증법을 발견하고자 한다. 그는 변증법이라는 것이 질문, 도전, 그리고 회의의 자세라고 말하고 다음과 같이 썼다.

　그것은 우리에게 상식적인 현실이 정돈된 범주와 상투어를 못된 장난 스타일로 볼 것을 요청하고, 문화가 우리에게 가르쳐주려는 오관을 통한 증거가 완전하고도 최종적인 것인가를 사고하도록 자각할 것을 요청한다. 그것은 우리에게 현실이 모순으로 가득 차 있으며, 문화적 소여인 진실이라는 것은 그 자체가 오류이거나 또는 보다 포괄적인 진실의 한 편을 구성하는 데 지나지 않음을 가르쳐준다. 현실은 모순으로 가득 차 있다. 현실이 우리에게 모습을 나타내는 방법 속에 이미 현실의 부정 바로 그것이 포함되어 있기 때문이다.[36]

비슷한 결론이 나겠지만, 머피가 사용하는 '현실'과 우리의 '현실' 사이에는 미묘한 어긋남이 있는 것 같다. 그의 현실은 단일차원적이다. 따라서 그가 현실은 모순으로 가득 차 있다고 표현했을 때, 그것은 같은 현실 속의 비정합非整合을 설명하는 것에 지나지 않는다. 그러나 현실이 다원적이라는 관점에서 보자면, 모순으로 나타나는 것은 다른 차원의 현실이 출현하는 것이라 파악할 수 있다. 머피는 다른 차원의 현실을 다른 문화 체계로 부속시키려고 한 듯싶다. 하지만 그러한 의도라면, 그가 말하는 '현실'은 슈츠가 말하는 '지고의 현실'로서의 '상식으로 구성된 현실'로 한정시켜야 할 것이다. 따라서 다시 슈츠의 개념을 사용해 '타당성'의 체계로서 복수複數의 문화, 또는 복수 문화의 하나로서의 '문화'라는 개념을 사용하는 편이 문제의 소재를 보다 명확하게 할 것이다.

다만 새삼 확인해둘 필요가 있는 것은, "현실은 모순으로 가득 차 있다"라는 언뜻 보기에 별다를 것 없는 표현이 지니는 애매함이다. 모순은 현실 속에 끼워져 있는built in 것이 아니다. 그러한 의미에서는 현실을 논리학의 명제와 같은 차원에서 논의할 수 없다. 논리학적으로는 모순인 것도 어떤 특정 현실에 속한 인간에게는 조금도 모순으로 느껴지지 않는 경우가 있다. 또한 우리가 이미 몇 번인가 살펴본 것처럼 인간은 동시에, 아니면 다른 시간에서 다양한 현실을 살아가기 마련이므로, 동일한 사람에게 어떤 때에는 모순으로 비치는 사상事象이 어떤 때에는 조금도 모순으로 비치지 않는 경우도 있을 수 있다. 이리하여 '현실'에 초점을 두고 생각해보면, '모순'이 현실에 포함되어 있다기보다는, 인간이 다차원의 현실을 살아감으로써 그 스스로가 '모순'을 내포한 존재라는 이야기가 된다. 이리하여 '모순'이라는 것은 하나의 (현재적顯在的) 현실이 다른 (잠재적) 현실과 우연히 마주치는 장이라고 재정의할 수 있다. 이와 같은 장은 '의식 내부의' '문화적' '논리적' 모순을 현재화하는 조건 가운데 하나가 마련되면 성립하게 된다.

'의식 내부의' 모순이라는 것은 의식 속에서 하나의 '타당성'의 체계가 우연히 다른 타당성의 체계와 만났을 때, 그와 같은 의식이 외계로 투영되어 성립하는 모순이다. '문화적'이라는 것은 경우에 따라서 '기호학적'이라고도 바꾸어 쓸 수 있다. 하나의 타당성의 체계가 이미 구조적인 대립항의 조합(모순) 위에 성립한다는 것은 '기호학'에서 가르치는 바이기 때문이다. 다만 기호학은 문화 속에서 모순을 현재화하기 쉬운 기호가 문화적 장치로서 포함되어 있다는 시점을 좀 더 명확하게 나타낼 수 있을지도 모른다. 이미 살펴본 바와 같이 그것은 신화적으로는 부정되는 형상의 환기라는 형태로 끊임없이 재현되고 있으며, 대개의 문화에서는 '죽음=무=혼돈'이라는 암유적 표현으로 각인된 사물이다. 이들은 끊임없이 '안쪽의' 안정된 현실을 위협하는 부정적 존재로서 환기mark된다. 나아가 이러한 부정적 형상이 경계의 '안쪽' 현실로 포함되는 경우 '양의적兩義的'인 사물 또는 '인물'로 모습을 나타낸다. 축제의 변증법이라는 말을 사용해도 될지는 모르겠지만, 문학사가인 미하일 바흐친Mikhail Bakhtin은 다음과 같이 적절히 표현하고 있다.

> 카니발 형상의 구조적 특징에 대해서는 몇 번인가 언급했는데, 그것은 탄생—죽음, 청년—노년, 상—하, 전—후, 찬미—매도, 긍정—부정, 비극적인 것—희극적인 것이라는 생성의 양극, 혹은 대립 명제Antithese의 양쪽 항목을 내포하고 통일할 것을 지향한다. 더욱이 이 양면의 형상은 트럼프 그림같이 상하 대칭을 이루고 있다. 다시 말해 대립물은 서로 일치하고, 서로를 통해 자신을 보고, 서로를 반영하고, 서로를 알고, 서로 이해한다는 것이다.[37]

카니발은 일상생활의 질서를 구성하는 플러스의 꼬리표가 달린 기호에, 그것이 의거하고 있는 마이너스의 그리고 음의 의미 작용을 중첩시켜, 유희성을 통해 대립항의 대조에 따른 저어감齟齬感을 지양하는 장이다. 카니발의 이 양의적인 성격은 축제가 거행되는 장소인 시 안에 잠재적으로 편입되어 있다. 시는 마을의 중심부, 게다가 교회 앞 광장에 있으며 외부 세계에 대해 물질·정보가 집산하는 중심으로도 기능하고 있다. 여기에서 카니발에 일어나는 일은, 모든 사물은 그 반대물을 포함하며, 사실 그 반대물이라는 명제의 출현이다. 머피는 이러한 변증법에 대해 다음과 같이 기술한다.

> 모든 것은 무無의 종자이며, 현실은 사물의 속성과 그 반대물(그 사물에 없는 것)을 똑같이 포함하고 있다. 눈앞의 세계는 현상학적 부유 상태에 있다. 인간은 현상에 범주category를 들이댐으로써 이 부유 상태를 극복하려고 한다. 인간은 이 과정을 통해 현상을 경험의 내용으로 바꾸고, 주관적 지각을 객체적이고도 외재적인 사물에 투영한다. 안정은 현실을 허위화함으로써 확보된다. 그러나 이 표면적인 현실의 꾸며진 근본에는 그 현실과 모순되는 비非=현실이 있으며, 저편에는 반대물이 혼연히 섞여 있어서 새로운 형태를 향해 끊임없이 움직이고 있다.[38]

머피의 입장은 인류학 분야에서 구조 이론과 마르크스주의 변증법의 통일을 지향하는 야심적인 프로그램 위에 성립하고 있다. 그는 이러한 입장을 "경험의 상식적 범주의 변증법적 질문"이라고 명명했다. 단 이미 기술한 바와 같이, 그가 말하는 '현실'이 다양한 현실과 어떤 역동적인 관계에 있는가 하는 점은, 이 부분에서는 드러나 있지 않다. 우리의 의문은, 그가 말하는 변증법은 유물론적 인식을 지주로 삼고 있지 않기 때문에 기호학과 현상학 차원에서 충분히 설명 가능한 시점은 아닐까 하는 데 있다. 이 점과 관련하여 머피는 그가 추진하는 경험의 상식적 범주의 변증법적 질문과 (상식 세계는 그중 하나에 지나지 않는) '다원적 현실'에 대한 현상학적 개념 사이에 친연성이 있음을 인정한다. 그는 슈츠가 말하는 일상생활의 현실을 사는 인간이 취하는 '자연적 태도'는, 에포케라고 불리는 '자연적 태도'의 유효성에 대한 일반적인 동의를 전제로 할 때에만 유지된다고 설명한다.

슈츠는 이 에포케에 ('판단정지'로도 '허공에 달림宙吊り'으로도 해석될 수 있는) 두 종류가 있음을 분명히 하고 있다. 하나는 '현상학적 에포케'로 그의 말을 빌리자면 이는 "철학적 회의라는 데카르트적 방법을 첨예화하고, 자연적 태도를 극복하는 수단으로서의 세계의 현실에 대한 우리의 신념의 정지"[39]다. 슈츠는 이 현상학적 에포케에 대해, 자연적 태도에 머무르고 있는 인간이 주위 세계를 있는 그대로로는 치환이 되지 않는 세계로 받아들이는 태도로서의 에포케를 '자연적 태도의 에포케'라 부를 것을 제창했다.

머피는 이러한 현상학적 에포케가 다음과 같은 점에서 변증론자의 입장과 맥락을 같이한다고 설명한다. 즉, 양자는 모두 우리의 일상 행동의 이미지가 가진 타성적 성격을 강조하고, 이 차원에서의 현실은 왜곡되고 한정되며 불완전하다고 보는 점에서[40] 말이다. 그러나 우리는 이 시점에는 머피의 강변이 있음을 간과해서는 안 된다. 슈츠는 일상생활의 현실을 "지고의 현실"이라 부름으로써 이 현실을 경험과 판단을 위한 가장 확실한 세계로서 다른 '하위의 현실'에 대해 적어도 커뮤니케이션의 공통 기반으로서의 우위성을 인정하고 있기 때문이다. 우리가 슈츠의 입장에 동조하느냐 하는 문제는 별개로 하더라도, 최소한 그가 일상생활의 현실을 가장 확실한 '타당성'의 체계로 간주하고 있음을 부정할 수 없다. 그는 이 '현실'이 '타당성'의 체계 변동에 의해 사태沙汰를 일으킬 가능성을 부정하지 않았지만, 그럼에도 그것을 상대화하는 시점은 '하위 현실'로서 먼저 나타나기 마련이라는 것이 그의 입장이다.

어쨌든 로버트 머피의 입장을 소개하면서 우리가 시도한 것은 다음과 같다. 구조주의적 기호학의 입장이 변증법적 다이너미즘의 입장과 아주 가깝다는 것, 그리고 후자는 '현실의 상대화'라는 관점에서 우리가 의도하는 현상학적 현실의 파악과 결코 동떨어져 있지 않다는 점이다. 또한 로버트 머피의 다음과 같은 말에서 그가 거의 기호학의 입장에 근접해 있음을 확인해두자.

> 관계성은 항상 비非＝관계성의 우주를 암암리에 의미하고, 구성원의 권리는 배제의 원칙을 바탕으로 하여 서술된다. 열린 외면성에는 닫힌 내면성으로의 경향이, 각각의 결합체에는 일련의 소외가 포함된다.[41]

현재로서는 배제의 원칙과 암암리에 배제된 대립항을 현재화함으로써 지배적인 현실을 구성하는 질서를 파악하는 데 가장 첨예한 형태로 거론되는 기술이 구조주의적 방법임을 부정할 수는 없을 것이다. 하지만 구조주의적 방법은 현실의 다양한 차원을 자칫하면 체계적으로 성찰하지 않고 지나칠 수도 있다는 위험을 지니고 있다. 따라서 구조주의적 접근은 자칫하면 이원론의 패러다임 표를 제출하는 것으로 그칠 가능성을 포함하고 있다. 그럼에도 불구하고 그것은 오늘날 문화의 다양한 기호의 묶음(정치, 의례, 신화 등) 사이를 가로지르는 공통의 규정적 모델을 보이는 데에 가장 유력한 모델이 되고 있다. 다음 과제는 각각의 기호 묶음의 조직의 핵, 즉 '타당성'의 체계라는 형태로 파악되는 '현실'의 상호 관계, 그리고 그 관계성의 다이너미즘을 발동시키는 문화 장치, 나아가 근본적으로 그것들을 규정하는 부정성의 원리를 탐구하는 데 있을 것이다.

이를 효과적으로 탐구하기 위해 다양한 현실 영역이 경계와 접하는 의식 지평이 보다 분명해져야 하겠다. 그러므로 현실의 다양한 영역이 의미의 사태를 일으킬 가능성에 대해 파악할 필요가 있다.

3

무질의 『특성 없는 남자』의 다원적 현실

슈츠가 제기한 다원적 현실의 문제를 전개한 사람은 사회학자인 피터 버거Peter L. Berger다. 그는 「다원적 현실의 여러 문제—알프레드 슈츠와 로베르트 무질」[42]이라는 글에서 특히 무질Robert Musil의 작품인 『특성 없는 남자』에 초점을 두어 설명했다.

무질이 이 작품에서 시도한 것은 근대적 의식이라는 시각에서 본 '현실' 문제다. 이 작품의 신화적 성격에 대해서는 작자 본인도 일찍이 거론한 적이 있는데,[43] 이 작품은 무질이 "다른 상태"라고 부른, 일상생활을 위협하는 **또 하나의 현실**을 그린다. 이 또 하나의 현실에 대한 탐구가 주인공 울리히에게 주어진 과제다. 오스트리아가 무대로 선택된 이유는 바로, 버거가 인용한 카를 크라우스의 표현을 빌리자면, 대★전쟁 전야의 오스트리아야말로 실로 '묵시록 리허설'에 적합한 세계였기 때문이다.

작품은 1913년에서 1914년의 빈을 중심으로 전개된다.

주인공 울리히는 바로 몇 주 전 외국에서 고국인 오스트리아로 돌아왔다. 그는 자신의 여러 능력을 적절히 사용하는 법을 찾기 위해 자신의 인생에서 1년 동안을 휴가로 쓰기로 결정한 것이다. 울리히는 극히 현학적이고, 고전과 법률학 교수의 외아들이며, 나이는 서른둘이다. 어머니는 일찍 돌아가셨다. 여동생 아가테와 같이 어릴 때부터 부친의 손에서 자랐으나, 사실 서로 다른 기숙학교에 맡겨져 있었기 때문에 지금까지는 동생과 거의 이렇다 할 접촉이 없었다.

울리히는 중요한 사람이 되기 위해 처음에는 군인이 되고 싶어 했고, 이어서 공학을 배웠으나 지금은 민간 수학자다. 현실 감각에 대립하는 '가능 감각可能感覺'의 소유자이며, 아직 각성치 못한 신의 의도이자 아직 발생하지 않은 현실인 '가능한 것' 즉 사고된 사항이 현실적 사항보다 중요하다고 생각하는 인물이다. 그는 우리의 두뇌가 수천 살이고 이 두뇌와 현실에는 현격한 차이가 있으며, 현실에 대해서는 지적으로 관여하지 않는 것이 좋다고 생각하고 있다. '가능한 것'을 추구하는 데에는 매우 적극적이지만, 돈벌이, 출세, 식욕 같은 현실적인 문제에는 무관심하고 이를 절망적 사업이라고 가볍게 단언해버리는 남자다. 토마스 만Thomas Mann의 말을 빌리면 "유년 시대의 순진무구함이 지나가버리기가 무섭게 우리의 생활이라고 스스로 주장하는 모든 것"—그는 이것을 "특성"이라고 부르고 있는데—에 대해 "몽상적인 경멸감"을 품고 있는 남자다. 실리적이고 합리적인 현실 사회에서 보면 실로 무익한 '특성 없는' 남자다. 이 때문에 그는 이 현실 사회에서는 대기 자세를 취할 수밖에 없다.

울리히를 둘러싸고 있는 인물들 중에는 소꿉동무 발터가 있다. 지금은 공무원이지만 결혼 전에는 화가, 시인, 평론가, 음악가 등으로 활동한 젊은 예술가로서 관련 비평가들 사이에 오르내린 인물이다. 울리히와는 반대로 이지적이지 않고 감정적이며 사물의 행과 불행을 빨리 구별 짓고 싶어 하는 성질의 남자다. 울리히와는 대조적인 의미로 도덕적이지만, 보수·반동적이다. 결혼해서 교외에 신혼살림을 꾸리게 되는 것과 동시에 재능이 시들어 창작을 할 수 없게 되었다. 그는 울리히에게 존경과 질투, 경멸이 뒤섞인 감정을 갖고 있다.

이 무렵 모오스부르거라는 정신분열증을 앓는 목수가 잔혹하기 그지없는 방법으로 매춘부 헤드비히를 살해한 사건이 세간을 들끓게 하고 있었다. 최고재판소에서 사형을 선고받았지만, 정신병자인 그에게 사형을 선고한 데에는 분명 문제가 있다. 그는 '구세주' 그리스도와 같은 용모를 하고 있지만 잔학하기 그지없는 살인자다. '구제'와 '폭력'의 합체, '피해자'와 '가해자'의 합체, 즉 전쟁을 예감케 하는 존재다. 18장의 마무리에서 울리히가 "만약 인류가 전체로서 꿈을 꾸게 된다면, 모오스부르거가 나타날 것임에 틀림없다"라고 예감한 그것이다.

어느 날 울리히는 아버지로부터 한 통의 편지를 받는다. 5년 후인 1918년 6월 15일을 전후하여 프로이센에서는 황제 빌헬름 2세의 즉위 30주년 기념 축전이 성대하게 개최될 예정이었다. 그러나 그해 12월 2일은 오스트리아 황제인 프란츠 요제프 1세의 즉위 70주년 기념일이기도 했다. 그래서 오스트리아, 독일 모두 이 계획과 평행을 이루어 서로를 견제해가며 상대보다 뛰어난 축전을 거행하려는 계획을 비공식적으로 세우고 있었다. 이 이른바 '평행운동'의 중심인물인 슈타르부르크 백작은 울리히 부친의 오랜 친구다. 또한 내무성 겸 외무성 국장인 투치의 부인이자 이 운동을 촉진하는 역할을 맡고 있는 디오티마는 울리히의 사촌 여동생이다. 상황이 이러하여, 현실감각이 뛰어난 부친은 불초한 자식에게 이 두 사람을 찾아가서 평행운동에 참가하여 사회적 지위를 확실하게 다지는 계기로 삼으라는 권유의 편지를 띄운 것이다.

이 소설의 중심이 되는 평행운동의 사실상의 중심인물은 슈타르부르크 백작의 친구인 라인스도로프 백작이다. 그는 열렬한 애국자로서 이 운동을 추진하여 어떻게 해서든지 이웃인 프로이센을 깜짝 놀라게 하고자 하고 있다. 그는 현실적 정치가임을 자인하며, 이 운동이 귀족 사회에 누를 끼치지 않게 하려고 이 운동의 중심지를 시민 출신인 투치 집안의 살롱으로 선택한다. 이 살롱의 여주인인 디오티마는 이상주의자로, 귀족 사회를 동경한다. 이 때문에 자신의 살롱이 선택된 데에 감격하여 이 대大애국 운동의 지도 이념을 발견하는 일에 혼신의 힘을 쏟는다. 마침 그때 그녀의 곁에 유대계 독일인인 아른하임 박사가 나타난 것이다.

아른하임 박사는 억만장자를 아버지로 둔 실업가다. 그럼에도 혼이나 문화 등의 문제에 관심이 많아 이에 대한 책을 쓰기도 했으며, 자신이 이 고도古都에 오게 된 것은 옛 오스트리아 문화인 바로크의 매력에 흠뻑 젖어들어 계산주의나 물질주의, 오늘날 문명인의 합리주의 등에서 벗어나 한숨 돌리기 위해서라고 한다. 합리적인 면만을 지나치게 중요시하는 남편을 증오하고 있던 디오티마는 아른하임에게서 자신의 이념이 구현됨을 느끼자 순식간에 그에게 반해버린다. 그리고 두 사람의 사이는 급속히 발전한다. 그녀는 슈타르부르크 백작이 추천한 사촌 오빠 울리히를 제쳐두고 독일인 아른하임을 비서로 앉히고자 결심한다. 그러나 프로이센을 싫어하는 라인스도로프 백작이 이를 허락할 리 없었다. 백작은 슈타르부르크 백작이 천거한 울리히의 존재를 생각해 낸다. 그리고 울리히는 술주정 사건에 연루되어 체포되는 기묘한 과정을 거쳐 결국 백작의 명예 비서 자리에 앉혀지고 만다.

평행운동설립회의는 라인스도로프 백작의 초청장을 받고 소집된 사람들에 의해 투치 집안에서 열린다. 그리고 각 위원회를 내각 각 부처의 형태로 설치하기로 결의한다. 위원회 활동은 시간이 지남에 따라 큰 발전을 이루고, 여러 나라의 대사관이나 국회의원 들 역시 이 운동에 주목하지 않을 수 없게 된다.

한편 디오티마의 살롱에서는 아른하임이 자연스럽게 중심을 이루고 있었다. 시대에 민감한 사람들은 아른하임을 혼과 경제와의 결합 내지는 이념과 권력의 결합처럼 이 세상에서는 상반된 양극을 하나로 결합하는 인간으로 간주하고, 이러한 힘을 갖고 있는 자는 세계의 운명을 보다 좋은 방향으로 인도할 것임에 틀림없다고 여기고 있다. 그러나 울리히는 이와 같은 외면과 내면의 있을 수 없는 거짓 결합에 뱃속으로부터 우러나오는 증오를 느끼며 아른하임을 둘러싼 무리들을 업신여긴다.

디오티마는 이 운동의 내용을 확립하기 위해 이 나라의 일류 문화인을 살롱에 초대해 의견을 듣고자 한다. 투치는 이것을 "공회의公會議"라고 이름 붙였다. 그러나 하인의 고의적인 잘못으로 군인이 올 리가 없는 장소에 슈툼 장군이 나타나게 되면서부터 회의는 진전되기는커녕 이상한 방향으로 흘러간다.

슈타르부르크 백작 앞에서 울리히가 내뱉은 엉뚱한 말 때문에 모오스부르거의 사형 집행은 연기되고 세간에서는 거의 잊히게 된다.

라인스도로프 백작은 근심거리였던 국내의 독일인을 평행운동에 참가시키려는 정치적 의도를 가지고 비스니에츠키 남작을 선전위원으로 내정하는데, 이 사실 때문에 종국에는 데모가 일어나게 된다. 데모하는 군중은 라인스도로프 백작에게 크게 항의하지만 평행운동과 같이 이렇다 할 중심 사상이 없는 이 데모는 간단하게 진압된다.

그러한 어느 날 울리히는 아버지의 부고를 접하고 오랜만에 태어난 고향으로 귀환한다.(이상 「제1부」와 「제2부」)

울리히는 자신이 태어난 고향의 아버지 집에서 어린 시절 이후에는 거의 함께 생활한 적 없는 '잊었던 여동생' 아가테와 재회한다. 아가테는 처음에 젊은 화가와 결혼했으나 결혼하자마자 남편이 죽어 지금은 전도유망한 교사인 하가워와 결혼하여 살고 있다. 하지만 죽이고 싶어할 정도로 남편을 혐오하고 있다. 부친의 임종을 지켜보기 위해서 생가로 돌아왔는데, 이를 계기로 그대로 이혼을 하고자 결심하고 있다. 그래서 그녀는 대담하게도 죽은 아버지의 필적을 흉내 내어 오빠 울리히에게 한동안 자신을 돌봐줄 의무가 있는 것처럼 유언장을 바꿔 쓴다. 울리히는 이 사실을 알고 놀라면서도 이러한 행동을 할 때의 아가테의 모습에서 왠지 범하기 어려운 신비함을 발견한다. 이를 멈추지도 못하고 오히려 빈에 있는 집에서 여동생과 함께 지내게 될 것을 꿈꾼다. 그러나 여동생을 다른 남자와 한 번 더 결혼시켜야겠다고 생각한다. 울리히는 수학을 그만두고 신비주의를 연구하기 시작한다.

이윽고 아가테는 빈으로 와서 오빠의 집에서 살게 된다. 아가테는 오빠를 열렬히 사랑한다. 하지만 아직 정식으로 이혼하지 않은 남편의 편지를 받게 되는데, 그 편지를 보고는 자신의 약점을 간파당한 듯한 기분이 들어 동요한다. 그리고 자살을 계획하고 집을 뛰쳐나오는데, 우연히 홀아비 교육가인 린드너를 알게 된다.

한편 디오티마와 아른하임의 플라토닉한 사랑도 파경을 맞고 있다. 디오티마는 차츰 보나데아와 친해지고, 이제껏 갖고 있던 이상주의적인 독서 경향이 이번에는 결혼의 생리학과 같은 독서 경향으로 바뀌고 있다. 그러한 상황에서 디오티마에 대항하는 유력한 여성으로 드랑그잘 부인이 출현하는데, 그녀는 젊은 평화주의자이자 시인인 포이에르마울을 추대하서 디오티마의 살롱을 빼앗아 사교계에 군림하려고 한다. 그녀는 아른하임처럼 '평화'를 방편 삼아 더 높은 곳으로 올라가려는 야심가다. 울리히는 '평화'의 얼굴을 한 이 두 야심가의 이면에서 전쟁의 그림자를 간파한다. 하지만 이 두 사람은 선량해 보인다. 이 때문에 사람들은 **무언가가 일어날** 것임을 예감하지 못한다.(이상 「제3부」 전반, 무질이 생전에 발표한 38장까지)

주인공 울리히는 공적인 두 사건에 연관되어 있었다. 하나는 1918년에 프란츠 요제프 황제의 축전을 거행하기 위한 것으로 정부의 고관 부인인 디오티마를 중심으로 한 대규모 행사다. 다른 하나는 매춘부 살인 사건의 용의자이자 정신이상을 앓고 있는 모오스부르거의 재판인데, 어째서인지 울리히 및 그의 친구들 몇몇은 이 일에 관심을 갖고 있다. 이럭저럭하는 사이에 울리히의 아버지가 죽고, 그는 장례식을 치르고 재산을 처분하기 위해 자신이 자라났던 지방 도시로 돌아간다. 이 지방은 살아생전에 그의 아버지가 법학 교수로서 살고 있던 곳이다. 그는 어린 시절의 기억밖에 없어서 거의 잊고 있었던 아가테를 그곳에서 만나게 된다. 울리히는 남편과 이혼하기로 결심한 여동생 아가테를 데리고 빈으로 돌아와 함께 살기 시작한다. 두 사람의 목적은 본래 울리히의 정열적인 목표였던 '타他의 상태'를 함께 탐구하는 데 있었다.

일상생활 가운데서 울리히는 젊고 성공했으며 세상 물정에 익숙한 인간이었다. 처음의 몇 장은 울리히가 살고 있는 일상생활 세계에 대한 극명한 묘사다.

> 대서양 위에 저기압이 있었다. 저기압은 동쪽으로 이동하여 러시아 상공에 정체하는 고기압을 향하고 있었는데, 이것을 피해 북장으로 갈 기미는 아직 없었다. 등온선과 등서선은 그 임무를 다하고 있었다. 기온은 연평균 기온과도, 가장 추운 달과 가장 더운 달의 기온과도, 또한 비주기적인 달의 기온의 변화와도 정상적인 관계를 유지하고 있었다.[44]

이 문장으로 1913년 8월 중부 유럽의 화창한 날씨에 대한 세밀한 기술이 시작된다. 이렇게 울리히는 일상생활을 둘러싼 물적 현실을 작품을 통한 또 하나의 존재 영역 탐구의 출발점으로 삼고 있다. 이 일상생활은 슈츠가 "지고의 현실"이라 명명한 것으로서, 이 현실은 '통상의 생활'로 불리는 것과 중첩된다. 무질의 작품에서 이 현실은 세밀화처럼 그려지는데, 그것은 다양한 사회적 세계의 오합지졸이기도 하다. 무질의 작품 세계는 고관, 군인, 정치적 지식인, 국제 비즈니스의 세계 나아가 모오스부르거가 웅거하는 어둡고 음침한 암흑가의 세계를 어지러운 만화경처럼 차례차례 묘사한다. 다양한 세계의 대표가, 버거의 말을 따르자면 '민족지'적인 정확한 필치로 묘사되고 있다. 그러나 이와 같은 묘사는 어디까지나 목적이 아니며, '또 하나의 상태'에 도달하기 위한 발판으로 쓰일 뿐이다. 그것이 붕괴되어가는 일종의 황혼기의 세계를 묘사하고 있다고는 하지만, 대전 전의 오스트리아를 충실하게 재현하기 위함이 아니라, '또 하나의 상태'로 도약하기 위한 스프링보드로서의 일상생활의 현실을 가능한 한 강인한 것으로 하려는 묘사인 것이다. 하지만 이 일상행활 자체를 단일 차원의 끝없는 연속이라 생각해서는 안 된다. 그것은 어디까지나 개인의 생활 세계의 집합이며, 특정 공간을 공유하는 사람들은 공간에 의해 한정된 특정 현실 세계를 공유하는데, 어디까지나 그가 살아가는 세계인 이상, 각각의 현실이 동일한 경우는 없다.

이 한 사람의 생활공간은 이미 논의한 어번의 표현을 빌려 '담론의 세계'라고 표현할 수 있다. 그것은 개인뿐만 아니라 계층, 계급, 문화 등에 의해 공유되는 체험의 질에 따라서도 규정된다고 보아도 좋을 것이다. 이러한 형태로 규정되는 하나의 사회적 세계에서 다른 세계로의 이행은 많은 경우 '충격'이라는 말로 이해할 수 있다. 그것이 하나의 문화에서 다른 문화로 순식간에 이행한 인간에게 발생한 경우, 이미 잘 알려져 있는 '문화 충격'이라는 형태로 체험되는 것임은 두말할 필요도 없다.

따라서 지금까지 단순히 사회변동의 한 과정처럼 생각되어온 문화 충격의 문제는 하나의 현실과 다른 현실의 맞부딪침으로 생각할 수 있는 것이다. 이 시점은 바로 '근대화'와 중첩시켜 이해해온 '사회변동' 자체의 개념의 재검토를 위한 계기를 포함하고 있다고 봐도 좋을 것이다.

이 '충격' 체험들은 일상생활의 현실 경계 영역의 저편을 향하는 모든 이행 상태에 수반하는 것이다. 이 상태는 다양한 현실 경계 영역 사이에서 일어날 수 있는 것이나, 보통은 감지되지 않을 정도로 완만하기 때문에 사람들은 그것을 '당황함'으로 정의하는 등의 방법으로 일축할 수 있다.

이에 비해 일상생활의 중심적 현실 속에서 사는 경우의 안정성은 '자연적 태도에 기초하는 판단 정지(에포케)'에 의해 초래된다. 하지만 이 입장은 울리히가 "특성"이라 부른 환경을 의심하지 않겠다는 노력을 바탕으로 하고 있기 때문에 결코 안정된 것은 아니다. 무질은 이 판단 정지의 상태와 정확하게 대응하는 양상을 「G에게 보내는 편지」에서 다음과 같이 설명하고 있다.

> 우리의 현재 세계에서는 대부분 딱 들어맞는 일(비슷한 일)밖에 일어나지 않습니다. 다시 말해서 습관적인 일, 개념적인 일, 알맹이를 쏙 빼앗겨 고갈된 일밖에 일어나지 않습니다. 그 때문에 울리히는 타개책을 찾게 됩니다. 그 자신의 행위의 진정한 결의를 찾고자 합니다. 이 시도는 제2권에서 나타납니다. 그 전에는, 그에게는 어떤 사건도 존재하지 않습니다. 사건처럼 보이는 것은 실은 요괴입니다. 사건이랄 만큼 충분한 동기가 없는 것입니다. 따라서 제1권에서는 아무리 그가 거기에 참가하고 있다고 해도 그와는 전혀 관계없는 일종의 인과적 경과만이 존재하는 것입니다. 이 때문에 제1권에서 울리히에게는 '시간'도 충실한 경과가 아닌 셈입니다. '시간'은 흐르고 있지만, 그의 체험은 모든 방향으로 넘쳐날 뿐입니다.[45]

'생활 세계'를 논할 때 후설이나 슈츠에게서는 무질의 이 비판적인 입장을 찾아볼 수 없다. 오히려 생활 세계를 모든 판단의 기초로 보고 있다고 해도 좋을 정도다. 울리히는 그 자신이 내적으로 동기 부여를 받고 있다고 느끼는 생활 세계에는 거의 기계적으로 순응하고 있을 따름이고, 이 흐름에 적극적으로 가담하지 않는다. 울리히는 이 입장을 친구인 발터와 그의 부인 클라리세의 대화에서 역사를 빌려 말한다. 역사는 이 '세계 극장' 속에 할당되어 있는 특정한 몇 가지 직무를 지루하게 반복하는 것에 지나지 않는다고 말이다. 이러한 입장에서 볼 때 역사는, 뻔한 일과 어떻게 된들 상관없는 일에 기초해 성립하고 있으며, 대부분의 살인 사건조차도 특정한 직분이 살인을 저지르기로 되어 있기 때문에 일어나는 것에 지나지 않는다. 이 관점에 설 때, 일상생활은 그 자체가 불확실한 것이 된다. 일상생활의 모습이 불확실한 것이 되면, 그것은 다른 존재론적 가능성에 '유토피아'적 성격을 기탁한다. 울리히는 이 상태를 한층 진전시켜 '현실의 지양'을 향해 간다. 그 목적지에는 '또 하나의 상태'라는 유토피아적 비전이 상정되어 있다. 이 비전은 일상생활의 현실이 풍화된 구조의 틈에서 나타났다 사라지길 반복한다. 이 '자연적 태도의 에포케'가 붕괴하기 시작하는 지점이야말로 '또 하나의 상태'로의 이행이 시작되는 부분이다. 이 이행점은 다양한 형태로 존재하는데, 일상생활에서 당연시되는 상투적인 여러 사상事象이 급격하게 붕괴한다는, 다시 말해 새롭고 익숙하지 않은 것이 친밀하게 느껴지게 된다는 공통점을 지닌다. 이 이행점에 도달하기 위해 인간은 현실 감각이 약해지거나 또는 특히 예민한 감수성을 가질 필요가 있다. 무질은 제1부 4장 「현실감각이 있다면 가능 감각도 있을 것이다」

에서 다음과 같이 쓰고 있다.

> 가능 감각이라는 것은 있을 수 있는 일체의 것을 사고하는 능력, 내지
> 는 있는 것을 없는 것보다 중대시하지 않는 능력으로 규정해도 좋을 것
> 이다. (…) 이 종류의 가능적 인간은 이른바 타인보다 조밀한 그물코를
> 가진 그물, 즉 예감, 상상, 몽상, 접속법 등의 그물 안에 살고 있다. (…)
> 가능성을 불러일으키는 것은 현실성이며, 이를 부정하는 것처럼 사리에
> 어긋나는 일은 없을 것이다. 그러나 그럼에도 불구하고 총계에서 혹은
> 평균에서 가능성은 변함없이 동일한 가능성일 것이며, 그것은 사고된
> 사항이 현실적 사항보다 중요하다고 생각하는 자가 나타날 때까지 반복
> 될 것이다. 이러한 남자야말로 새로운 가능성에 비로소 의미와 정의를
> 부여하는 자이자, 가능성을 불러일으키는 존재인 것이다. (…)

여기서 가능 감각이라고 불리는 것은 일상생활 속에 매몰되어 있는
'또 하나의 상태'에 대한 실마리 혹은 열쇠의 소재라는 이행점을 찾아
내는 능력이라고도 말할 수 있을 것이다. 동시에 이러한 이행점이 인간
을 불러들이는 것인지 인간이 가능 감각으로 발견해내는 것인지는 일
방적으로 결정할 수 있는 문제가 아니다. 전자의 경우에는 언뜻 보면
아무것도 아닌 상태 속에 숨겨진 '어리석음'이 이행을 위한 길잡이가
된다. 인간은 이 종류의 어리석음을 스스로 체험함으로써 일상생활에
서의 정체성과 현실이 어느새 풍화됨을 깨닫는다. 울리히는 '불경죄'에
쫓기는 노동자를 감싸며 경찰에게 말참견을 한 죄로 체포되어 구금당
한다.

이름은? 나이는? 직업은? 주소는? (…)

울리히는 심문받기 시작한다.

그는 어떤 기계, 그가 유죄인가 무죄인가는 조금도 문제 삼지 않으며 그를 비개인적이고 일반적인 요소로 분해해버리는 기계 속에 휘말린 느낌이 들었다. 그의 **이름**, 즉 언어 속에서 개념적으로는 가장 궁핍하지만 감정적으로는 가장 풍부한 이 두 단어도 이 상황에서는 어떤 도움도 되지 못했다. (…) 그의 얼굴은 단순히 신상명세서의 가치밖에 없었다. (…) 이 순간조차 그는 통계학적으로 자신의 개성의 매력을 빼앗아버리는 이 심문이라는 방법을 바르게 평가할 수 있었다. (…) 여기서 가장 경탄할 것은 경찰이 한명의 인간을 낱낱이 해체할 수 있을 뿐 아니라, 이들 세세한 성분으로 다시금 그 인간을 올바로 복원하고, 그가 누구인지를 식별한다는 것이다. **혐오**라는, 무어라 측정할 수 없는 것이 이 작업을 수행하는 데 더해진다면 더 이상 바랄 것이 없는 것이다.**46**

여기에서 울리히가 체험한 것은 바로 '통계학적 해체'라고 할 수 있다. 이 균열과도 같은 체험을 통해 그는 자신의 일상생활을 구성하고 있다고 믿었던 것이 실은 뭔가 전혀 정체를 알 수 없는 것으로 바뀌는 일이 이토록 용이함을 실감하게 되었다. 이 정체를 알 수 없는 것을 통해 보이는 일상생활은 뭔가 '어리석은' 것으로 변한다. 무질은 이와 유사한 일상생활의 상대화의 계기를 연애 체험에서 인정하고 다음과 같은 기술을 남기고 있다.

건전한 한 인간을 거품을 문 **미치광이**로 바꾸어버리는, 이와 같은 변화의 믿을 수 없을 정도의 속도가 여기에 여실하게 나타난다. 그러나 연애에서의 이 의식 변화는 그에겐 앞의 체험보다 훨씬 일반적이기는 하지만 그저 하나의 특례에 지나지 않는 것처럼 생각되었다. 왜냐하면 오늘날에는 연극 구경을 하는 저녁 무렵이나 음악회와 예배식과 같은 내면적 세계의 표현 모두가 일시적으로 보통의 의식 상태에 억눌린 제2의 의식 상태의, 안개에 휩싸여 이토록 빠르게 나타났다가 사라지는 섬, 에 지나지 않기 때문이다.[47]

울리히에게 '타의 상태'라는 것은 단적으로 말해 일상생활의 상대화—거리를 두고 보는—임에 틀림없다. 울리히는 아가테의 질문에 대답하면서 이렇게 말한다. 존재하는 모든 도덕은 야만인 사회에 대한 타협에 지나지 않는다. 도덕 속에 올바른 것이 있을 리 없다. 그 배후에서 보이다 말다 하는 '또 하나의 의미'가 중요한 것이다.

물론 '타의 상태'가 일상생활의 연장선 위에 있는 것은 아니다. 그것은 몇몇 가정을 일정한 순서에 따라 쌓아올림으로써 도달할 수 있는 것이다. 물론 이 순서를 이론적이라 하는 것도 가능하지만, 상징으로써 그 과정을 뛰어넘을 수도 있다. 상징에 대한 감능능력感能能力은 서구적 근대사회에서 교육이라 불리는 제도를 통해 세계를 보는 방법에 대해 배운 인간들에게는 현저하게 결여되어 있다. 버거는 이러한 상태를 가리키는 데 "탄젠트tangent적"이라는 말을 사용한다. 그것은 일상생활에 대한 다른 '구성'이고, 전혀 예상치 못한 장에서 일상생활의 한가운데에 나타난다.

버거가 이 '탄젠트'라는 표현을 사용하는 전환점을 이끌어내는 수단

이자 우리가 빅토르 시클롭스키Viktor Shklovsky의 '방법'(=구성)이라는
개념을 사용해서 나타내고자 하는 바는 시클롭스키의 비일상화 문제
와 이어짐을 알 수 있다. 시클롭스키는 지각 작용이 습관화되면서 자
기 운동을 행한다는 사실을 지적한다. 우리의 모든 습관화된 반응은
그렇게 해서 의식되지 않는 자기운동의 영역으로 옮겨진다. 행위, 즉
사물과 인간의 결부라는 동적 표현도, 그리고 지각도 자기운동화(자동
화)의 과정을 거쳐서 인간으로 하여금 익숙하지 않은 그 어떤 사물에
대해서도 위화감을 상실하게 만드는 방향으로 이끈다. 이리하여 사물
은 상징화되고 지각의 경제성을 획득한다. 그리고 일어나는 사태는 시
클롭스키의 표현을 빌리면 다음과 같다.

> 사물은 마치 무엇인가에 둘러싸인 듯하여 우리의 옆을 지나쳐 가고,
> 우리는 사물이 놓여 있는 장소를 통해 그것이 존재하고 있음을 알게 된
> 다. 그러나 눈에 보이는 것은 그 외면뿐이다. 이러한 지각의 영향을 받
> 아, 우선 지각될 때 사물은 건조되고, 이윽고 사물의 행동 속에 지각이
> 출현하는 것이다……. 사물의 대수화代數化와 자기운동화의 과정에서 지
> 각력은 최대한 절약되는데, 사물은 다만 그 특징만으로 실현되기 때문
> 이다. 예를 들어 번호만으로 주어지거나 혹은 의식 속에서조차 나타나
> 지 않고 공식에 따르듯 실현된다. (…) 이리하여 생활은 조금도 달성되지
> 않고 소실되어간다. 자기운동은 사물, 의복, 가구, 부인, 그리고 전쟁의
> 공포를 없애버리는 것이다.[48]

여기서 시클롭스키가 말하는 '사물의 대수화'야말로 경찰이 심문했

던 곳에서 울리히에게 엄습했던 체험의 질 자체인 것이다. 이와 같은 상태, 즉 사물을 '아는' 것이 아니라 '보는' 쪽으로 전환하는 기술로서, 시클롭스키와 여타의 러시아 형식주의자들이 전개했던 것이 바로 일상적으로 익숙해진 사물을 기이한 것으로 표현하는 '비일상화' 기법이었다.

이와 같은 지각 영역의 상대화는 슈츠의 방법을 빌려 전개할 수 있다. 슈츠는 '타의 상태'에 해당하는 것을 "특정한 의미 영역"이라는 말로 표현했다. 이것은 일상생활의 현실과는 본질적으로 다른 영역을 구성하고 있으며, 독립된 '인식' 스타일을 소유하고 있다. 이 영역이 바로 울리히가 "외딴 섬 체험"이라고 부른 것과 대응한다. 여기에서는 주체의 의식과 객체·외계와의 분화가 해소된다. 『특성 없는 남자』에서의 '타의 상태'는 주로 「제3부」의 울리히와 아가테가 나누는 '성화聖化된 대화'에서 실현되어간다. 이 체험을 매개로 하여 보이는 세계는 지금까지 기대도 하지 못했던 상호 결합으로 이루어져 있고, 깊은 정숙 상태를 동반하며 무한히 포용하는 전체성으로 나타난다.

이러한 세계 체험은 신비주의에서 때때로 볼 수 있지만, 이 상태는 일상생활을 위해 만들어진 언어에 의한 재현 능력을 초월한다. 그러나 버거는 울리히의 신비주의가 어디까지나 냉철히 계산된 것이라고 말한다.

여기서 버거는 일상생활에서 교체되는 현실에 참여하려면 일상생활이 의거하고 있는 태도 즉 '자연적 태도의 에포케'를 중지하는 일이 필요해진다고 말했다. '한정된 의미의 장'인 다른 차원의 현실은 재차 그 자신의 에포케를 요구한다. 이러한 2차적 에포케는 그에 대응하는 현실에 고유한 '인식 스타일'의 필수 부분을 구성한다. 울리히는 이와 같은 상태에 들어가는 것을 "휴가를 얻다"라고 표현하고 있다.

울리히는 이 '타의 상태'를 역사적인 대大종교 조직이 조직화된 것보다도 오래된 인간 능력의 표현으로 본다. 우리가 이미 여러 차례 문제 시했듯이 빅터 터너 식의 정리를 따르면 '타의 상태'는 큰 교단 조직의 '구조'에 대한 '코뮤니타스' 속에서 실현된다고 봐도 좋겠다. 터너는 이러한 상태를 힌두교의 '아슈라마'라는 수업修業 중의 과도적 상태를 예로 들어 설명한다. 이 '아슈라마'에는 학생, 재가在家, 삼림 거주자, 집 없는 방랑자라는 네 단계가 있는데, 전통적으로 상급의 카스트에 속하는 힌두교 계층의 사람들은 이 네 단계를 거쳐야 했다. '아슈라마'의 제4단계는 성인 또는 은자 상태에 있는 사람으로 '산야사'로 불렸다. 이 단계에 속한 사람은 '구제'의 길을 탐구하는 데 전력을 다한다. 이 때문에 '산야사'는 올더스 헉슬리Aldous Huxley의 표현으로는 "(진정한) 지각으로 가는 문"이다. 터너는 이 상태를 "비유적인 문"이라 표현했다. 이 시기에 수도자는 카스트라는 '구조'가 지배하는 세계에서 그 부정否定의 세계를 향해 시야를 옮기도록 스승으로부터 권유 받는다. 터너는 "구조로부터 반구조로"라는 표현을 사용한다. 극단적인 형태로는, '산야사'는 일체의 구조적 연결과 단절할 뿐만 아니라, 친족에 대한 기억들도 모두 제거하도록 권유받는다. 그리하여 터너는 중세 인도의 세계 체험이 세 분야로 수렴된다는 싱 우베로이Singh Uberoi의 의견을 답습한다. 세 분야란 ① 지배자(라자), ② 카스트 제도(바루나), ③ 현세 거부의 신분(산야사)의 상태다. 터너는 이들 세 가지 상태는 서로를 보완한다고 기술한다.49 다시 말하면 ①과 ②에 대해 ③이 또 하나의 현실로서 대치되어 있는 셈이 된다.

울리히와 아가테는 같은 현실을 공유하는 두 사람의 산야사라고도 할 수 있다. 그들의 시도는, 버거의 표현으로는 "가능한 것의 극한으로의 여행"[50]이자 "주변적인 상황"이다. 이리하여 버거는 두 사람이 서로 협력하고 현실의 특정 의미 영역을 유지하는 상황은 종교 결사의 관계와도 비슷하다고 말한다.[51] 빈에서 공동생활을 영위하기 시작한 울리히와 아가테는 이 생활을 "천년왕국으로의 여행"이라 이름 붙인다. 그렇지만 그들은 일상생활에서 발을 빼지는 못한다. 친구, 생활이라는 요소가 개입하기 때문이다. 그들의 생활은 밖에서 정원을 둘러싸고 있는 철격자에 의해 외부 세계와 격리되는 동시에 결합되어 있었다.

> 그러나 철 격자는 또 다른 의미에서도 하나의 상징이었다. 즉, 그것은 분리하면서 결합하는 힘이었던 것이다. (…) 그들이…… 그러한 상징성에 기초해 철 격자에 부여한 이름—그 이름은 또한 그 지형의 유리한 조건 때문에 그들이 머물고 있던 장소 전체에도 붙여진 것이지만—, '떼려야 뗄 수도 없고, 그렇다고 하나로 맺어지지도 않는 것', 그 후 이 이름은 그들에게 점점 더 의미심장해졌다. 왜냐하면 떼려야 뗄 수도 없고 하나로 맺어지지도 않는 것은 바로 그들 자신이었으며, 이 세상에 있는 그 외의 모든 것 역시 떨어지지도, 하나로 맺어지지도 않는 것은 아닐까 하는 예감을 맛보고도 있었으므로.[52]

이 표현은 철 격자로 분리되는 두 현실, 즉 일상생활과 '다른 상태'에 가장 잘 맞아떨어질지 모른다. 철 격자란 두 현실 사이의 경계의 징표이자 슈츠가 말하는 '충격'의 장이기도 하다.

작가 그리고 울리히는 이 두 현실의 장벽을 제거하려는 시도, 다시 말해 양자를 공존시키려는 시도를 다양한 형태로 무의식중에 행하고 있다. 아가테와 울리히가 처음 만난 날 저녁의 아가테는 다음과 같이 묘사되고 있다.

> 그녀는 미지의 오빠를 맞이했을 때 입었던 낙낙한 바지를 입고 앉아 있었는데, 이른바 참신한 느낌도 없었거니와 또 보헤미안을 자처하며 젠체하는 기색도 없었다. 지금은 오히려 반음양半陰陽적인 곳이 있는 것 처럼 보였다.[53]

이 '반음양적'인 느낌에 대한 관찰이 우연에서 비롯된 것이 아님은 다음 날 아침 울리히의 사색 속에 나타나는 남녀 양성의 대립 지양 문제에서도 알 수 있다.

> (…) 이 점에서 울리히는 개인적으로 알고 있던 어느 심리학자의 논문을 생각해내기까지 했다. 그 논문은 크게 상반하는 두 표상군에 대한 것이다. 그중 하나는 경험의 내용에 포함되어 있는 상태 위에 만들어지는 표상군이며, 다른 하나는 둘러싸는 작용 위에 만들어지는 표상군이라는 점을 논한 것으로, 다음과 같은 점을 논증하고 있었다. 즉, '존재하는 것 속에 존재하는 것'과 '존재하는 것을 외부에서 바라보는 것', '요면 감각凹面感覺'과 '철면감각凸面感覺', '공간 존재'와 '대상적 존재', '내관內觀'과 '직관直觀'은 여전히 그 외의 매우 많은 대립적인 체험과 그것들의 언

어에 의한 묘사 속에 반복해서 나타나는 것이므로, 인간 체험의 원초적인 두 형태를 그 배후에서 추정할 수 있다는 것이었다. 이것은 엄밀한 객관적 연구가 아니라 일상적 학문 활동의 바깥에 있는 동기에서 생겨난, 환상적이며 다소 선구적인 연구 중 하나였다. 그렇지만 이 연구는 기초가 단단하여 결론이 진실에 매우 가까운 것이다. 그 결론은 태고 이래의 애매함 속에 감추어진 감각의 조화를 지향하는 것이었다. 그리고 지금 울리히가 생각하는 바에 따르면 이러한 조화가 가지각색으로 교란되어 생긴 잔해로부터 결국은 남성의 경험 방식과 여성의 경험 방식의 대립을 중심으로 하여 애매하게 배열되고, 그리하여 오랜 꿈에 의해 비밀의 베일에 덮여버린 오늘날의 것과 같은 자세가 생겨났다고 말할 수 있었다.[54]

어느 심리학자의 논문이라고 되어 있지만, 실은 현실의 경험 양식에 대한 무질 자신의 성찰이다. 여기에서 보이는 태고의 상태란, 그 안에서는 남자와 여자, 안과 밖이 대립하고 있지 않은 현실에 대한 지각 양식이다. 애매함이란, 그러한 양의적 조화 상태를 가리키는 것이므로, 조화가 교란되어 생겨난 잔해의 세계에서는 애매성의 양식의 위치는 외견상 현저하게 낮은 것이 될 수밖에 없다. 울리히의 이 태초적 양의성에 대한 성찰이 양성구유에 대한 지향을 포함하고 있음은 분명하다.

장벽을 부수는 또 하나의 시도는 광대에게 맡겨진 행위의 형태다. 버거는 울리히와 아가테의 최초의 만남에서 두 사람 모두가 광대의 옷을 입고 있음에 주목한다. 그리고 이 장면은 두 사람이 '천년왕국'을 향해 시도하는 다양한 실험의 잠재적 모티프가 되고 있다는 것, 두 사람의 다양한 시도는 두 사람의 광대에 의한 유희적 행위임을 강조한다. 그러나 그들이 일상생활의 한복판에 던져진 존재라는 사실에는 변함이 없다. 그 점에서 이 두 사람이 놓인 환경은 슈츠가 다음과 같이 정의하는 돈키호테적인 상황에 가깝다고 말한다.

자신이 속하지 않은 세계에 돌아와 감옥 속에서와 같은 일상생활의 현실에 둘러싸여 가장 잔인한 간수에게 심하게 괴롭힘을 당하는 귀향자. 이 경우 간수는 스스로의 한계를 아는 상식적 이성을 가리킨다.[55]

상징적 우주와 주변적 현실

1
세계의 통일적 파악

'상징적 우주'라고 하면 다소 광범위하다는 인상을 줄지도 모르겠지만, 그다지 이해하기 어려운 것만도 아니다. 인간이 그의 생활과 의식 속에서 제도적인 규정·정의를 초월하여 감각까지 동원해 무엇인가를 이해하는 차원, 이것이 바로 상징 차원에서의 우주다. 이 차원에서는 제도적 정의의 구속을 탈피하여 이미지가 서로 호응하기 때문에, 이를 '우주'로 표현할 수 있다.

피터 버거와 토마스 루크만Thomas Luckmann은 세계의 전체적인 통일 감각을 보증하는 메커니즘으로서 상징적 우주의 중심 역할을 강조한다.[1] 추상도가 높은 설명 능력과 더불어 정감에 호소하고, 개인의 생활사를 이반하지 않고도 마음 구석구석까지 호소할 수 있는 이 상징의 힘은 '정당화'의 궁극의 근거로서 빠뜨릴 수 없는 것이다. 상징적 우주가 가진 힘은 개인의 소우주와 제도의 대우주를 직접 연결하는 데에 있다. 또한 상징적 우주는 존재의 위계 속의 여러 현상에 다양한 격格을 할당함으로써, 이 위계 속에서 사회적인 것의 확장을 정의한다. 경우에 따라 상징적 우주는 기원 신화 등의 힘에 의지하여 이 작용을 철저하게 행하기도 한다. 상징적 우주를 다른 말로 하면 분류의 체계라고도 할 수 있다. 일찍이 레비스트로스가 그의 저서 『야생의 사고』에서 분류 체계에 의한 사고가 산업사회 이전의 세계를 이해하는 기본적인 범형(모델)이라 설명[2]한 바는 누구나 잘 알고 있을 것이다.

이러한 격 매기기 작용 속에서 상징적 우주는 보통 사람과는 다른 사람에게 인간 외 혹은 인간 이하라는 규격화를 행한다. 우리의 관점에서 볼 때는 '안쪽'의 질서를 확인하기 위해 '인간 이하'가 강조되는 셈이 된다. 하지만 이 점에 관해 여러 번 말했으므로 여기서는 깊이 다루지 않기로 한다. 케네스 버크의 논리를 따르면, 상징적 우주에서 어떤 사물을 신격화하는 것은 대를 이루는 다른 사물을 금수화하는 것을 전제로 한다. 격상은 격하를 전제로 하고, 중심의 강조는 주변의 강화를 필연적으로, 케네스 버크의 말을 빌리면 "원논리학"적으로 전제로 삼는다.

버거는 이러한 상징적 우주에서의 사물의 통합은 역사의 경우에도 마찬가지로 적용된다고 말한다. 역사는 모든 집합적인 사건을 과거, 현재, 미래로 분배한다. 과거와의 관련에서 역사는, 집합성 속에서 사회화된 개인이 나누어 가지는 '기억'을 확립하며, 미래에 관련해서는 개인의 행위가 전망되는 공통의 지표를 확립한다. 과거에 대해서나 미래에 대해 역사 속에서 이야기되는 사상事象은 성공자/실패자, 현명한 사람/어리석은 사람, 부자/빈자, 용맹한 사람/비겁한 사람, 승자/패자, 선인/악인 등의 가치로 채색되어 있으며, '게으름뱅이→빈곤'이란 연상을 전제로 하는 '게으름뱅이는 가난해진다'와 같은 문장에서도 볼 수 있듯이 일정한 담론의 조합으로서 성립하고 있다.

　대부분의 경우 역사의 담론은 일상생활의 묘사 일체를 반영하지 않고, 일정 부분을 배제함으로써 성립하고 있는 것이다. 따라서 역사는 일정한 세계관을 전제로 하여 그 전체성을 시간, 공간, 사람으로 분배한 것인 담론의 총체로 볼 수 있겠다. 생활 세계를 살아가는 인간은 그 일부의 담론을 당연한 것으로 받아들임으로써, 그 담론을 성립시킨다. 자연, 인물, 사상의 분류 전체를 받아들이는 것이다. 따라서 '이 지역은 앞서 산업을 받아들였다'라는 문장의 '앞서'라는 강조 부분에서도 볼 수 있듯이 '그 때문에 행복해졌다'라는 결과가 예상되고, 나아가 '산업＝행복'에 대해 '산업 이전＝불행'이란 조합이 전제로서 잠재적으로 예정되어 있다. 물론 전자는 선, 후자는 악, 더불어 전자가 천사다운 행동이라면 후자는 악마의 소행이란 대비로 읽히는 경우도 있다. 이리하여 하나의 문장 속에도 '질서＝삶＝의미'/'반질서＝죽음＝무의미'라는 대립으로까지 은유적으로 바꾸어 읽을 가능성이 있다면, 역사는 우주적 질서를 재확인하기 위한 (물론 희석된) 성전聖典이라 해도 과언이 아닐 것이다.

　그렇기 때문에 역사적 담론은 신화적 담론을 극히 독자적인 방식으로 계승하고 있다고 할 수 있다. 신화가 일상생활에서는 연관되지 않는 사물을 잇는 것처럼, 역사 또한 그 이야기성의 저변에서 다른 범주에 속한 각양각색의 사물을 연결 짓는 역할을 은밀히 수행하고 있다. 그러한 의미에서, 황당무계한 부분을 일소하지 않는 한 역사는 상징적 우주 속에서도 매우 중요한 통합 작업의 일익을 담당하고 있다고 할 수 있다.

버거와 루크만은 상징적 우주가 개개의 잇따른 제도 모두에 대해 전일적全—的인 통합의 기회를 선사한다고 한다. 그것은 긍정적 제도와 부정적 제도 모두를 긍정적 기호와 부정적 기호의 관계에서 이해할 수 있도록 해준다. 이러한 과정을 거쳐 사회 전체가 비로소 의미 있는 것이 된다. 개개의 제도와 역할은 의미 있는 세계의 범위 안에 치환됨으로써 정당화된다. 제복과 휘장은 그러한 우주 전체 속에서의 사람의 위치를 한눈에 이해할 수 있게끔 하는 효과를 가진다. 위계는 관료적 우주라고 불리는 세계 극장에서 동일한 효과를 발휘한다. 아마도 에릭 푀겔린Eric Voegelin의 영향을 받았을 법한 버거와 루크만은 정치와 우주적 질서의 관계에 대해 다음과 같이 지적했다.

(···) 정치적 질서는 권력과 법의 우주적 질서와의 관련에서 정통화legitimate되고, 정치적인 역할은 우주적 원리의 체현으로 정통화된다. (···) 그러나 중요한 사실은 제도적 질서가 개인의 생활사의 질서와 마찬가지로 **그만큼** 끄집어내도 무의미한 존재로부터 끊임없이 위협받고 있다는 점이다. 제도적 질서의 정통성legitimation도 발아래에 혼돈을 유지할 부단한 필요성에 직면하고 있는 것이다. **모든** 사회적 현실은 불안정하다. **모든** 사회는 혼돈과 직면한 구축물이다.[3]

정치적 질서와 혼돈이 표리 관계에 있다는 이 시점은 오늘날 케네스 버크와 휴 덩컨Hugh D. Duncan의 정치인류학적 시점과 대응하는, 지극히 매혹적인 통찰로서 우리의 흥미를 불러일으킨다. 버크의 상징 이론의 정수를 흡수하고, 사회학의 정치 이론에 상징론적 차원을 도입한 덩컨은 버크의 '궁극인' 이론을 다음과 같이 요약했다.

우리는 기원 신화뿐만 아니라, 완전한 종국이라는 묵시록적 신화의 영향도 받고 있다. 우리는 무엇보다 감정(내용)과 형식의 그 본래의 가능성이 계속 충족되는 만남의 장을 원하고 있다. 정치도 예외는 아니다. 우리가 지향하고 있는 것과 우리가 근거해온 것이 사회 질서를 결정하고 있다. 이리하여 '궁극인적'이라는 표현은 시간적으로 미래에 투영되는 동시에 과거에도 투영되는 것이다. 현재 눈앞에 일어난 사건은 '궁극인적'인 모델의 불완전한 단편에 지나지 않으며, 그것은 목적론적으로 완성을 지향하는 것의 과거를 나타내는 데 지나지 않는다. 그렇지만 미래 및 과거를 향한 충족되지 않은 현재의 투영을 행하는 경우, 거기에는 동시대에 지배적인 패러다임의 개입이 일어난다. 통계학자가 통계학적 데이터를 데이터에 기초하여 미래를 예측하는 것은 그 가장 전형적인 경우에 속한다.[4]

덩컨은 연극학적 모델을 사용하여 완전성의 모델이 과거 및 미래를 통해 어떻게 현재를 규정하는가를 보였다. 즉, 극작가는 주인공 및 악역의 행위에 대해 판단을 내릴 때 성화聖化된 과거와 축복받은 미래가 혼합된 상징을 통해서 판단하게 된다. 이러한 상징은 공동체가 위기에 직면하고, 비상윤리 또는 강령이나 전술로는 조금도 진전되지 않고 어떻게 해도 해결할 수 없을 때 도입된다. 상징적 해결이라고 할 수 있다.

이러한 사태에 부딪쳤을 때 우리는 어떠한 공동체의 상징이 환기되는 가를 앎으로써, 공동체의 세계상을 재구성하는 단서를 얻을 수 있다. 막다른 골목에 다다랐을 때, 과연 어떤 공동체적·제도적·가족적 상징을 사용하여 타개책을 강구할 것인가. 타개책은 눈앞의 현실이 아닌 환상 차원에서 행사되어도 좋다. 이 경우의 타개책은 행위로서의 연극적 형태 안에 단적으로 표현되는 사회 질서의 원칙에 근거하고 있다. 우리는 앞서 신화적 사고 속에 이러한 궁극인적 과정이 나타남을 확인했다.

덩컨은 이러한 연극적 우주론 모델을 인간의 타락과 속죄라는 기독교적 우주론을 예로 들어 설명한다. 이에 따르면, 교회는 개인적이며 가족적인 카리스마(아버지 되는 신)를 창조의 새크러먼트sacrament와 결부시키고, 다음으로 우리에게 신의 아들을 보내게 된다. 신의 아들은 예언과 교도의 일파를 창시하는데, 여기서 기독교적 천국과 지옥이 창조된다. 사회적 상징과 초월성의 모든 유형은 바로 이 하나의 우주론적 드라마에 편입된다. 덩컨은 이를 서구 사회에서 창조된 가장 강력한 드라마라고 말한다. 분명 그것은 환상 속의 악마나 지상의 적 유대인, 나아가 멀게는 이슬람교도를 우주론적 드라마에 포함시켜 역사적 시간을 초월한다. 그렇게 함으로써 기독교 세계의 안쪽에 사는 인간에게 깊은 자기 회복의 계기를 주었다. 물론 이 자기 회복은 우주론적으로 그 '배제'를 보증받은, 일정한 효과적인 상징의 존재를 전제로 하고 있다.[5]

버거와 루크만은 상징적 우주라는 이 사고가 에밀 뒤르켐Émile Dukheim의 '종교'에 관한 관념, 슈츠의 '의미성의 각 영역'과 그것들 사이의 상호 관계, 사르트르가 '전체성'을 사고하는 방식과 가까움을 언급했다.[6] 따라서 동시에 존재하는 각양각색의 '타당성의 체계'로서의 여러 현실이, 통합적으로 파악될 수 있는 시각으로서의 '파롤'에 대한 '랑그'와 같은 관계를 상정하여 이 개념을 이해할 수 있다. 버거와 루크만은 이 관계를 다음과 같이 설명했다.

다른 차원의 현실에 속하는 경험은 '상징적 우주'에서 아치 모양으로 덮여 있는 의미성의 우주 속에 통합된다. 이리하여 상징적 우주는 꿈을 일상생활의 현실 속에 위치시킨다. 각각의 경우 상징적 우주는 일상생활의 현실이 놓인 지고한 위치를 재확인하는 동시에, 하나의 현실에서 다른 현실로 이행할 때 일어나기 쉬운 충격을 완화시켜준다. 이러한 통제 기구가 없었다면, 일상생활의 현실 속에서는 이해할 수 없는 외딴 섬이 되기 쉬운 의미성의 영역은 이렇게 해서 여러 현실의 상하 관계 안에 자리매김하게 된다. 버거와 루크만의 이와 같은 상징적 우주와 주변적 상황의 관계에 대한 설명은, 어떤 의미에서는 슈츠가 말하는 일상생활의 현실과 하위 우주로서의 '의미가 한정된 영역'의 관계와도 겹치는데, 다음과 같은 그들의 말에서도 분명히 드러난다. "일상생활의 지고한 현실에 대한 이 주변적 상황의 여러 현실이 빚어내는 혼잡은 대단히 중요한 의미를 지닌다. 이들 주변적 상황은 사회에서 당연시되고 타성에 젖은 존재에 대한 가장 민감한 위협이 되기 때문이다."

버거와 루크만은 여기서 비교적 알기 쉬운 설명 원리를 도입한다. 우리가 두 번째 장에서 이미 논했던 '낮'의 논리와 '밤'의 논리가 그것이다. 이 두 사람의 저서에 따르면 주변적 상황은 일상적 의식의 가장자리에 있으며, 불길한 모습으로 잠복해 있는 '밤 쪽'의 현실을 일컫는 것이다. 이 밤 쪽의 상황이 독자의 자족적인 현실을 구성하고, '정기正氣'

의 현실을 위협한다. 따라서 우리가 볼 때 '밤 쪽'의 상황은 '정기'에 대한 '광기' '혼탁' '무無'와 같이 의미 작용에서는 영도零度, 상징 작용에서는 무한대라는 심연의 주변에 구축된 현실이라고 할 수 있다.[7] 이 이원론에 관해서는 이미 두 번째 장에서 언급한 바 있다.

버거와 루크만은 상징적 우주가 단편적인 여러 행위에 통일적 해석의 기준을 선사한다고 하면서 신화적 세계관의 예를 든다. 가령 하나의 인간이 사회 속에서 사촌 형제의 역할을 한다는 것의 의미와 지주역할을 한다는 의미 사이에는 평행 상태가 있다. 이러한 상황에서, 필요에 따라 토지에서 사촌 형제를 내쫓는 행위는 경제적으로는 좋은 행위인 동시에 도덕적으로는 나쁜 행위가 되며, 이와 같은 행위는 신이 구축한 우주 질서를 침범하는 것이 된다. 이처럼 상징적 우주는 일상생활의 역할, 우선순위, 수행 절차 같은 것을 생각할 수 있는 한에서는 가장 넓은 그물망에 붙잡음으로써 질서를 부여하고 정당성을 보증한다. 따라서 일상생활의 가장 사소한 행위조차 상징적 우주에 포함됨으로써 깊은 차원의 존재 근거를 획득하게 된다.[8]

버거와 루크만에 따르면, 이렇게 해서 상징적 우주는 특정 문화에 속하는 인간이 스스로의 행위를 뒷받침하는 틀을 제공한다. 그들은 이 뒷받침을 정통성이라는 말을 사용해서 표현하는데, 이 정당성의 원리는 뒷받침의 버팀목을 잃게 되는 상태와 끊임없이 직면하고 있다. 어떤 의미에서 주변적 현실이란 것은 혼돈과 직면하는 기술을 배양하기 위한 방어 지대 내지는 완충지대라고도 말할 수 있겠다.

개인이 주위 세계와 항상적으로 관계를 갖기 위한 모델로서의 '정당성'이란 틀은 이 완충지대의 성질 탓도 있어서 상당히 복잡하게 되어 있다. 버거와 루크만은 조지 허버트 미드George Herbert Mead의 개념을 사용하여, 유아의 사회화에서 가장 중요한 역할을 수행하는 '소중한 타인significant others'의 불안정성에서 그 이유를 구할 수 있다고 한다. '소중한 타인'이란 엄마일 수도 있고, 또는 인형 놀이를 할 때 아이가 인형과 동일시하기 쉬운 인물로 봐도 좋다. 어느 쪽이든 간에 아이에게는 그 사람(들)의 행위를 규범으로 하여 사회의 게임 규칙을 배우게끔 하는 인물이 존재한다. 어느 문화에 속하는 인간의 질서에 대한 최초의 이미지는 추상적 규칙 또는 정의의 종합이라는 형태로 주입되는 것이 아니다. 이와 같은 사람들이 보여주는 규범성 또는 연극적인 시나리오를 내재화하게끔 함으로써 아이는 한 인간 속에 정착한다.

버거와 루크만은 특히 상징적 우주는 사회적으로 객체화됨과 더불어, 주관적 실감으로 가득한 의미의 종합체의 모체란 사실을 강조한다. 모든 역사적 사회와 개인의 모든 생활사biography는 이 우주 속에서 일어나는 사건으로 간주된다. 그들은 이 상징적 우주 속에서도 특히 '주변적 상황'을 담당하는 역할의 중요성을 강조한다. 그들은 이 개념을 카를 야스퍼스Karl Jaspers의 표현 "한계상황Grenzsituation"을 가져다 사용했음을 밝히고 있다.[9]

그들에 따르면 '주변적'(상황)이란 사회의 그날그날의 생존 현실 속에 편입되지 않는 상황이다. 이 상황 역시 '상징적 우주' 속에 포함된다. 버거와 루크만은 이러한 현실이 슈츠가 말하는 여러 '하위의 우주'와 어떠한 관계가 있는가 하는 점을 밝히고 있지는 않다. 그들의 정의에 따르면, 이와 같은 상황은 평소의 생활에서 분리되고, 그것들에 특유의 현실을 부여받은 의미의 영역으로서 꿈과 환상에서 경험된다.

'주변'이란 개념은 당연히 그 대극으로서의 '중심'이라는 개념을 상기 시킨다. 하지만 우리가 아는 범위에서 양자를 대의 구조로서 파악한 연구는, 필자의 좁은 사견으로 판단할 때, 지금까지는 에드워드 실즈 Edward Shils의 논문 「중심과 주변」(243쪽에서 후술)이 있을 따름이다.

이 주변적 현실은 상징적 우주 속에서 '의미 깊은 전체성' 안으로 통합된다. 버거와 루크만의 입장이 아닌 우리의 입장에서 보면, 각각의 주변적 기호는 중심에 근접한 기호를 부각시키는 음화陰畵의 역할을 수행하고 있는 것이 된다. 이렇게 해서 일상생활의 의식 활동에 대해 꿈속에서 그 모습을 드러내는 무의식은, 그것을 통해 일상생활 속의 의식에 포착 가능한 사물의 한정성이 나타나는 관계로 되어 있다. 이러한 관점에서 엔조 파치Enzo Paci는 만년의 후설이 꿈에 대해 관심을 보이고 있었음을 시사하고 있다.

2
주변적 현실로서의 꿈

엔조 파치는 꿈이 정신의 옛 지층을 발굴하기 위한 소재라고 말한다.[10] 그는 후설의 원고(D군) 중 환상에 관한 기술에 의거하여, 환각은 현전現前real의 여러 사물의 저장고 바깥에 속한다고 말한다. 환상이 '생활 세계' 또는 '사전에 주어진 세계' 속에 뿌리를 둔, 일인칭으로서의 '나'라는 주체 같지 않기 때문이다. 환상은 주체가 생활하는 중심적인 장에는 없다. 이러한 부분을 명확히 하는 데에서도 현실을 '중심적인' 것과 '주변적인' 것으로 나누는 유효함이 드러난다.

그것들은 주변적이다. 그것들은 중심적인 빛 또는 핵kern에서 멀리 떨어져 있다. 그것들은 후설이 일찍이 사영射影Abschattungen이라 불렸던 것처럼 양손 사이로 빠져나가는 것인데, 가령 그것을 사용해서 응시하면, 멀리 있는 것이 가깝게 보이게끔 해주는 모델이다. 무엇보다 상징이 먼 곳에 있는 것, 부재한 것이 내 안에 현전하는 방법임이 사실이라면, 그러한 의미에서 환상은 사물의 상징이다.[11]

이렇게 해서 환상의 주변성과 중개성이 명확해졌다. 그것은 비재非在를 이끌어내는 매체이기도 하다. 비재는 환상을 통해서 일상생활을 향해 그 모습을 또렷이 나타내 보인다. 현재성의 프락시스 안에서 잠재적으로 활동하고 있는 텔로스telos로서의 목적성intentionalität은, 비재와 나의 주체와의 관계를 조건 짓는다. 저쪽에서 이쪽으로라는 방향과 이쪽에서 저쪽으로의 접근이란 것은 어차피 하나의 동일한 현상에 대한 다른 표현에 지나지 않는다. 파치는 이러한 두 가지 방향성의 접점으로서의 과거의 역할을 중시한다. 과거는 그것을 통해 매몰된 현재가 현출現出하는 매체라고 한다. 파치는 과거를 모델로 함으로써 매몰된 현재를 나타내는 이 방법을 발생론적 현상학이라 규정한다. 여기서 발생론적 현상학을 보다 잘 이해하기 위해서는 아마도 후설과 파치가 말하는 '자아'의 구조를 되짚어볼 필요가 있을 것이다.

후설은 『위기』에서 칸트의 초월론적 '자아'를 비판하면서 구체성을 띤 '자아'에 관해 노렸다.[12] 이 구체적 자아란 보통 정신과 육체의 결합체이자, 심리적·육체적 통일체이며 구체적인 모나드(단자單子)를 의미한다. 특히 이 구체적 모나드에 대해 후설은 간행되지 않은 초고(E군)에서 논하고 있는데, 이에 따르면 구체적 자아는 발생론적 연쇄에 의해 결합되어 있다. 이 구체성을 띤 주체는 '그가 달성한 방법'과 접촉하는 누군가이며, '과거가 그를 형성한 방법'과 접하고 있다. 그는 현재라는 시점에서 일인칭적 인간 안에 '정착하고' 있다. 따라서 현상학은 언제나 현재의 의식에서 출발해야 하는 셈이 된다. 현재의 의식이란 일상생활의 현실(슈츠의 '지고의 현실')에서 자연적 태도의 안쪽에 사는 인간의 의식이다. 물론 이 의식은 잠재적으로는 목적론적 자아로 규정되어 있다. 모든 '시작'은 현재성 안에 놓여야만 한다는 것이 후설의 근본 명제 중 하나다. 현재는 기원인 동시에 반영이기도 하다. 의식은 끊임없이 그 안에서, 생기生起하고 있음이 '과거 지향Retention'에 의해 파악되고, 미래가 '미래 지향Protention'에 의해 기대되는 장이다. 의식은 생기하는 사상事象 속에서 의미 있는 부분을 관련지어 조직하는 그물망이다. 이 그물망은 기억으로서 과거를 향하는 방향성과 예측으로서 미래를 향하는 방향성을 가진다. 이 그물망은 몇 겹으로 짜여 있어서, 심층의 그물망은 자연적 태도 속에 있는 생활인에게 인식되지 않는 경우가 많다. '과거 지향성'의 그물망으로 파악된 현재는 기억 속에 조직됨으로써 과거로 취급된다. 현재 속에도 논리적으로 정리할 수 있는 부분은 기록화되어 재현될 수 있는데, 그렇지 않은 감정을 통해 파악되고 있는 부분은 마침내는 망각의 저편으로 밀려나고 만다. 망각은 현재 계속 생기하고 있는 사상에 대한 의식의 한가운데에서도 일어날 수 있다. 그것은 사물에 대한 개념을 통한 침전물에 덮여, 사물 그 자체가 드러나지 않는 관계에서 볼 수 있다. 파치는 현재의 이러한 부분을 "잊힌 현재"라 부른다.

과거의 대부분은 개인의 생활사에서나 한 문화의 역사에서 그늘, 망각, 어둠의 부분에 머물러 있다. 완전히 잊히지 않은 과거 역시 여러 이유에서(대부분은 침전물 때문에) 가려진 채다. 반성적 사고가 결여된 역사 연구가 발굴할 수 있는 것은 그것들의 근소한 부분에 지나지 않는다.

후설은 이러한 과거 회복 과정에 관하여 「기하학의 기원」에서 다음
과 같이 말했다.

생생한 확증은 지나가버리는데, 그것은 물론 능동성이 '방금 있었다'
는, 흘러가면서 퇴색되어가는 의식의 수동성으로 이행하는 경우에서다.
최후에는 이 '과거 지향'마저도 자취를 감춰버리지만, '사라져버린' 경과
와 과거의 존재도 당연히 주관에서는 무無가 되고 마는 것이 아니라, 되
살아날 수 있다. 그리고 바로 어렴풋이 되살아날 뿐인 것과 경우에 따라
점차 명확함을 증가시키면서 떠오르는 것들의 그러한 수동성에는 다시
상기할 수도 있다는 가능한 능동성이 속해 있으며, 이 능동성의 힘으로
그 과거의 체험은 의사적疑似的으로 새롭게 그리고 능동적으로 꿋꿋이
존재하게 되는 법이다.[13]

이렇게 하여 과거 속의 과거, 현재 속의 과거를 발굴함으로써, 그것
들에 빛을 비추고 현상으로 변환시키는 것이 현상학의 과제라고 할 수
있다. 이 과거는 미셸 푸코Michel Foucault 식의 의미로 '옛 지층'이라는 표
현과 치환할 수 있을 것이다. 그렇다면 현상학이 과거와 서로 관계하는
방식이 정신분석의 그것과도 겹치는 것일까? 오이겐 핑크Eugen Fink에
의거하여 파치는 이 물음에 대해, 현상학자는 무의식을 출발점으로 삼
을 수는 없다고 말했다. 출발점은 항상 의식 속의 지향성 안에서 구해
야 한다는 이유 때문이다.

이미 몇 번인가 말했던 것처럼, 의식은 현상학에서 파악되는 한 '무언

가에 관한' 의식이다. 따라서 의식 작용 안에 무의식적인 것을 지평 지향성에서 포함하고 있다. 후설은 이에 대해 다음과 같이 말하고 있다.

이미 '지평' 의식이란 개념 내지는 지평 지향성 안에는 흔히 말하는 좁은 의미의 '무의식적인', 그리고 그것이라 지시할 수 있는 형태로 함께 존재하고 있으며, 뿐만 아니라 다양한 방식으로 함께 활동하고 있는 지향성—이것 역시 고유의 타당 양태를 가지며, 그것을 변형시키는 고유한 방법을 갖고 있다—의 매우 다양한 여러 양태가 포함되어 있다. (…) 더욱이 심층적인 분석으로써 표명된 바에 따르면, 이외에도 여전히 '무의식적인' 지향성이 항상 있다. 사실 최근의 '심층심리학'(그렇다고 해서 이 이론과 우리의 이론을 동일시하려는 것은 아니다)에 의해 개시開示된 사랑, 굴욕감, '원한'과 같은 억압된 감정에 의해 무의식 속에 동기가 부여된 태도를 취하는 방식 등은 아마도 거기에 속하는 것일 것이다.[14]

우리가 후설의 '무의식적인' 지향성에 관심을 갖는 것은 지향성이 여타의 타당한 영역과 결부되어 현실의 여러 영역을 형성하기 때문이다. 이러한 지향성 중 어떤 것은 확실히 과거를 향하는데, 그것이 바로 '과거 지향성'이라 불리는 것이다. 이 과거 지향성은 '당장 눈에 띄는 정신세계의 표층'과 '지향적 심층'을 연결하는 실이다. 이는 마르셀 프루스트Marcel Proust의 책 『스완네 쪽으로』의 마들렌이라는, 언뜻 봐서는 아무것도 아닌 듯한 사물에 잘 나타나 있다. 약간 길기는 하지만 이 부분을 인용해보기로 한다.

잠시 지나, 침울하게 보냈던 오늘 하루와 내일도 마찬가지로 슬픈 하루가 되리라는 예상에 우울해지면서 나는 무의식적으로 홍차에 담겨 말랑말랑해진 마들렌 과자 한 조각과 차 한 스푼을 입에 대었다. 그런데 과자 부스러기가 섞인 한 입의 홍차가 입천장에 닿는 순간, 나는 내 안에서 이상한 것이 진행되고 있음을 느끼고 흠칫했다. 근사한 쾌감, 고립된 원인 불명의 쾌감이 내 속 깊이 파고들고 있었다. (…) 그 쾌감이 마치 사랑의 작용처럼 뭔가 귀중한 본질로 나를 충족시켰기 때문이다. (…) 도대체 이 강한 기쁨은 어디에서 우러나온 것인가? (…) 내가 구하고 있는 진실이 차 안이 아니라 내 속에 있음이 분명하다. (…) 나는 찻잔을 내려놓고 내 정신 쪽으로 방향을 바꿔본다. 진실을 발견하는 것은 정신의 임무다. 하지만 이렇게 하면 이 정체를 발견할 수 있을까? 심각한 불안이다. 정신이 스스로에 의해 초월되었다고 느낄 때마다 생기는 불안이다. 이 정신이라는 탐구자가 완전히 그대로 암중의 세계가 되어버리고, 그 세계 속에서 정신은 여전히 탐구를 게을리하면 안 되는데, 게다가 그곳에서는 정신의 모든 소유물이 아무 도움도 되지 못할 것만 같은 불안함이다. 탐구? 그것만으로 되지 않고, 창조까지 해야 한다. 정신은 아직 존재하지 않는 무엇인가에 직면해 있다. 정신만이 그 무엇인가를 현실의 것으로, 자신의 빛(희망, 위세)을 쬐게 할 수 있는 것이다

그러므로 나는 한 번 더 자신에게 되물어본다. "도대체 이 미지의 상태를 도대체 무엇이었을까?"라고……. 그러나 정신은 피곤할 뿐 목적지에 도달하지 못하여, 그것을 느낀 나는 지금까지 억눌러왔던 것과는 달리, 오히려 억지로라도 마음을 달랜다. 그래서 정신이 다른 것들을 생각하게 만들어 최후의 시도를 행하기 전에 심기일전하려고 한다. 그러고

나서 나는 다시 한 번 정신의 전방에 있는 것을 완전히 철거하고, 그다지 멀지 않은 최초의 한 모금의 맛을 다시 한 번 눈앞에 떠올려본다. 그러자 자신 속에서 무엇인가가 바르르 떨리고 그것이 장소를 바꿔 기어오르려는 것을 느낀다. 대단히 깊은 물속에서 닻을 건져 올릴 때와 비슷한 무엇이다. 뭔지는 모르겠지만, 그것은 천천히 올라온다.

이러한 식으로 내 마음 깊은 곳에서 흔들리고 있는 것은 분명 이미지이자 시각적인 추억임에 틀림없는데, 그것이 이 맛과 결부되어 그 맛의 자취를 따라 내 쪽으로 오고자 노력하고 있는 것이다. 하지만 그 추억은 너무나도 먼 곳에서, 너무나도 어수선하게 안달하고 있다. 희미하게 인지할 수 있는 것은 그 둔한 반영인데, 그곳에는 많은 색채가 무질서하게 뒤섞여 인식하기 어려운 소용돌이를 일으키며 융화하고 있다.

이 추억, 이 오래전의 순간은 과연 나의 확실한 의식의 표면까지 도달할 수 있을까? 이와 유사한 견인력이 아득히 먼 데서 와서 내 가장 깊은 곳에서 재촉하고 감독시키고 자극시키려 하고 있다. 이 옛 순간은? (…)

그 순간 단숨에 추억이 떠올랐다. 바로 이 한 조각의 마들렌 과자의 맛으로…… 과자 가게의 선반에서 몇 번이나 보았던 적이 있어서(그 후 잘 먹게 되지는 않았지만), 그 이미지가 콩브레의 나날에서 벗어나서 보다 새로운 별개의 나날에 결부되었기 때문일 것이다. 또한 이토록 긴 세월 동안 기억 밖으로 버려져 회고되지 않았던 추억의 경우, 무엇 하나거기서 연명되는 것 없이 모두가 해체되어버렸기 때문이기도 할 것이다. 그러한 형태들은…… 사라져가든지, 푹 잠들어버리고, 팽창되어 의식에 도달하는 것을 가능하게 하는 힘을 잃고 있던 것이다. 그러나 사람들은 죽고 물건은 파손되어 오랜 과거의 어떤 자취도 남아 있지 않을 때 무르

긴 하지만 강인하고 무형이긴 하지만 더욱더 집요하고 충실한 존재, 이른바 냄새와 맛만은 여전히 긴 시간 동안 혼처럼 남아서 다른 모든 것이 폐허로 변한 그 위에서 일어나 기다리며 기대하고 있는 것이다. 좀처럼 느껴지지 않은 정도의 물방울 위에서 냄새와 맛은 굽힘 없이 지탱하고 있는 것이다.[15]

여기에 묘사되어 있는 것은 단순히 기억을 재현하려는 노력이 아니라, 잊혀버리고 매몰된 담론을 회복하는 과정이다. 이 담론은 문자와 논리적인 서술'로는 잃고 마는 미묘한 구축물이다. 그리고 중요한 점은 매몰된 과거가 마들렌 한 조각으로서 현재 속에 침전되어 있다는 점이다. 이처럼 의식의 저변에 지향성으로서 침전해버린 과거는 독자적인 담론에 의해서만 건져 올릴 수 있는 시간, 공간, 신체의 기억들이 교착된 구축물이기 때문에, 그 기억들을 재현하는 계기를 잃게 되면 표층의 의식에 이르는 팽창력을 완전히 잃게 되고 마는 것이다.

이 의미 침전 속에 매몰된 과거가 의식 속으로 돌아오는 과정은 꿈 속에서 일어나는 현상에 대응한다. 회상된 기억과는 달리 꿈의 경우 시간·공간의 동일성이 불가결한 전제는 아니다. 꿈에서는 회상된 과거 보다도 훨씬 더 심층에 속하는 과거의 기억이 나타날 가능성이 크다. 그 과거는 우리가 각성 상태에서 사용하는 관습화된 언어로는 재현될 수 없는 부분을 항상 남긴다. 이 상태의 의식에서는 의미하는 것(시니피앙)이 부유 상태가 되어, 각성 시에는 생각날 것 같지 않은 결합 작용을 서로 야기하곤 한다. 슈츠는 이러한 부유 상태를 「다원적 현실」이라는 논문에서 다음과 같이 설명한다.

이렇게 하여, 각성했을 때 세계가 침전된 경험은, 단적으로 말하면 분해되어 다른 방법으로 재구축된다. 자아는, 설명하기 위해 그 수중의 경험을 빈틈없고 일관된 통합된 틀로 모아둘 필요가 없게 된다.[16]

꿈의 형태를 취하여 나타나는 '현실'의 상은 한층 더 큰 주변성을 띤다고 볼 수 있다. 꿈을 통해 나타나는 현실은 한층 더 수수께끼 같고, '혼돈' 쪽에 가깝다고 말할 수 있다. 이 안에서는 현실을 구성하는 이미지가 경우에 따라서는 대부분 그 반대 사물과 서로 이웃해서 나타날 수 있다. 사물은 혼돈과 어둠의 곁에서 원초적 감정의 빛에 담가져, 일상생활에서는 침전되어 보이지 않던 모습을 띤다. 이리하여 파치는, 꿈의 탐구는 인간성의 과거에 대한 장대한 연구 분야가 되었으며 역사의 숨겨진 부분을 재구성하므로 이 연구는 인간 과학의 기초 부분을 형성한다고 말했다.[17]

역사의 숨겨진 부분은 심층으로 내려가면 갈수록, 현재를 중심으로 조직된 프락시스를 위협한다는 이중성을 지닌다. 따라서 역사는 한편으로는 부정적인 과거, 유전적 수성獸性, 오류 그리고 악과의 끊임없는 싸움이라고 말할 수 있다. 꿈은 역사의 심층을 탐색하기 위하여, 비현재성에 대해 보다 크게 양보하는 의식의 장 중 하나다. 이리하여 꿈은 역사의 심층을 현재적 프락시스로 변환시키기 위한 중요한 장치로 작용한다. 그것은 어떤 의미에서 적진에 잠입한 스파이처럼 적지敵地(비이성) 문화의 프락시스로 위장한 이성의 한 형태다. 한 명의 인간, 혹은 하나의 문화가 허용할 수 있는 주변적인 현실의 최전선이라고도 할 수 있다. 이렇게 해서 우리는 꿈을 분석함으로써 의식이 매장된 층을 발굴할 수 있다. 그것은 바로 인간성의 역사가 지닌 다양한 층을 드러내는 기술이 되기도 한다. 물론 어떤 문화에서는 개인의 꿈에 나타나는 인간성의 역사의 옛 지층이, 다른 문화에서는 신화 내지는 예술 형식으로 쉽게 나타나기도 한다. 레비스트로스의 신화 체계 분석은 이러한 신화를 통해서 나타난 프락시스에 대한 탐구다.

프랑스의 기호학자 츠베탕 토도로프Tzvetan Todorov는 19세기 환상소설의 신화적 위치를 다음과 같이 분석한다.

> 사실 19세기의 인간은 현실적인 것과 상상의 것의 형이상학적 세계 속에서 살고 있었다. 이러한 세계에서 상상력에 근거한 환상적인 문학은 바로 19세기 실증주의자의 숨겨진 의식을 가리키는 것이었다.[18]

꿈은 깨어 있는 의식의 바닥에 침전한 경험 및 경험적 세계의 지각에 근거한 이미지 등을 구성 요소로 하고 있다. 그러한 의미에서 꿈은 여전히 자연적 태도의 영역 속에 머물러 있다고 말할 수 있다. 단, 그 이미지들을 결합시키는 연쇄가 일상 경험의 그것과 다르다는 점은 확인해두어야 하겠다.

현재성에 기점을 두는 후설의 입장에서는 무의식이 지향성에서만 인정된다는 것은 이미 살펴본 바와 같다. 중심, 다시 말해서 '핵'은 항상 현재다. 무의식은 어디까지나 현전現前에서 멀리 떨어진 것, 사영射影에 대응한다.

파치는 현상학의 입장에서 무의식을 형성 도중의 것, 외재적인 것, 물상적 세계라고 말했다.[19] 그것은 외재적 사물을 주체 속에 드러내는

데 사용되는 양식이다. 그렇다고 해서 무의식이 의식 속에 그 전모를 드러내지는 않는다. 인간이 무의식 속에 그 뿌리를 깊이 내리고 있음은 기호의 발생을 해명하면서 이미 말한 바 있다. 인간은 의식의 심연에 가로누운, 형태를 이룬 것의 반조정反措定이면서 아직 형태를 이루고 있지 않은 것과의 대화를 통해서 그 존재의 참다운 근거를 얻는다. 여기서 성공하지 못하면, 아직 형태를 갖추고 있지 않은 이것은 주체 쪽에서는 단지 욕구불만, 객체로서는 악마나 적의 형태를 취한다. 후자는 사람—사물의 물상화라는 현상과 결부되어, 파괴적 충동의 원인이 되기도 한다. 파치는 이러한 대화를 역사의 바람직한 모습이라 본다.

> 인간성의 역사는 부단한 꿈의 해석으로서, 항상적인 정신분석으로서, 은닉된 것의 현시된 것으로의 변환 내지는 불분명한 것의 현상으로의 변환으로 생각할 수 있다. (…) 그것은 비활성적 사물과의 끊임없는 싸움이다.[20]

달리 표현하면, 비활성의 영역은 인간의 유한성을 초월하는 무한한 가능성을 숨기고 있는 것이 된다. 따라서 인간의 문화 장치가 자유롭게 상상력의 나래를 펴는 것을 억압하기 시작하면, 이 비활성화의 영역은 어둡고 불길하고 불안정하고 반문화적이며 반'인간적'인 존재로서, 우선 꿈이나 환상이라는 무의식의 영역에 모습을 드러낸다. 현상학적으로 보면, 이 비활성화의 영역을 목표로 하여 의식의 지향성의 움직임이 활성화된다. 그렇게 볼 때, 부단히, 그 안에 비활성적 영역을 도발하고 환기하는 장치를 포함하고, 일상생활을 기호학적으로 구성하는 사물을 문화의 정상 문맥에서 분리하여, 잠재적이거나 침전한 의미를 현재화하는 기회를 가지는 문화는 그것을 가지지 않는 문화와 비교할 때 보다 전인간적全人間的인 포괄성을 가지고 있다고 말할 수 있겠다.

'중심'과 '주변'의 상관관계는 사상사思想史에서도 점차 의식적으로 논의되기 시작했다. 사상사가인 아라카와 이쿠오荒川幾男는 호세 오르테가 이 가세트Jose Ortega y Gasset와 서구 문화를 한데 묶어 논했던 글에서, 오르테가 이 가세트가 서구 문화의 '주변부' 출신이었던 탓에 몸에 익힌 '양의성'에 대한 예리한 감각을 토대로 서구 '중심부'의 문화·사상을 대상화하는 데 성공했다고 말하면서, '지리사상사'적 의미에서의 '중심'과 '주변'의 대비에 대한 유효성을 논하고 있다.[21] '중심부'는 사상의 창출과 축적에서 누적 효과를 가지고 생겨난다고 여겨지는데, '주변부' 역시 '중심부'와는 다른 방법으로 '누적'된다. 그러므로 '주변부'도 그 누적적 효과의 여하의 따라 독자적인 '중심부'가 된다고 말했다. 우메사오 다다오梅棹忠夫의 저서『문명의 생태사관』과 통하는 바가 있는 이 관점은 문명사 및 사상사에 대한 여러 대비를 우리에게 상기시킨다. 이러한 글로벌한 시점을 일국의 행정 체계 차원에 한정하여 전개한 것이 실즈의「중심과 주변」이다.

또한 막스 베버Max Weber도『고대 유대교』에서, 문화지리적 환경으로서의 주변 지역에 관해 언급하고 있다.[22] 베버는 합리적 예언과 종교 개혁적인 움직임이 새롭게 형성되는 문화 지대의 주변 지역Aussengebiet의 중요함을 강조하고 있다. 그는 "대문화 중심지Grosse Kulturzentren에서 떨어져 주변abseits에서 생활하는 인간은 그의 중심적 관심사 속에서 그 문화의 영향을 접하기 시작한다. 마음이 움직이거나 위협받기 시작할 때, 그러한 기회를 부여받는 것이다"라고 말했다. 우치다 요시아키內田芳明는 이러한 문제 제기에 대해, 역사의 변경성邊境性을 다룬 저작[23]에서 "의미가 사라져 알 수 없어지는 시대, 일체가 무의미한 것은 아닐까라고 생각되는 시대에야말로 의미 존재에 대한 의미를 묻게 된다. 즉, 세계 사상事象의 고난의 의미, 악의 의미, 이른바 무의미의 의미 등에 대한 물음이 생긴다"라며, 사상 창조의 일반적인 전제 조건으로서 주변성을 논하고 있다. 물론 그는 실증주의적 입장을 취하는 경제사학자의 입장에서 문제를 제기하고 있기 때문에, 우리가 시도해온 상징론적인 물음은 던지고 있지 않다. 하지만 여기에는, 그러한 시점으로의 잠재적인 이행 가능성이 충분히 나타나 있다고 보아도 좋겠다.

3
사회에서의 '중심'과 '주변'

  사회가 '중심'과 '주변'의 유기적인 조직화 위에 성립하고 있다는 사실은 검토되고 있는 듯하지만, 그다지 많이 논의되고 있지는 않다. 물론 사회유기체설의 입장에서 보면, 중앙정부라는 행정기관의 기능을 중축中軸에 의한 통제라 할 수 있기 때문에, 이러한 시점에서 특별히 새로운 논의를 전개한다는 것은 기대하기 어려울지도 모른다. 사회인류학의 정치 이론 중에서도 특히 아프리카 연구에서는 중앙 집권화된 부족의 정치 조직과, 혈연 집단이 조직 단위가 되어 중앙정부를 갖기 않는 부족의 정치 조직이 서로 다르다는 점이 크게 거론된 적이 있었다. 실은 이 논의에서 누락된 사항은 중심과 주변의 역학 관계의 문제였다고 볼 수 있다. '중앙'정부를 가진 사회에 대해서는 왕 내지는 수장의 권력에 의한 통제 기구가 논의되는 반면, 왕을 중심으로 한 정부가 결여된 사회의 각 집단의 자율성이 특히 강조되었다. 하지만 정치 세계를 통제 기구라는 면에만 한정할 수 있는 경우 '구심적'과 '원심적'(또는 '비구심적')이라는 대비가 유효하지만, 정치의 상징적인 차원으로 눈을 돌리면 이 대비는 의미를 잃는다. 이 대비는 관찰자의 모델이지 행위자의 모델은 아니기 때문이다. 행위자의 모델이란 그가 속하는 상징적 우주 안에서의 '정치적 우주'를 의미한다. 이 '정치적 우주' 안에서는 '중심'을 가지는 사회와 갖지 않은 사회의 구별은 존재하지 않는다. 모든 정치적 우주는 '중심'을 갖는 동시에 '주변'을 갖는다. 정치적 행위란 '중심'에 가까워지기 위한 연기演技의 묶음이다. '중심'을 보고 깨닫는 기술에는 여러 가지가 있는데, 그중 하나이며 기호학적으로 불가결한 것은 '중심'의 이념과 상반하는 '주변'의 창출과 강조다.

　이러한 '중심'과 '주변'이라는 시점에서 사회학적으로 정치 세계를 파악하려 했던 그리 흔치 않은 시도로는, 앞서 언급한 에드워드 실즈의 논문 「중심과 주변」[24]을 들 수 있다. "사회는 중심을 가진다"라는 간단하고도 솔직한 말로 시작하는 이 논문에서, 실즈는 정치 및 종교 세계의 중심이 단순히 기능적인 중심으로서가 아니라 상징적인 중심으로서도 역할을 수행하고 있음을 논하고 있다. 상징적인, 다시 말해 궁극의 가치를 추구할 수 있는 장으로서 논할 수 있으려면, 중심이 결코 지리적인 형태로만 나타난다고는 할 수 없다고 한다. 실즈의 정의에 따르면 "중심 또는 중심부라는 것은 가치와 신앙 영역의 현상이다. 그것은 사회에서 통용되고 있는 상징의 질서, 가치 및 신앙의 중심이며 궁극적으로 다른 것으로 환원할 수 없으므로 중심이다."[25] 중심의 이와 같은 중층적 기능을 강조하면서, 실즈는 '중심의 성성聖性'을 논했다. 이 중심의 성성에 대해서는 종교사학자 미르치아 엘리아데도 말한 바 있으나, 여기서는 실즈의 논점에 집중하고자 한다.

이러한 성성과 중심의 상관관계를 이유로 실즈는 중심의 종교성을 설명했다. 그는 어떤 사회이든지 '공적公的' 종교를 가진다고 말한다. 이는 무엇보다 사회 또는 그 대변자―해설자가 세속화되고 여럿이며 관용성을 지닌 사회이면, 다소 정당하게 생각하는 경우도 포함한 이야기라고 단서를 붙이고 있다. 이때 그의 머릿속에 미국인의 성조기 신앙이 있었을지, 스탈린이 건립한 레닌 묘가 있었을지는 분명치 않다. 하지만 실즈의 논점이 지닌 주도면밀함은 그가 중심을 행위 이론의 연장선상에서 논하고 있다는 점에 있다. 그는 중심이라는 것이 행위 영역의 현상이기도 하다고 보았다. 그에 따르면, 중심은 제도의 틀 안에서의 역할과 행위의 구조다. 중심적인 가치 및 신앙이 나타나는 것은 이러한 역할 속에서다. 이렇게 하여 실즈는 막스 베버의 카리스마론과 행위 및 역할 이론에 따라 중심이 문화 기구 속에서 행하는 역할을 기능주의적으로 논했다. 그의 관심은 정치 세계뿐만 아니라 경제, 교회 및 문화 등의 다른 국면에도 미치고 있다. 예를 들어 광원光源은 아득하게 여릴지언정 친족, 가족 체계 역시 중심적인 기구 체계의 소우주로, 중심적 체계의 유효성을 지탱하는 작용을 하고 있다고 설명한다.[26]

이상과 같이 실즈는 문화에서의 중심적 상징의 역할을 논한 뒤 정치적 세계가 중심을 필요로 하는 이유는 무엇인가라는 어려운 문제를 제기하면서, 스스로 "사람은 자신의 신체보다도 큰 포용력을 가지고, 현실의 궁극적 구조에서 평판화平板化된 일상생활보다 좀 더 중심적인 상징과 접촉하길 바라는 욕구를 가지고 있기"[27] 때문이라 대답한다. 이 시점을 활용하면, 정치는 보다 강렬하게 살기 위한 기술이고, 중심은 보다 강렬한 것의 상징으로서, 다른 차원에서 끊임없이 다른 삶을 살 수 있는 길을 나타내는 장이라 말할 수 있겠다. 그러나 동시에 그것은 일상생활 안에서는 현재화하지 않는 잠재적 현실, 인간 심리의 보다 깊은 부분을 불러일으키는 행위로 인간을 이끄는 것을 의미하기도 한다. 물론 실즈가 이렇게까지 딱 잘라 말하고 있지는 않다. 하지만 그는 정치에 대한 욕구는 상상력, 이성, 지각력, 감수성이라는 자질과 견줄 만한 능력 같은 것이라고 말한다. 이렇게 해서 실즈는 하나의 인간이 그의 자질과 감수성을 통해서 '중심'과의 관계에 휩쓸릴 때 작용하는 정치 세계의 논리를 설명하는 동시에, 그러한 '중심'에 대한 반항에 다양한 입장이 있음을 설명했다. 그 가운데 흥미를 끄는 것은 "중심적 가치 체계의 상징을 포함하는 중심과 긴밀하고도 실제적인 관계를 가지면서도, 그 결부 방식이 부정적인 듯한 사람이 있다"[28]라는 지적이다. 이와 비슷한 양의적 관계는 다음과 같은 형태로도 설명되고 있다.

마찬가지로 중요한 것은, 중심의 상징과 긍정적이면서도 한층 더 긴밀하고 실제적인 관계에 있으며 그 결합이 너무나 날카롭고 순수하며 결정적인 까닭에, 중심적인 기구 체계의 엘리트의 특징인 매일매일의 규율에 대한 위반을 관면할 수 없는 사람들이다. 이 사람들을 중심으로 중심적인 가치 체계, 나아가 중심적인 제도 체계에 대해 첨예하게 반대하는 세력이 종종 형성된다. 이들 중에서 완벽하지 않은 것은 용서할 수 없다고 하는 예언자나 혁명가, 교조적 이데올로그가 나오게 된다.[29]

정치 중심과의 긴장 관계에서 비관용적인 사상가들이 형성되는 전제에 대한 실즈의 시점은, 확실히 '중심'과 '주변'의 긴장 관계에 관한 예리한 지적을 포함하고 있다. 그러나 애석하게도 실즈는 표제로도 삼고 있는 '주변'의 입장에서 후자를 보고 있지는 않다. 실즈가 말하는 '주변'이란 어디까지나 행정적 변경邊境 내지는 귀족 사회의 가치, 행위 체계 속에 포괄되지 않는 대중을 가리킨다. 그러한 까닭에 실즈의 논문 후반부는 근대화 과정에서 이들 행정적 주변 부분이 어떻게 해서 '중심'의 행정·상징체계에 편입되어가는지, 그 과정으로 역점을 옮기고 있기 때문에, 용두사미 격으로 우리의 관심사와는 약간 어긋나게 마무리된다.

실즈의 '중심과 주변'론이 어중간한 이유는 사회과학의 한계와도 겹쳐 있다. 그 한계란 무엇인가. 우선 실즈는 애써 주변성의 문제를 제기하고 나아가 중심의 상징성까지 논하여 주변성의 적극적인 의미를 논할 단서까지 잡았으면서도 이 논점을 충분히 살리지 못했다. 실즈에게 주변성은 어디까지나 행정적인 단위이자 수동적인 부분에 지나지 않는다. 또한 실즈는 중심의 상징적 위상을 파악하는 구조까지 보이고 있으면서도 이 입장을 구태여 주변으로 확대하려 하지 않았다. 더군다나 상징론 차원에서 주변과의 긴장 관계를 파악하지 않고서 중심이 차지하는 위치를 올바로 밝힐 수 없다는 점까지는 생각이 거의 미치지 못했다. 그 이유는 분명 실즈가 현실을 최종적으로는 일원적인 것으로 보고자 하는 입장을 고수하려는 데서 찾을 수 있다. 물론 실즈가 일상 생활보다 강렬한 차원으로서, 현실의 "궁극적" 구조와 같은 표현으로서 파악하기는 했으나, 현실의 다차원성을 설명하는 데까지는 이르지 않았다. 그러한 입장으로는, 차원이 다른 현실 속에서는 상징으로서의 중심이 주변과 등가물로 교체 가능하다거나 주변이 중심적 위치를 차지한다는 전환이 일어날 가능성에까지는 다다를 수 없다.

주변성의 문제를 정면에서 적극적으로 논하고 있는 사람은 상징론의 연구에서 눈부신 성과를 거두고 있는 인류학자 빅터 터너다. 터너는 주변성의 문제를 『의례의 과정』[30]에서 이미 전개했으며,『극劇, 장場 및 암유—인간 사회에서의 상징 행동』에 수록된 논문 「과도성, 주변 및 궁핍—코뮤니타스의 종교 표상」[31]에서는 문화를 이해하는 시각에 대한 근본적 개혁을 제안하고 있다.

터너는 폴 굿맨Paul Goodman에게 얻은 '코뮤니타스'라는 개념과 벨기에의 민속학자 아르놀 방주네프Arnold van Gennep의 고전적인 연구『통과의례』[32]에서 얻은 '과도성過渡性liminality'이라는 개념을 사용하여, 문화에서의 중심성과 주변성의 변증법적 상관관계를 논하고자 했다. 터너는 아프리카 로디지아공화국(지금의 짐바브웨) 남부 룬다족의 은뎀부Ndembu 부락에 관한 집중적인 연구로 일찍부터 주목을 받은 연구자로서, 의례 및 의례를 구성하는 상징의 분석을 통해 주변성의 문제를 점차 표면화시켜왔다. 이러한 점에서 그의 연구는, 트릭스터 신화, 광대, 나아가 왕권의 코스몰로지 분석 등, 현상학적·기호학적 시점을 도입하여 문화 속에서 주변성이 가지는 상징론적 역할의 해명에 뜻을 두어온 필자의 입장과 매우 근접해 있다. 여기서 잠시 터너의 관점과 우리의 관점을 교착시켜 그 논점을 추적해보고자 한다.

터너의 입장을 이해하기 위해서는 우선 그가 사용하는 독특한 개념인 '코뮤니타스'를 이해해야 한다. 이 개념은 이미 『의례의 과정』에서 전개되었던 것으로, 여기에는 규범의 공동체인 '커뮤니티'에 비해 광의廣

義의 감성 공동체라는 의미가 부여되어 있다. 그것은 주로 정신문화 즉 종교, 예술, 문학, 연극 등의 분야에서 관찰되는데, 규범 문화 즉 법, 윤리, 친족, 나아가 경제라는 구성 요소도 잠재적으로 규정하고 있음을 알 수 있다. 언뜻 보면 이것은 중간 영역이라 생각되는 부분에 현재화한다. 따라서 터너는 통과의례, 천년왕국 운동, 승원僧院 행동, 반反문화 counterculture를 비롯한 비공식적인 행동 형태에서 코뮤니타스를 쉽게 관찰할 수 있다고 말한다.

코뮤니타스에 대한 터너의 관심은 그것이 하나의 문화 속에서 의식적으로 이해되고 있는 규범적 '구조'에 대한 반조정反措定인 데에서 기인한다고 보아도 좋다. 그는 문화 속에 이 '반反=**사회·구조**'적인 형태에 속하는 의례 상징과 신앙이 특히 강하게 조각되어 있는 세 가지 국면이 존재한다고 한다. 이는 과도성, 아웃사이더성, 구조적 열성을 가리키는데, 우리 식으로 말하면, 이 세 가지 경역은 '주변성'이 나타나는 장이다.

이 가운데 과도성은 이미 말한 바와 같이 방주네프가 자신의 저서 『통과의례』에서 사용한 말로서, 사회적 위치와 일정 연령의 추이를 동반하는 '과도적 형태'를 가리키고 있다. 터너는 방주네프에 의거하여 이러한 추이가 분리, 주변, 재통합의 세 가지 단계로 구성된다고 말했다. 그는 예를 들어 성년식이나 엘레우시스의 비의秘儀에서 관찰되는, 의례의 전개에 동반하는 의식의 추이 상태를 설명했다. 간략히 말하면, 그것은 의례의 추이에 동반하여 거기에 참가하는 인간에게 사회의 규범이 불분명해지는 의식 내의 변화가 일어난다는 것이다. 이를 슈츠식으로 치환하여 말하면, '타당성'의 영역 변동이기도 하다.

우리가 '주변성'이라 부르는 것과 터너가 '과도성'이라고 부르는 것의 차이는 이들 개념이 본래 공간적인 관계를 모델로 해서 개념화되었는지, 시간적 관계를 모델로 해서 개념화되었는지에서 기인한다고 이해할 수 있다.

여기서 가장 중심적인 역할을 차지하는 과도성은 문지방을 나타내는 라틴어 '리멘'에서 유래한다. '리멘'은 의례 도중에서의 현실 또는 상징적인 문지방의 중요성을 의미한다. 그러나 터너는 이러한 상태, 그 숨겨진 성질, 때로는 신비하기조차 한 암흑성을 보다 잘 설명하고자 한다면 '터널 속에 있다'라는 의미를 지닌 '큐니큘러cunicular'라는 표현이 적절할 것이라고 말한다.[33]

이러한 과도성 속에 있을 때, '새로운 발의initiate'는 문화의 규제적인 구조로부터 자유롭게 벗어나 공중에 매달린 상태에 놓이게 된다. 코뮤니타스가 표면화되기 쉬운 것은 바로 이러한 상태에서다.

코뮤니타스가 표면화하기 쉬운 계기로서 터너가 들고 있는 제2의 요소는 아웃사이더성이다. 이는 특정한 사회 조직의 구조적 조합 외부에 몸을 두는 상태다. 터너는 샤먼, 점쟁이, 영매, 사제, 승원으로 격리되어 있는 사람, 히피, 서커스 광대, 집시를 이와 같은 아웃사이더의 예로 들고 있다.[34] 그러나 그는 여기서 제법 중요한 지적을 하는데, 이러한 역할로 나타나는 아웃사이더는 '주변인'과는 구별되어야 한다는 점이다. 그에게 주변인이란 같은 시기에 사회적인 규정이나 문화적인 기준이 다르고, 때로는 상반하는 듯한 둘 또는 그 이상의 집단에 속해 있는 인간을 가리킨다. 그가 염두에 두는 것은 이주 외국인, 2세 시민, 혼혈인, 벼락부자, 계급적 몰락자déclassé, 시골에서 도시로 이주한 사람, 변동하의 비전통적 역할을 행하는 여성 등의 존재다.[35] 아마도 유대인을 고려해보면 터너가 의미하는 바를 가장 빨리 이해할 수 있을 것이다. 터너는 '구조'에 대한 그들(유대인)의 입장은 양의적이며, 그들은 때때로 가장 예리한 비판자인가 하면 코뮤니타스로 회귀하고자 하는 소망을 끊고, '구조'로의 귀의를 희구한다고 한다. 아마 하인리히 하이네Heinrich Heine에게서 이 입장의 가장 전형적인 표현을 볼 수 있을 것이다.

　우리의 관점으로 보자면, 터너의 '주변인'은 좁은 의미의 아웃사이더로서의 '이인'으로 치환할 수 있기 때문에, 그가 말하는 '주변인'과 '아웃사이더성' 사이에 명확한 선을 긋는 것이 상당히 어렵게 느껴진다. 터너가 말하는 '아웃사이더'는 바로 '안쪽의 타자'로 볼 수 있는 데 반해, '주변인'은 '외부에서 온 타자'라는 형태로 치환할 수 있다. 또한 양자를 모두 '이인'이라는 말로써 종합적으로 파악할 수 있다. 이 경우 '외부에서 온 타자'는 '이인성'의 외재physical 모델이며, '내면의 타자'는 암유적 표현의 여러 형태라고 할 수 있다. 세 번째 장에서 살펴보았듯이, 우리에게 '이인성'이란 것은 '주변성'의 암유적 표현의 하나다. 이렇게 하여 터너가 집시를 샤먼과 함께 '아웃사이더'에 포함시키고 이주 외국인을 '주변인' 안에 포함시킬 때 생기는 자가당착의 문제는 '주변성'의 개념을 터너의 개념보다는 우리의 개념에 가깝게 함으로써 해결된다. 터너와 우리의 차이는 이러하다. 터너는 코뮤니타스가 나타나는 장으로서 의례적 '과도성'을 첫 번째로, '아웃사이더성'을 두 번째로 들고 난 후, '주변인marginals'을 그 개념에 부착시키고 있음에 반해, 우리는 '이인성' 안에 터너의 '아웃사이더'와 '주변인'을 포함시킨다.

우리가 말하는 '주변성' 상징이 출현하는 세 번째 장으로서 터너가 들고 있는 것은 '구조적 열성'이다. 여기서 터너가 사용하는 '구조'라는 말은 구조주의자가 이야기하는 잠재적 모델로서의 '구조'와 동의어가 아님에 주의해주기 바란다. 그는 '구조'라는 말을 구조주의자들처럼 무의식 속에 존재하는 여러 요소의 대립의 조합과 그 통합으로서 사용하고 있는 것이 아니라, 거꾸로 한 사회에서의 의식적 모델로서의 규범적·제도적 통합체라는 의미로 사용하고 있다.[36] 이와 같은 용어 사용법의 한계는 어떻게든 밝혀지게 되겠지만, 우선 여기서는 터너의 코뮤니타스와 대응하는 개념으로서의 '구조' 개념이 지닌 유효성을 인정하고, 임시로 이 개념을 사용하고자 한다.

그런데, '구조적 열성'은 주변성의 상징, 혹은 신화 발생 능력이 높은 문화의 자기장 중 하나라고 말할 수 있다. 터너는 특히 카스트제도와 사회계층에 근거한 계급사회에서 하층민, 아웃카스트Outcaste. 의례와 관련된 잘못 때문에 힌두 카스트제도에서 쫓겨난 개인이나 집단, 미숙련공, 불가촉천민Harijan, 힌두 사회의 4성에 들지 못하는 천민 계급 및 빈민에게서 이 '구조적 열성'이 현저하게 나타난다고 말했다. 그는 많은 문화 예술, 종교 가운데서 백성, 거지, 간디가 "신의 자녀들"이라 부른 불가촉천민 등이, 일반적으로 볼 때 경멸당하고 타인이 상대해주지 않는 인간이라는 것은 지위를 가질 자격과 특성을 지니지 않는 인간성을 나타내는 존재로서의 상징적 기능을 수행해왔다고 말한다.[37] 덧붙여 그가 말하고자 하는 바는, 이러한 범주 속에서 '구조'가 요약하는 부분을 초월한 의미에서의 보다 전적인 인간성이 상징적·신화론적으로 반영되는 현상이다. 지상에서의 '구조'적 약자가 우주론적으로 보다 총체적 존재라는 터너의 주장은 우리도 이미 논한(63쪽) 아프리카의 많은 사회에서의 '땅의 주인'이라는 개념으로써 뒷받침할 수 있다. 그는 이에 대해 다음과 같이 설명한다.

많은 부족 사회의 사례가 보여주는 바에 따르면, 계급 형성이 그다지 철저하지 않은 경우 구조적 열성은 구조적 약함과 구조적 강함이 대치하고 있는 이원론의 틀 안에서는 가치의 담당자로서 등장하게 된다. 이러한 사례는 동인도네시아에서도 전형적으로 나타나며, 아프리카 특히 서西수단에서 현저히 나타나는 현상이다.

서수단 지방에서는 정치권력을 정복자가 장악하고 있다. 이에 반해 선주민은 그들의 수장을 통해 대지와 그 위에 존재하는 모든 사물에 신비한 힘을 발휘한다고 여겨졌다. 이렇게 하여 이들 선주민은 강력한 법적·정치적 권력에 대해 '약자 권력'이라는 종교적 힘을 지니게 되고, 내부적 분절화와 권위라는 이름의 위계 형태의 분할을 그 특징으로 하는 정치 체계에 대한 미분할 토지를 대표한다. 이들의 수장은 서수단의 볼타Volta계의 여러 부족 사이에서는 tɛnŋ('땅의 주인')이라는 어근으로 불리고 있다. 메이어 포티스Meyer Fortes가 시사하는 바에 따르면 땅의 사당은 거주 공간 바깥에 만들어지고, 부계 혈통의 조령祖靈 사당은 거주 공간 안에 만들어진다. 땅의 사당의 제사권은 타리스라고 불리는 선주민에게 주어져 있다. 터너는 위의 예들을 비롯하여 서·중앙 아프리카의 예에 입각해 이 지역에서 정복민 수장이 조직하는 조령 의례, 지령地靈 제사, 정치적 의례와 선주민 사제가 관장하는 풍요 의례의 대립이 종종 관찰됨을 지적하고 있다.

이리하여 그는 그대로 조령과 정치적 제사 및 그러한 지역적 부속품

(위계 등)이 정치적으로 명확히 식별 가능한 여러 집단 속에서나 그것들 사이에서 결정적인 권력의 분배와 분류적 구별 원리를 구현하는 데 반해, 지령 및 풍요의 제사는 이들 여러 집단에서 의례적 연관을 체현한다고 말한다. 첫 번째 타입은 '배제'를 강조한 것이고, 두 번째 타입은 '내포성'을 강조한 것이다. 전자는 '차이성'을, 후자는 '동질성'을 강조한다.[38]

터너는 정복자 계열과 선주민 계열의 지방사적地方史的 범주를 문자 그대로 받아들이고 있으나, 다른 지역의 예를 볼 때 이것을 반드시 그대로 받아들일 필요는 없다고 생각된다. 이 두 가지 극極은 구조주의적인 의미에서 볼 때 '구조'적 대립으로 파악할 수 있기 때문이다.

내가 조사한 나이지리아 주쿤족의 수도 우카리에는 왕족에 대응하여 피 씨족이라 불리는 씨족이 존재한다. 역사적 전승에 따르면, 이 피 씨족은 선왕조Kororofa의 장자를 시조로 하고 있다. 현 왕조의 시조 앙규 카타쿠파는 부왕을 업신여긴 장자를 제치고 부왕이 죽기 전에 왕권을 물려받았다. 그리하여 장자와 앙규 카타쿠파 사이에는 왕위 계승 전쟁이 일어났지만 현 왕조의 시조가 장자의 추적을 물리치고 지금의 왕조가 있는 우카리로 옮겨 왔다. 선왕조의 장자의 자손은, 우카리에 사는 것은 허락되지만 왕위 계승권은 전혀 갖지 못한다. 이 전승에서 볼 수 있는 것은 양자의 대립과 피 씨족의 구조적 열성에 대한 강조다. 그러나 피 씨족의 기득권에 기초를 두고 있는 영적 권위를 존중하는 면은 왕이 피 씨족의 장과 얼굴을 마주 대하는 것을 허락받지 못하는 데서도 읽을 수 있다.

또 서남에티오피아 가무 고원지대의 도르제족을 비롯한 고원 주변의 여러 부족에게서 정치적 권력과 종교적 권력이 두 명의 수장에 의해 분할 소유된다는 사례가 보고되고 있다. 이 경우 후자에게는 향연의 조직자라는 역할이 주어진다. 그러나 양자 사이에 '정복-선주先住'라는 관계가 성립하지는 않는다. 이미 언급한 가무 고원 서쪽의 오모 강 근처 지역에 정착하여 살고 있는 바스케토족은 정복민을 수장으로 삼고 있다. 서수단에서처럼 선주민 씨족의 장은 통치권을 박탈당했다는 굴욕적 역사 전승과 바꾼 영적 우위를 유지하고 있다. 장례 때 수장이 참여하고 있는 경우 그곳에 온 선주민 씨족의 장은 수장에게 곧바로 장례 장소에서 물러나 자신이 의식을 끝마칠 때까지 기다릴 것을 요구할 수 있다. 둘이 강을 건너다 마주쳤을 때 길을 양보해야 하는 쪽은 바로 정치 수장이다.

이러한 몇 가지의 사례에서 추출되는 것은 이중二重 수장제의 경우, 정치권력의 정당성을 강조하기 위해 구조적 열성이라는 극을 시각화했다는 결론이다. 이 구조적 극의 강조라는 면에서 볼 때, 역사적 설명은 아마도 2차원적인 것이라 할 수 있겠다. 터너가 말하는 정치 수장='배제'의 원칙, 영적 수장='내포'의 원칙의 구현이라는 대립의 극이 띠는 상징 작용은 인정해도 좋을 것이다 후자에게는 적어도 연속성의 표현이 인정되는 경우가 많기 때문이다.

터너는 이러한 구조적 우열의 원칙을 친족 관계에서도 관찰할 수 있다고 말한다. 친족 조직을 사회 결합의 기초로 하고 있는 사회에서는 부계이든 모계이든 그것을 통해 권위, 재산, 사회적 지위가 전달되는 '딱딱한' 법적 계보의 선이 존재하고, 이에 대응하여 부계에서의 어머니 쪽 친족이나 모계에서의 아버지 쪽 친족과 같이 '추보적追補的 혈연'

이라 불리는 친족을 통한 가족의 '유연'하고도 '정서적'인 측이 존재한다. 법적으로 인정된 이 '선line'과 다른 '측side'은 종종 한 사람의 전체적인 행불행에 대해 신비로운 영향력을 지닌다. 그러한 이유로 많은 부계사회에서는, 어머니의 형제는 그 자매(어머니)의 자식(자신)을 저주하거나 축복하는 힘을 가지지만, 법적인 강제력을 띠지는 않는다. 따라서인간관계의 두 가지 패턴이 '선'과 '측'으로 분류된다. 세대에서의 상하에 이어지는, '선'의 '딱딱한' 관계와 '측'의 '유연한' 관계다. 후자의 경우, 그것은 '서로 놀리는joking' 관계를 이루어 반쯤 제도화되거나 적어도 채널화되는 경우가 많다. 남자 조카는 이러한 관계에 있는 큰아버지를 함부로 놀릴 수 있다. 또 때로는 의례가 한창 진행되는 때에 침입하여 제물로 바쳐진 고기의 가장 좋은 부분을 가지고 가는 것뿐 아니라, 어머니 쪽 큰아버지의 물건을 마음대로 가지고 가는 것도 허용된다. 네 번째 장에서 살펴보았듯이 에드먼드 리치는 이 대립 관계를 x·y 도식의 대립으로 보았다. x를 '의식적' 영향력의 행사(명령 등)로, y를 '무의식적' 신비력에 의한 영향력의 행사로 보아, 이 두 가지 상반되는 타입의 영향력 배분 관계로서 이해할 것을 제창했다. 이때 y, 즉 터너의 표현대로 하자면 '측'에 해당하는 쪽에는 마법의 상호작용이 현저히 나타남을 리치는 지적했는데, 여기서도 '측' 쪽에 구조적 열성이 강조된다는 점에는 변함이 없다.

구조적 열성과 코뮤니타스의 관계는 매우 가깝다. 구조적 열성의 입장에 놓인 인간은 그만큼 중심적 가치에서 멀어지기 때문에, 강렬한 정서적 공동체를 형성할 가능성을 지닌다. 일본의 시대극 영화에 나오는 '나가야長屋'칸을 막아서 여러 세대가 살 수 있도록 만든 연립주택의 이미지에는 이러한 정서적 공동체의 분위기가 농후하게 감돈다. 출신, 계급적 기원은 해소되고 상호 정서적 연대가 강조되는 '나가야'는 일본적 맥락에서의 코뮤니타스에 들어맞는 표현이라고 할 수 있을 것이다. 이는 '나가야' 밖의, 계급 경합이 벌어지는 사회 분할의 이미지와도 대치된다. 암유적 치환을 되풀이하면, '나가야'의 이미지는 근대에서의 동굴이나 모성적 원리로 해소될지도 모른다. 나가야에서는 과도성이라는 시간적 표현, 아웃사이더성이라는 사회 공간적 표현, 빈곤이라는 구조적 표현 모두가 드러나고, 그러한 표현을 통해 정서 공동체(코뮤니타스)라는 상징적 차원이 파악된다. 어떤 의미에서, 시대극 영화와 대중문학에서 가장 인기 있는 이 '나가야'라는 공간은 근대 일본의 출세 지향 사회에서의 진정한 유토피아의 표현이었을지도 모른다.

이와 같은 정서 공동체에서 고집하는 인간의 이미지는 다양한 문화의 신화에 반영되어 있다. 가령 레비스트로스가 소개한 투카나족의 다음과 같은 신화에서도 볼 수 있다.

샤먼의 치유력의 기원

어느 두 살 난 여자 아기가 매일 밤이 되면 울음을 멈추지 않았다. 피곤에 지친 엄마는 그 아기를 집 바깥에 두었지만 아기는 혼자서 계속 울어댔다. 마침내 개구리 한 마리가 아기를 데려가버렸다. 아기는 어른이 될 때까지 개구리 곁에 머물면서, 치유와 더불어 살상까지도 할 수 있는 모든 주술을 호신용으로 습득했다.

그 후 그녀는 사람들이 사는 곳으로 돌아왔다. 이 무렵에는 그녀가 요녀라는 사실이 알려지지 않았다. 나이가 들어 마음대로 음식을 차리지 못하게 되자, 그녀는 식사 준비를 위해 젊은 처녀들을 고용했다. 하지만 이 처녀들은 노파를 따르지 않았고 일하는 것을 거절했다. 한밤중에 노파는 젊은 처녀들의 발에서 뼈를 빼냈다. 처녀들은 일어설 수 없었으므로 노파에게 유일한 음식인 자신들의 골수를 그녀가 먹는 것을 잠자코 지켜볼 수밖에 없었다.

죄가 발각된 후 요녀는 참수당했다. 그녀는 주요한 관절과 넘쳐흐르는 피를 모아, 하늘을 향하여 태양에 끼얹듯이 내뿜으며 "내 혼이 너희에게 들어가기를!"이라고 말했다. 그 후 희생자의 영혼이 하수인의 몸속에 들어가게 되었던 것이다.[39]

레비스트로스는 이 신화에서 '우는 아이'라는 신화의 모티프를 볼 수 있다고 보고 "울음을 그치지 않는 아이는 '사회화'되지 않고, 자연에 완미하고 집요하게 집착하며, 이 같은 방향을 지닌 동물들의 욕정을 북돋운다. 그리고 성장한 후 자연의 음식인 꿀이나 성적인 '음식'인 소녀와 소년에 집착하게 되는 원인이 된다"고 설명한다.[40]

우는 아이의 신화에 대해 레비스트로스는 다음의 두 가지 예를 더 들고 있다.

아마존족, 울부짖는 아기

검은 재규어인 유와루나는 남편의 형제들을 유혹하는 것밖에 모르는 여자 재규어와 결혼했다. 화난 형제들은 그녀를 살해했다. 형제들은 임신 중인 시체의 배를 갈랐는데, 작은 아이가 나와서 물속으로 뛰어들었다.

힘들게 잡힌 이 아이는 '갓 태어난 아이처럼' 계속 울어댔다. 울음을 멈추게 하려고 온갖 동물들이 모여들었다. 그러나 그중에서 올빼미만이 울음을 멈추게 하는 데 성공하고, 그에게 출생의 비밀을 이야기해주었다. 그 후 그는 어머니에 대한 복수만을 생각했다. 한 마리, 한 마리씩 재규어를 모두 죽인 후 그는 바람을 타고 천상에 올라가 무지개가 되었다. 잠든 인간들이 죽음이 임박했을 때에만 그가 부르는 소리를 들을 수 있게 된 것은 그러한 연유에서다.[41]

레비스트로스는 치마네족이나 모세테네족에게도 비슷한 신화가 있다고 논하면서 다음의 예를 들었다.

어느 날 임신한 아낙네가 물고기를 잡으러 갔다. 그때 폭풍이 몰려와 배 속의 아이가 행방불명이 되었다. 몇 달 후 이미 어른이 된 아이가 나타났다. 이 아이는 울보여서 어느 누구도 조용히 생활하고 잠자게 두지 않았다. 사람들은 그를 강에다 던졌다. 아이가 강에 닿자 강은 말라버리고 아이는 사라져 하늘로 올라갔다.[42]

레비스트로스는 투카나족의 샤먼처럼, 완고하게 자연과 여성의 세계에 집착하고 사회화를 거부한다는 의미에서 이 종류의 신화 속 인물을 반사회적인 주인공으로 간주했다. 이러한 우는 아이는 레비스트로스도 언급한 스사노노미코토 신화와 같이 코뮤니타스에 집착하는 존재인 것이다.

터너는 구조의 안쪽에 사는 사람의 관점에서 볼 때, 그 코뮤니타스의 안쪽에 있는 인간은 스스로의 존재 그 자체로써 일체의 규범적 질서를 의문시하는 망명자나 이방인이 될 것이라고 서술했다.[43] 신화에 나오는 우는 아이가 모든 질서, 문화 세계로의 귀속을 거부하면서, 우는 행위로 어머니인 혼돈으로서의 자연에 집착하는 것처럼, 코뮤니타스의 안쪽에 있는 자는 많든 적든 문화의 비연속과 대를 이루는 연속성의 정서 공동체라는 기초에 서서, 구조를 상대화하는 능력을 지닌다. 스사노노미코토 신화와 남미의 우는 아이 신화는 연속성을 고집하고 비연속성을 거부하는 심성이 발현된 형태라 볼 수 있다. 하지만 제도의 유지를 제일의적으로 필요로 하는 공동체 쪽에서 본다면, 이 연속성은 공적인 위계에 대한 도전이다. 이리하여 연속성에 대한 고집은 반질서적 행위로서 배제되는 것의 견본이 된다.

공적 제도를 중심으로 한 구조가 '배제'의 원칙을 전제로 성립하고 있다고 할 때, 터너에 따르면 그것은 부정과 대립을 기초로 삼고 있다. 우리의 관점에서 볼 때도 의미론적으로 배제가 불가능한 원칙이라 말해도 좋겠다. 터너는 이러한 배제를 상쇄하기 위해 윌리엄 블레이크 William Blake의 시 중 '부정의 파괴' 및 '대립의 속죄', 즉 '구조'와 '코뮤니타스'의 균형 회복의 필요성을 주장한다.[44]

우리의 입장에서 보면, 이 물음은 구조의 정당성에 대한 의문을 통해서만 성립되는 것이며, 코뮤니타스는 그 의문을 위한 사고의 무기인 상징을 제공한다. 의문은 공적 질서부터의 퇴행으로서 나타난다. 이러한 공격적 퇴행은 20세기 문학에서 상상력을 통한 지배적 현실의 용해 작업으로 정착했다.

시적 언어와 주변적 현실

양의성의 저편으로

같은 단어를 사용하지는 않았으나 주변성의 문제를 보다 체계적이고도 다각적인 언어의 차원에서 추구한 것은 바로 1920년대의 러시아 형식주의와 1930년대 체코의 프라하학파였다. 특히 형식주의자들이 제기한 시적 언어 문제는, 언어뿐 아니라 현실의 역동성을 파악하는 데도 매우 유효한 관점을 시사해주었음이 오늘날 점차 명확하게 드러나고 있다.

여러 '의미가 한정된 영역'과 중심적인 현실의 관계에 관해서는 유리 티냐노프Yury Tynyanov가 시사적인 논의를 내놓았다. 그는 논문 「문학적 진보」(1927)에서 하나의 체계를 개개의 구성 요소 사이의 상호 관계와 역동적인 긴장을 특징으로 하는 복합적인 전체라 파악했다. 전체로서의 체계를 유지하는 것은, 논리적인 설명이라기보다 미학적인 작용에서의 잠재적인 통일이라는 것이다.[1]

구조와 체계의 관계에 관한 티냐노프의 이와 같은 고찰은 프라하학파를 전개한 얀 무카르좁스키^{Jan Mukařovský}에게 깊은 영향을 주었다. 무카르좁스키는 현실의 다양한 차원, 또는 '담론의 소우주'와 관련된 어떤 것에 대해 다음과 같이 말하고 있다.

> 사회적 현상의 영역은 각각 독자적인 전개 양식을 가진 부분(구조)의 복합적인 편성으로 구성되어 있다. 여기서 부분이란 과학, 정치, 경제, 사회 계층, 언어, 도덕, 종교 등을 가리킨다. 그렇지만 이 각각은 각각의 독자성을 초월한 곳에서 서로 다른 것과 그 영향을 주고받고 있다.[2]

무카르좁스키의 이러한 생각은 티냐노프가 지닌 사고의 연장선장에 있는 것이 분명한데, 이는 역시 현실에 대한 슈츠와 어번의 사고와도 병행하고 있다는 점에 주목하면 좋을 것이다. 티냐노프는 이들 각 부분의 관계에 대해 매우 주목할 만한 개념으로 '기조_{基調}dominant, 악곡의 기초가 되는 주요한 조調를 가리키는 말를 제시했다. 그는 문학 개념으로서의 '주조'를 다음과 같이 정의했다.

> 체계라는 것은 모든 요소의 대등한 상호 관계가 아니라, 어떤 요소 그룹의 발탁('기조')과 그 외의 요소의 변화^{deformation}를 전제로 하는 것으로, 작품이 문학 안으로 들어가 그 문학적 기능을 얻는 것은 이 '주조'에 의해서다.[3]

이 '기조'는 다양한 차원에서 지적할 수 있다. 가령 문학의 형식에서는 장르의 교체로도 설명할 수 있고, 문체론적인 차원에서는 선호하는 문체의 문제로 설명할 수 있다. 그뿐만이 아니어서, 티냐노프가 이를 궁극적으로는 '형태'에 대한 특정 시대의 기호의 표현이라고 규정하면서부터 현실 차원의 문제로 전개될 가능성을 포함한다. 즉, 어떤 일정한 기조는 일정한 현실에 대해 지배를 관철하면, 유연성을 잃고 새롭게 대두되는 현실을 포용할 수 없게 된다. 따라서 이 특정한 기조는 보다 가역성이 높은 기조로 교체되어야 한다. 본래 기조는 문학 이론 안에서 제기된 것인데, 슈츠의 '타당성' 내지는 각 타당성의 중심 지표인 '토픽(화제)' 개념에 대응한다. 하지만 티냐노프의 기조 쪽이 슈츠의 토픽보다 통시적인 허용량이 높다고 말할 수 있겠다.

이 기조는 무카르좁스키에게 직접적인 영향을 주고 있다. 그것은 다음과 같은 무카르좁스키의 표현에서도 드러난다.

> 우리는 다음 사실을 잊어서는 안 된다. 시간의 경과에 따라 전개되는 각자의 (부분) 구조의 역학적 성격에 의해 규정되는 전개의 여러 연쇄는 (…) 무관하게 작용하지 않으며, 각각이 부분을 이루고 있는 보다 높은 차원의 구조의 부분으로서 공존하고 있다는 사실을. 더욱이 여러 구조를 통합한 구조는 고유의 상하 관계(위계)와 고유의 기조(우월한 군群)를 가진다는 것까지도. 물론 이것은 생기 있는 구조로서 고갈된 시스템이 아니며, 이 우월한 구조(지고의 구조, vrcholná výstdrba)는 내적인 이율배반으로 넘치고 있어 끊임없이 작동하고 재편하는 소용돌이 속에 있다. 그러므로 각각의 구성 부분은 교대로 기조의 역할을 행하지만 어떤 것이든 계속해서 제1바이올린을 연주하지는 않는다.[4]

이 관점은 소박한 하부 구조로의 환원 논리와 다르며, 문화의 각 구성 요소가 서로 지도성을 발휘하는 점을 인정하고 있다는 의미에서 구조주의와 변증법의 종합을 나타내고 있다. 더욱이 우리에게 든든한 힘이 되는 것은 현실의 다차원성에 대한 이론적 배려도 소홀하지 않다는 점이다. 이러한 공통과 통시의 통일이라는 시각에 근거하여, 무카르좁스키는 현실 표현 양식의 잘 알려진 두 가지 대립 요소에 대한 사고를 표면화시켰다. 제2차 세계대전 중에 발표한 논문에서 그는 (1) 진화, 연속성, 규칙성, 즉 전개 순서의 일관성 유지라는 경향과 (2) 전개 계열의 일관성을 뒤흔드는 요소가 존재함을 강조했다. 구조의 일관성의 원천은 내적인 규준에 근거한 규제적 힘 속에 있음에 반해서, 일관성 파괴의 충동은 외부로부터 들어온다. 이러한 파괴성의 출현은 규칙 정연한 전개라는 점에서는 우발적인 것처럼 보인다. 그러나 보다 포괄적인 구조, 즉 외적인 구조라는 점에서 보면, 이 우발적인 파괴적 구조 역시 필연적인 전개 속에서 충분히 설명할 수 있는 당연한 결과다. 하지만 진행 중인 전개의 측면에서 볼 때, 외부적인 혹은 우연적인 요소의 개입은 전개되는 구조 자체의 수요와 성격에 따라 제한 받는 것임에 틀림없다.

이러한 역동적 관점을 도입한 결과, 구조에 관한 문제는 무카르좁스키에 의해 다음과 같이 재정의된다.

구조는 요소의 조합이지만, 그 내적인 균형은 끊임없이 교란되고 또 재건된다. 내구성이 있는 것은 시간의 경과 속에서의 구조의 외적 일관성뿐으로, 그 내적인 구성, 구성 요소 사이의 관계는 끊임없이 변한다.

상호 관계 속에서 각각의 구성 요소는 끊임없이 다른 것을 지배하고자 힘쓴다.[5]

무카르좁스키의 구조 이론에서는 이처럼 균형을 향한 요소와 뒤흔듦을 향한 요소의 관계가 강조된다. 다음 문장에서도 이 사실은 증명된다.

구조의 개념은 (…) 부분의 상호 관계에 따른 전체의 내적 통일에 근거한다. 여기서의 관계란 협조 및 조화 같은 긍정적 관계뿐만 아니라 항쟁과 모순 같은 부정적 관계에 의해서도 유지되고 있다.[6]

그는 구조 이론을 통해 부정적인 것에 대해 적극적으로 평가하고 있다. 부정적인 요소는 구조 내의 긴장을 끊임없이 유지시키고, 나아가 기조 변동의 계기를 부여한다. 시적 언어의 본질적 작용은 본래 그와 같은 균형 붕괴에 따른 새로운 기조의 출현을 촉진한다는 점에서 찾을 수 있을지도 모른다. 시가 근원적으로 웃음과 결부되어 있다는 사실 역시 시의 현행 기조에 대한 그와 같은 부정적 기능에서 유래할 것이다.

미셸 보주르Michel Beaujour는 시적 언어가 본질적으로 일상 언어에 대한 부정성 위에 성립하고 있음을 다음과 같이 말하고 있다.

시는 부정否定이다. 처음에는 가장 실제적인 것처럼 보이는 시도 그 힘(특히 시가 이해될 수 있다는 가정 아래에서 청중을 감동시키는 결정적 힘)을 시적 언어라는 지위에 의존하고 있다. 시적 언어는, 본질적으로 행동

언어와 정반대의 것이다.[7]

러시아 형식주의자들은 일찍부터 시적 언어의 문제를 논의했다. 그 중에서도 로만 야콥슨Roman Jakobson이 「가장 새로운 러시아의 시」에서 흘레브니코프의 시에 대해 다음과 같이 논한 사실은 잘 알려져 있다.

프레브니코프 작품의 상당 부분은 일상 회화의 말을 출발점으로 삼은 듯한 말로 쓰여 있다. 마찬가지로 말라르메Stéphane Mallarmé는 "나는 부르주아들이 신문에서 매일 읽으며 잘 알고 있는 말을 그들에게 증정한다. 다만 그들이 아연할 정도로 연관을 맺어 증정한다"라고 말한다. 이미 알고 있는 것을 토대로 해야만 아직 모르는 것이 이해되고, 충격을 준다. (…) 형식이 소재를 붙들고, 소재는 그 구석구석까지 형식으로 뒤덮인다. 형식은 판에 박힌 양식이 되어 마침내 죽는다. 부조리의 시적 구성이 다시 새롭게 기쁨을 선사하고, 새롭게 두려움에 떨게 하고, 새롭게 충격을 주기 위해서는 새로운 소재의 유입, 일상 언어의 청신한 여러 요소의 유입이 불가결해진다.[8]

시가 사용하는 것은 '낯선 말'이다. 그중에서 특히 낯선 것은 글로사glossa, 그리스어로 원뜻은 '혀'이며 여기에서 '언어'라는 의미가 파생되었다(아리스토텔레스)인데, 여기에는 고어古語 archaism, 이국어異國語 barbarism, 지방어地方語도 포함된다.[9]

야콥슨의 시학에서는 '새로운' 조합, '새로운' 시적 구성, '신선한' 소재, '신선한' 충격, '신선한' 여러 요소의 유입이 중심 문제가 된다. '신선한'은 '오래된'보다는 '관례화된'의 반대 개념으로 이해할 수 있다.

야콥슨이 강조한 '아연할 정도로 연관을 맺는' 지적 기술이야말로 '데쿠파주decoupage'와 더불어, 상징시를 비롯하여 미래파, 다다이즘, 초현실주의, 몽타주 이론에 이르는 20세기 예술의 미학적 급진주의 전통의 근간을 이루는 것이라 할 수 있다. 일상생활의 현실에서 생기하는 사상은 전통적인 시의 언어에서도 일어난다.

> 전통적인 시적 언어가 굳어지고 감지되지 않게 되어, 그 오자마저도 신성을 모독해서는 안 된다고 간주되는 성스러운 텍스트, 하나의 의식儀式으로 경험하는 순간이 찾아온다. 시의 언어는 바니시로 덮여, 전용어법이나 시적 파격도 의식意識에 대해 더는 아무것도 말하지 않게 된다.[10]

판에 박힌 양식이 된 시법詩法에서 환기 가능한 것은 무엇보다 표층의 현실뿐이다. 이 표층의 현실에서 사람은 의식의 가장 피상적인 부분, 관용구의 연장선으로 이해 가능한 부분만을 기동한다. 이러한 바니시를 제거하여 잠재적인 현실을 드러내는 것이 바로 시적 언어의 사명이다. 이러한 시적 언어의 필연성에 대해 야콥슨은 앞서 인용한 것처럼 다음과 같이 설명하고 있다.

> 부조리의 시적 구성이 다시 새롭게 기쁨을 선사하고, 새롭게 두려움에 떨게 하고, 새롭게 충격을 주기 위해서는 새로운 소재의 유입, 일상

언어의 청신한 여러 요소의 유입이 불가결해진다.[11]

나아가 기계화된 일상 언어에 대해 기계화(=관습화=자동화)되지 않은 시적 언어의 역할은 야콥슨을 필두로 하는 형식주의의 이론화를 통해 크게 강조되었다. 특히 야콥슨은 이 사이의 관계를 다음과 같이 표현한다.

> 음운과 의미의 기계적인automatic 접근 연합은 습관화되면 될수록 점점 더 신속히 성립하게 된다. 여기서 일상의 파롤의 보수성이 생겨난다. 이리하여 말語의 형식은 급속히 사멸한다.
>
> 시에서는 기계적인 연합association의 역할이 극도로 억제되는 반면, 말의 구성 요소를 분리하는 것dissociation이 배타적으로 관심을 끈다. 분리된 것의 단편은 쉽게 조합되어 새로운 결합체가 된다. 죽어 있던 접사接辭가 다시 살아난다.[12]

야콥슨은 같은 글에서 "말의 본래 의미와 전의轉義로서의 의미 사이에는 경계가 있는데, 그것을 철거하는 것이 시적 언어 특유의 현상이다"[13]라고 말하고 있다. 말이 환기하는 현실의 상像은 말에 대해 언제나 일대일의 관계를 갖고 있는 것은 아니다.(세 번째 장 1절 참조) 말의 의미는 그것이 놓인 신택스 안에서, 또한 그 글이 대응하는 환경 속에서 미묘하게 또는 급격하게 변한다. 그러한 의미성은 하나의 말에서 중층적으로 성립하고 있다. 일상생활의 기계화된 용법 중에서 화자 자신에게 의식되는 것은 그중에서도 표층적인 부분에 지나지 않는다. 본래의 의의와 전의 사이에 항상 명확한 경계가 있는 것은 아니지만, 잠재적인 부분을 담당하는 전의 또는 때때로 전의의 저편에 있는 의미를 일상생활의 흔한 문맥에서는 좀처럼 표현에 나타나기 어렵다. 경계를 철거한다는 것은 잠재적인 의미를 표층에 이끌어내는 행위를 가리킨다. 이 행위를 가능하게 하기 위해, 이미 우리가 지적하고 슈츠가 말한 '타당성'의 체계 사이에 스위치의 전환이 행해진다. 그 전환에 사용되는 언어 기술이 바로 시적 언어라고 불리는 것이다.

이렇게 해서 수구적인 일상 언어에 충격적인 시적 언어가 대치된다. 일상 언어는 음운과 의미의 기계적인 결부 위에 성립하며, 관습화를 통해 유지된다. 일상 언어의 시스템은 현상학적인 의미에서의 침전화 sedimentation 위에 성립하고, 에포케에 의해 보증되고 있다. 일상 언어는 사물의 지시 능력 중에서도 가장 짧은 거리의 커뮤니케이션을 선택하므로 우회적 연상을 필요로 하는 의미 작용은 가려지고 잃어버린다. 이 잃어버린 의미 작용을 구출하는 노력, 그것이 바로 시적 언어에 부과된 문제라고 해도 좋을 것이다.

시적 언어를 성립시키는 기법은 수없이 많은데, 여기서 그 모두를 다 늘어놓을 수는 없다. 이는 바로 야콥슨이 「가장 새로운 러시아의 시」에서 흘레브니코프의 시를 소재로 삼아 종횡무진으로 논한 바였다.

야콥슨은, 이러한 수많은 기법 중 우리가 가장 주목하는 것은, 말을 '낯선 것'으로 하여 그것이 보통 속해 있는 현실의 문맥에서 따로 분리하는 방식이라고 말한다.

말의 본래 의미와 전의로서의 의미 사이에는 경계가 있는데, 그것을

철거하는 것이 시적 언어 특유의 현상이다.[14]

여기서 야콥슨은 이미 세 번째 장 1절에서 논한 다의성polysemy를 문제의 초점에 두고 있다. 말의 잠재적 의미란 말의 중심적인 의미가 아니라 말이 그 '형태적' 유추로 이끌어내는 의미, 즉 말장난과 수수께끼에서 그 힘을 발휘하는 주변적인 의미를 가리킨다. 바꾸어 말하면 그것은 말의 '익숙한' 의미에 대한 '낯선' 의미다. 사실 야콥슨이 "낯선 말"의 적극적 효과를 강조하고 있음은 이미 주의하여 살펴보았다. "낯선 말"은 그것이 놓인 신택스 환경에서 근접한 말을 감염시켜 '익숙한' 말까지도 '낯선' 말로 전화轉化시켜버리는 힘을 지닌다.

이러한 '낯선' 말의 탐구에 대한 정열은, 야콥슨이 인용하는 홀레브니코프의 "일상생활에서의 관용과 효용 바깥에 있다"라는 표현에 집약적으로 나타난다.

이 '낯설게 하는' 기법은 빅토르 시클롭스키가 "낯설게하기"(이화異化)원서에는 '비일상화非日常化'라 되어 있다라고 이름 붙인 것으로, 문학 개념으로서 매우 잘 알려지게 되었다. 시클롭스키는 「방법으로서의 예술」에서 "일상적으로 눈에 익은 사물을 기이한 것으로 표현하는 '낯설게하기' 방법"을 톨스토이의 초기 작품을 단서로 삼아 논하고 있다.[15]

시클롭스키의 주장은 대체로 다음과 같은 형태로 전개된다.

우선 예술의 목적은 우리에게 사물의 표층을 인지하게 하는 것이 아니라, 숨겨진 의미를 '보게끔' 도와주는 데 있다. 시클롭스키도 다른 형식주의자들이나 현상학자들과 마찬가지로 일상생활이 지각의 자동화·관성화를 초래한다고 주장한다. 생활 속에서 우리는 사물을 '보는'

것을 멈추고 만다. 우리는 사물, 의상, 가구, 아내, 전쟁의 공포조차 서서히 익숙한 것으로 만들어 일상생활에 동화시켜버린다. 이러한 관성화는 우리가 심층의 현실과 본원적으로 접촉할 기회를 박탈하고, 우리를 단순한 일상생활 차원의 인과관계에만 지배되는 존재로 환원한다. 예술이 충격 효과로서 생활에 개입하는 것은 이 지점이다. 예술은 사람의 시선이 자동적인 반사작용과 피상적인 지각 작용에서 벗어나는 데 도움을 준다.

예술은 현상을 낯익은 맥락에서 분리하여 낯선 맥락 속으로 이행시킴으로써 이러한 작용을 완수한다.

이는 사물의 용모를 바꾸어 그것들을 한눈에 지각하기 어렵게 함으로써 최종적으로는 사물의 숨겨진 용모를 잘 '보이게' 한다. 즉, 어떤 사물과 관념이 미지의, 기이한, 낯선, 무언가 어려운 것이 되면, 우리는 거기에 주목하고 적극적인 관계를 수립하여 그것을 '보려고' 한다. 요컨대 이 비일상화의 기법은 예술의 소재를 익숙지 않은 것으로 하는, 바꾸어 말하면 사물을 그 보통의 맥락에서 분리하여 예상할 수 없는 조합 속으로 이끌어가는 점을 기본 특징으로 하고 있는 것이다.

케네스 버크도 이러한 기법을 '비능률=우회로incongruity'라 표현하며 추구하고 있다. 또한 베르톨트 브레히트Bertolt Brecht는 이 수법을 '이화' 효과라는 연극의 급진적인 방법론으로 고양시켰다.

비일상화는 당시 형식주의자들이 크게 선호한 개념이었으며, 보리스 토마솁스키Boris Viktorovich Tomasevski도 「테마론」에서 예술적 동기부여의 한 가지 경우로 다음과 같이 논하고 있다.

문학 외의 요소를 예술 작품에서 누락하지 않도록 작품 속에 도입하기 위해서는, 소재를 새롭고 개성적인 방법으로 조명해야 한다. 낡고 눈에 익은 것을, 새롭고 낯선 것으로 이야기할 필요가 있다. 일상적인 것은 이상한 것으로 이야기된다.[16]

그러나 비일상화에 해당하는 개념을 반드시 형식주의자들이 무에서 만들어낸 것은 아니다. 얀 브뢰크만Jan M. Brökman은 낭만주의, 상징주의, 미래파, 마르크스주의에서도 이와 병행하는 개념을 볼 수 있다고 설명한다.[17] 브뢰크만에 따르면, 낭만주의와 상징주의에서 그것은 곧 세계를 변형시키는 기법이었다. 또한 상징주의의 감수성에서는 주관적 환상의 비대함을 통해, 미래파에서는 계획적인 도발로서 나타났다.

이렇듯 다양한 예술 운동에서의 대응을 보여주는 이 비일상화를, 경우에 따라서는 그로테스크함의 추구라고도 바꾸어 말할 수 있다. "그로테스크한 것은 소외된 세계다" 내지는 그로테스크한 것은 "이 세계의 신빙성이라는 것이 실은 겉보기에 지나지 않는다. (…) 그로테스크한 것의 구성은 세계 정위定位를 위한 여러 범주가 쓸모없음을 필요로 한다"[18]라고 볼프강 카이저Wolfgang Kayser가 내린 정의에서, 그로테스크한 것은 비일상화와 서로 거의 겹친다. 그것은 곧 소외되어 구석으로 밀려난 세계의 정당화 작업이기 때문이다.

제임스 쿠겔James L. Kugel은 '이상한 것'을 탐구하는 방법으로서의 상징주의에 대해 다음과 같이 적확히 말하고 있다.

이렇게 해서 상징주의자들은 '새로움'을 탐구하는 비법을 점차 발견해냈다. 그 비법이란 지고한 시적 효과인 이화성이었다. (…) 상징파 시인에게 새롭고 '익숙하지 않은' 스타일로 시를 쓴다는 것은 서술 산문 속에서 동시대의 기준과의 유리, 다가올 묵시록에 대한 예감을 기록했을 때 그들이 표현했던 것과 완전히 같은 것을 표현하는 것이었다. 하나의 이화성은 다른 이화성과 호응하고 있었다. 즉, 그들 자신 속에 있는 이화의 감정(이화, 소외, 독립, 새로움)이 (비법, 불가해, 개신改新 등의 의미에서의) 이화성의 시로 표명된 것이다.[19]

이리하여 '이화성'과 '새로움'은 본질적으로는 동일한 것에 대한 다른 표현임이 분명해졌다. 「가장 새로운 러시아의 시」에서 야콥슨이 말한 '새로움'은 분명 이러한 '이화성'을 환기하는 기법으로서의 '비일상화' 개념이었던 것이다.

쿠겔은 '이화성'에 대한 상징주의의 탐구가 러시아의 미래파에 그대로 전승되었다고 본다. 이 관점에서 볼 때 상징주의와 미래파의 차이는 이념의 차이가 아니라, 철저함의 차이에 있다고 할 수 있다. 쿠겔은 1967년에 야콥슨이 UCLA에서 했던 '20세기 러시아의 실험시'라는 이름의 강연(미간행)에서, 러시아의 상징파와 근대파(미래파Acmeist)의 차이는 전자가 내놓은 시적 효과를 후자가 과학적 정확성으로 추구했다는 점에 있다고 말한 것과, 미래파는 의사에게 처방전을 요구하듯이 모스크바 언어 서클의 이론을 요구하고 이를 받아들였다고 말했다는 것을 덧붙였다.[20] 이러한 사실은 비일상화의 이론 자체가 상징파 시 이론의 영향 아래에서 형성되었음을 시사한다. 특히 상징파 시인 안드레

이 벨르이Andrei Bely가 동시대에 끼친 영향을 잘 알고 있는 사람이라면, 그것을 결코 부자연스러운 단정이라 여기지는 않을 것이다.

지금까지 논한 과정에서 거의 명확해진 것처럼, 형식주의자의 시적 언어 탐구는 의미 작용에서의 주변성 발견으로 이어지는 것이었다. 주변성은, 처음에는 문화의 주변부에 존재하는 사물을 현실 탐구의 모델로 하는 작업 속에서 수확된다. 이어서 그 모델을 사용하여, 중심부에 있다고 여겨지며 평범하다고 생각되는 일상생활 속 사물에 적용된다. 이러한 작업을 통해 한편으로는 중심적인 사물과 주변적인 사물을 격리시키는 논리가 파괴되고, 다른 한편으로는 중심적인 사물의 바닥에 가라앉은 주변적인 의미 작용이 드러나기 시작한다.

특히 일상어의 잠재적인 의미 작용은 이미 우리가 주목했듯 형식주의자들이 깊게 관심을 가진 주제였다. 야콥슨은 '말의 본래 의미와 전의'라는 것에 대해 언급하고, 유리 티냐노프는 「시어의 문제」라는 논문에서 '말'에 대한 연구의 맹점을 논하며 다음과 같이 서술하고 있다.

우리는 (…) 일상생활에서 당연한 것이 되어버린 온갖 관계를 멋대로 연구 대상으로 삼으면서, 그것을 문학 연구의 출발점이라 해버리는 경향이 있다. 그때 소재(=말)란 것이 그 역할이나 사명에 따라 이질적이고 다의적이라는 점은 간과된다. 어떤 단어 안에는 그 기능에 의해 자격을 달리하는 여러 요인이 있다는 사실을 놓쳐버리는 것이다. 어느 하나의 요인이 나머지 요인을 희생물로 삼으며 등용되는 경우가 있는데, 이 때문에 나머지 여러 요인은 왜곡되고, 때로는 아무 성격도 띠지 못하는 무대 도구 수준으로 격하되고 만다.[21]

이렇게 다중적인 의미 작용에서도 기조의 요소를 관찰할 수 있다. 부연하자면 어떤 말에 있어 다른 것을 억눌러서까지 현재화하는 의미는, 그것들이 쓰이는 콘텍스트 및 신택스에 가장 적합하다는 조건뿐만 아니라 그것들이 쓰이는 현실 차원 자체에 대해 타당성을 지닌다는 조건도 만족시키고 있다. 이리하여 하나의 말에서도 특정 차원의 현실에 대한 적합성이라는 의미에서의 기조 현상이 나타날 때, 당연히 기조로서의 한 가지 의미의 상대성 역시 문제가 된다. 티냐노프는 이 점에 대해 같은 논문에서 다음과 같이 말한다.

> 문학 작품의 형식form은 동태적인 것이라 의식되어야 한다.
> 이 동태성은 우선 첫 번째로 구성적 원리의 개념에 나타난다. 어떤 단어의 모든 요소가 같은 가치를 가진다고는 할 수 없다. 동태적 형식이란 그들 여러 요소의 결합 내지는 융합에 의한 것이 아니라, 그것들의 상호작용 즉 어떤 요소 그룹을 희생시켜 다른 요소 그룹이 발탁됨으로써 형성되는 것이다. 그때 발탁된 요소는 종속당하는 여러 요소를 변형시켜 버린다.[22]

여기서 티냐노프는 지배적 요소(기조)와 종속적 요소의 상호작용과 각축에 의해 예술이라는 형식이 생기를 띠게 됨을 강조한다. 이 각축이 소실되면 양자가 포화 상태에 빠지고 자동화하기 때문에, 예술이라는 사실은 소실되고 만다고 한다.

우리가 보아온 현실의 다양한 차원 사이의 관계에도 이 기조 개념을 적용할 수 있음을 이미 확인했다.(178~180쪽 참조) 야콥슨은 "기조론"

이라는 제목의 글에서 기조의 성쇠에 대해 다음과 같이 논하고 있다.

> 지나간 어떤 시대에 과소평가되고, 불완전하다는 판정을 받고, 딜레
> 탕트dilettante, 취미로서의 학문나 일탈 또는 단순한 착오 등의 동의어로 취
> 급되어 왔던 것, 이단적·퇴폐적이며 무가치한 것이라 여겨진 것들이 새
> 로운 시스템 안에서는 적극적인 가치가 있는 것처럼 느껴지고 채용된
> 다.[23]

기조를 둘러싼 장르의 전개 및 의미의 다의성의 문제는, 시적 언어
의 문제와 함께 프라하학파가 그대로 계승하여 발전시키게 된다. 프라
하학파는 이 문제를 보다 넓은 문맥 속에서, 즉 인간 행위의 다중기능
성多重機能性polyfunctionality이라는 방향으로 옮겨 다루었다.

1929년에는 프라하 언어학 서클Prague Linguistic Circle의 테제 중 이 기
조 문제가 중심 과제 중 하나로 거론된다.[24] 이에 관한 선언에서는 야콥
슨이 제창하게 되는, 시적 언어와 정보 교환을 위한 일상 언어의 대비
도 강조된다. 정보 언어 안에서 보조적인 자리를 차지할 뿐인 요구가 시
의 언어 안에서 독자적 가치를 띠게 된다. 다만 일상 언어가 아무리 정
보성을 강조하려 해도, 잠재적 의미 작용을 완전히 배제할 수는 없다.

무카르좁스키는 정착한 의미 또는 말과 잠재적·침범적 의미 또는
말의 관계를 '표준 언어'와 '시적 언어'의 대립으로 파악했다. 아울러 시
적 언어의 개념을 '생기 불어넣기'라는 표현으로 보충하고, 그 역동적
인 역할을 강조하고자 했다. 그는 '생기 불어넣기'가 표준 언어의 침범
에 의해 가능해진다고 설명한다.

표준 규범의 침범, 그 전략적인 침범에 의해 비로소 언어의 시적 이용이라는 것이 가능해진다. 이러한 가능을 상정하지 않으면, 시라는 것은 성립하지 않는다. 어떤 언어에서 표준화된 언어의 규범이 안정될수록 침범 양식은 다양해지고 언어에서의 시적 표현에 대한 가능성이 열리는 것이다.[25]

시적 언어는 침범이라는 행위로 일상생활의 언어인 커뮤니케이션 언어에 '생기를 불어넣는다.' 특히 '생기 불어넣기'는 특히 무카르좁스키가 강조했는데, 그 특징은 '관습화의 대극對極, 즉 행위의 탈관습화라고도 말할 수 있는 것'이다. 관습화는 사건을 순서 있게 나열하지만, 생기 불어넣기는 오히려 순서의 혼란을 일으킨다.

프라하학파의 「1929년 테제」는 '생기 불어넣기'에 대해 다음과 같이 설명한다.

시의 어휘는 시적 언어의 다른 차원과 마찬가지의 방법으로 생기를 부여받는다. 그것은 기성 시적 전통이나 커뮤니케이션 언어를 이반한다. 쓰이지 않는 말(신조어, 야비한 말, 고어 등)은 각각의 음성 효과를 이유로, 커뮤니케이션 언어에서 통상 쓰이는 말과 구별된다. 통상 쓰이는 말은 빈번히 이용되므로, 그 음성적 구성 부분의 세부 특징에 의해 인지되는 것이 아니라 그 자체로 이해되는 것이다. 더욱이 쓰이고 있지 않은 말은 시적 어휘의 의미론적·문체론적 다양성을 풍부하게 한다.[26]

이 '생기 불어넣기'는 무카르좁스키의 동료인 보후슬라프 하브라네크Bohuslav Havránek에서 유래한다. 하브라네크는 '생기 불어넣기'의 특징을 "사전에 분류된, 즉 기계화된 말의 대극에 있는 시적 수사와 같이, 익숙하지 않고 탈기계화되고 반관습화된 것"으로 보고 있다.[27] 이러한 정의에서 우리는 '꼬리표 달기'라는 트루베츠코이의 정의를 떠올린다. '기계화'된 것, '자동화'된 것은 대부분 '꼬리표 없음'으로서 우리 일상 생활의 의식 대부분을 구성한다. 그러나 '생기 불어넣기'는 그러한 의식에 끊임없이 충격을 던지고, '자동화'된 말의 바닥에 깔린 다른 의미 작용을 드러낸다. 이러한 차원의 의미 작용은 갑자기 출현하는 것처럼 생각되지만, 실은 잠재적 구조에 의해 한편으로는 표층 의미(기조)와 형태적으로 결합하고, 다른 한편으로는 지시 기능과 되는 관계에 있다.

그러나 무카르좁스키는 주체가 담당하는 입장을 과소평가하지는 않는다. 그는 주체가 다양한 기능의 생기 있는 원천이기 때문에, 인간 행위의 어떤 부분도 단일 기능에 한정되는 일은 없다고 말한다. 기능은 주체가 그것을 구사하여 주변 현상의 여러 특징을 탐구하는 매체다. 기능을 이처럼 파악할 때, 즉 주체가 외부 세계와 상관관계를 가지고 스스로를 실현하는 과정이라 볼 때 무카르좁스키가 말하는 다중기능이 지니는 의미가 명확해진다.[28]

이 주체 안에서 다중기능의 원천을 본다는 생각을 근거로 삼아, 무카르좁스키는 르 코르뷔지에Le Corbusier의 건축 이론에 나타나는 단일 기능론을 비판했다.

이와 같은 다중기능의 사고는 인간의 자유 문제를 새로이 다시 제기하는 측면을 가진다. 자유란 주체가 다양한 가능성을 동시에 지닐 뿐만 아니라 다양한 가능성 자체를 창출하기 위한 이니셔티브initiative다.

다의기능多義機能의 사고는 인간이 동시에 복수의 현실에서 살 가능성에 대한 관용성을 포함하고 있다. 한편으로는 주변적인 현실을 분비하면서, 다른 한편으로는 이 현실을 중심적인 현실과 대등히 취급할 가능성을 남긴다. 프라하 구조 이론의 '생기 불어넣기' 사고는, 이러한 전환에 대한 명확한 제언이었다. 그것은 우리가 이 책에서 추구해온 문화를, 오늘날 이해하는 데 빠뜨릴 수 없는 다양한 시점, 즉 기호학에서는 '꼬리표 달기'의 문제, 현상학에서는 '생활 세계'와 '주변성'의 문제, 현실의 다원성의 문제, 변증법적 전개의 문제, 심층 심리의 문제 등과 여러 지점에서 교착한다. 나아가 문화 구조 속에서 살아가는 인간의 자유에 대해 고찰하기 위한 방법론적 전제를 제공한다. 오늘날 우리가 필요로 하고 있는 것은 이러한 주제에 의해 무장된 유연한 지적 감수성이라 할 수 있겠다.

"그대는 결코 마음의 한계를 발견해낼 수 없어. 아무리 그대가 모든 길을 샅샅이 걸어본다 해도. 마음은 그 정도의 깊은 바닥을 가지고 있지"라는 헤라클레이토스의 말을 인용하면서, 후설은 마음의 지평의 그 끝없는 넓이에 대해 다음과 같이 말한다.

　실로, 도달한 그 어떤 '바닥'도 다시 그 바닥을 지시하고, 열린 그 어떤 지평 역시 새로운 지평을 불러 깨운다. 더욱이 무한한 전체는 그 유동의 무한성인 채, 의미의 통일을 향하고 있다. 그러나 그것은 물론 우리가 그 의미를 바로 파악 또는 이해할 수 있다는 것이 아니다. 바로 사람이 의미 형성의 보편적 형식을 어느 정도 납득하자마자 그 전체적 의미의

넓이와 깊이가 그 무한의 전체성인 채로, 중심이 되는 여러 차원을 획득하는 것이다.[29]

우리가 주변성이라는 주제의 여러 변주를 되풀이하면서 획득하고자 한 바는, 이와 같은 전체적 의미의 깊고도 넓은 전망을 위한 단서다.

문화의 숨어 있는 얼굴을 찾아서

저자 소개부터 하자.『문화와 양의성』의 저자 야마구치 마사오 선생은 현대 일본을 대표하는 인류학자·기호학자·사상가다. 저자는 문화 인류학을 그 출발점으로 하는 폭넓은 지知의 세계의 탐험자로서 일본 국경을 넘어 유럽 미국 등 세계의 학자, 사상가, 예술가 들과 폭넓게 교류하고 영향을 주고받은 글로벌 지식인이다. 야마구치 선생은 82년의 생애에 걸쳐 이 책뿐 아니라『아프리카의 신화적 세계』『인류학적 사고』『책의 신화학』『광대의 민속학』『문화의 시학』을 비롯한 수많은 명저를 생산했다. 그의 저술 활동은 일본뿐 아니라 서구의 사상계에도 적지 않은 영향을 끼쳤다. 또 그 광활한 지적 관심은 인류학 영역에 한정되지 않고 역사학, 신화학, 기호학, 문학, 철학, 예술, 현대 문화 등 다 방면에 걸쳐 있었다. 그의 많은 저서 중에서 대표작의 하나로 꼽히는 책이 이『문화와 양의성』이다.

이 책은 읽기에 만만한 책이 아니다. 우선 저자의 주 전공인 인류학의 시각을 뛰어넘는 인문, 사회과학의 다양한 이론의 폭포수를 맞아야 하기 때문이다. 이 책에서는 신화론, 기호학, 후설과 슈츠의 현상학 이론이 인간의 '문화'가 가진 이차원적 구조를 밝혀내기 위한 도구로 빈번히 사용되고 있다. 또한 '문화'를 구성하는 원리와 조건을 제시하기 위해 드는 예제가 일본과 전 세계의 신화, 설화, 문학을 망라하고 있기 때문이다. 독자는 이 책을 읽으면서 일본 고전 설화에서부터 러시아 형식주의 문학에 이르기까지 드넓은 지의 영역에 기호론적 메스를 가하고 있는 야마구치 마사오의 집요한 글쓰기를 견뎌내야 한다.

그러나 바로 이 책처럼 읽기에 쉽지 않은 책을 읽는 고통이야말로 우리에게 더없는 쾌락을 안겨준다. 이러한 책을 읽을 때 독자는 정신의 팽팽한 탄력을 잠시라도 늦출 수가 없다. 정신의 팽팽한 탄력을 밀고 가는 그 힘이야말로 오직 책 읽기를 통해서만 얻을 수 있는 소중한 자산이고, 이것의 다른 이름이 바로 지성이 아닐까 감히 생각해본다. 독자 여러분께서 이 책을 끝까지 읽음으로써 고통 끝에 오는 소중한 쾌락의 경험을 맛보시기를 권하고 싶다.

저자는 이 책에서 문화가 가진 이항 대립적 성격에 주목하고 있다. 즉, 질서와 혼돈, 빛과 어둠 같은 대립의 구조와 그 양의성兩義性이 문화 속의 질서를 만들고 유지하는 기반이 된다는 것이다. 그는 세계가 '중심'과 '주변'의 유기적인 조직화 위에서 성립하고 있으며, 모든 문화는 '중심'과 '주변'을 동시에 가지고 있다고 본다. 저자는 이 책에서 '중심'과 '주변'이라는 양의성의 두 축을 씨줄과 날줄로 삼아 문화의 숨어 있는 얼굴을 낱낱이 드러내고 있다. 특히 지금까지 부정적인 측면만 강조되어 소외되어왔던 '주변'의 개념은 야마구치에 의해 '타자성'을 획득하고 다의적인 풍요로움을 가지게 되었다. 나는 이 책이 품고 있는 생각이 우리가 살고 있는 세계의 보이지 않던 부분을 잘 보이게 하고, 우리 문화의 다원적 구조를 더 잘 이해하게 해주고, 정체되어 있는 우리의 문화적 잠재력을 더 활성화하고, 우리 문화가 본래 가진 창조력을 회복하는 데 큰 도움이 될 것이라고 확신한다.

이 책을 번역하기 시작한 이래 10여 년이 넘었다. 읽기에 쉽지 않은 책이므로 옮기기도 결코 쉽지 않았다. 이 책은 다른 출판사에서 오래 전에 출간했던 책의 문장을 많이 고치고, 크게 다듬고, 꼼꼼하게 손보아서 전면 개정한 책임을 밝힌다. 개정판이라고는 하나 거의 새로운 번역이라 불러도 좋다. 이렇게 자신 있게 말하는 이유는 마음산책 편집팀의 집요한 노력 때문이다. 마음산책 편집팀은 학술서 편집과 교열의 한 전범을 내게 보여주었다. 틀린 곳, 표현이 애매한 부분 등을 세심하고 적확하게 지적했으며, 남다른 열정과 집중력으로 참고 문헌과 사서辭書를 찾아내서 옮긴이의 무능과 게으름을 메워주었다. 이 책의 번역에 잘못된 부분이 있으면 옮긴이의 몫이고, 조금이라도 잘된 부분이 있다면 전적으로 마음산책의 공임을 밝힌다. 지면을 빌려 감사의 뜻을 전하고자 한다.

이 책을 준비하고 있던 와중인 2013년 3월 10일, 저자 야마구치 마사오 선생이 향년 82세로 타계하셨다는 비보를 접했다. 삿포로대학의 총장으로 재임하시던 2003년 또는 2004년 즈음으로 기억하는데, 내가 당신의 저서를 번역한 것을 아시고는 삿포로에서 서울로 직접 비서를 보내서 격려와 함께 『패자의 정신사』 등 신간 저서를 전해주셨던 따뜻하고 친절한 분이었다. 이 책을 직접 전해드릴 수 없음이 참으로 안타깝다. 세계 지성계의 하늘에서 큰 별이 사라졌음을 애도하면서 삼가 고인의 명복을 빈다.

2014년 1월
김무곤

야마구치 마사오가 남긴 것[■]

오쓰카 노부카즈大塚信一 · 이마후쿠 류타今福龍太

문화인류학의 영역에서 출발해 일본의 학문 세계에 새로운 앎의 세계를 개척해온 야마구치 마사오가 2013년 3월 10일 타계했다. 일찍부터 그는 아프리카와 아시아 각지에서 필드워크를 하며 현지 사람들과의 교류를 통해 수많은 책을 썼다. 당시부터 교분을 쌓았고 야마구치 마사오가 편집 동인을 맡은 계간지 〈헤르메스へるめす〉의 창간 편집장이기도 했던 오쓰카 노부카즈와, 야마구치 마사오와 35년 터울의 사제 관계에 있었던 이마후쿠 류타의 대담을 싣는다. 야마구치 마사오가 지향한 '지知의 형태'란 어떠한 것이었는가.

[■] 이 글은 일본의 〈슈칸도쿠쇼진週刊読書人〉 2013년 4월 19일 자에 실린 기사를 발췌 번역한 것이다.

마르크스주의의 속박

이마후쿠 야마구치 마사오 씨가 가장 활약한 시기는 1970년대였다고들
합니다. 최근에는 회고적으로 이야기될 때도 종종 있고요. 그
러나 야마구치 마사오가 제시한 앎이 그렇게 간단히 역사화
되어도 좋은가에 대해 다시 물음을 제기해야 하지 않을까요.
앞으로 실제의 문제의식 속에서 야마구치 마사오와 새롭게
만날 젊은 독자가 있기를 바라기도 하고, 이런 이야기도 포함
해서 오늘은 새로운 세대와 다리를 놓아줄 수 있는 이야기를
나누고 싶습니다.

오쓰카 저는 원래 편집자인 까닭에, 야마구치 마사오 같은 위대한 사
상가가 어떠한 문맥에서 태어났고 야마구치 이론이 어떠한 영
향을 주었으며, 그곳에서 어떠한 사람들이 길러졌는지에 대해
가장 관심을 가지고 있습니다. 그중 세 번째 문제는 이마후쿠
씨가 하시는 일을 통해 실제로 증명하고 계시고요. 또한 야마
구치 이론에 대한 질 높은 해설도 무척 잘 쓰시지요. 다만 첫
번째 문제에 대해서는 그다지 알려져 있지 않으므로 오늘은
그에 대해 이야기를 해보고 싶습니다.

이마후쿠 지인이나 연구자끼리라면 교제 방식에 하나의 패턴이 있기 마
련인데요. 오쓰카 씨와 야마구치 씨는 그러한 관계를 뛰어넘
으셨지요. 물론 단순히 저자와 편집자라는 형식적인 관계도
아니었고요. 야마구치 씨의 학문을 있게 한 근원은 훗날 '야
마구치 문고'라 불리게 되는, 5~6만 권이나 되는 실로 엄청난
양의 책일 것입니다. 오쓰카 씨는 가장 초기부터 그 책들의

숲에 들어가 야마구치 문고의 책들을 철저히 독파하셨습니다. 편집자로서 친분을 쌓기 시작했을 무렵의 이야기를 조금 들려주십시오.

오쓰카　1963년에 이와나미쇼텐에 입사해 〈사상〉 편집부에 배속되었습니다만, 3년째 되던 해 야마구치 씨에게 처음으로 원고 청탁을 했어요. 「문화 속의 지식인상」이라는 논문이었고, 1966년 3월 호의 가장 끝부분에 실었습니다. 잡지 말미에 조용히 실은 데에는 그럴 수밖에 없는 이유가 있었습니다. 그때는 마르크스주의의 속박이 여전히 컸습니다. 1960년대에서 1970년대에 걸쳐서는 〈사상〉도 그때까지 존재한 마르크스주의의 속박을 어떻게 극복할 것인지를 두고 여러 형태로 시도했었고요. 야마구치 씨는 마르크스주의를 결정적으로 무너뜨릴 힘을 지니고 있었습니다. 커다란 다이너미즘이 있었지요. (…) 당시는 사회과학 분야뿐만이 아니라 온갖 분야에 걸쳐 마르크스주의가 아직 힘을 가지고 있었기 때문에 당연히 강하게 비판받으리라고 예상했었습니다.

이마후쿠　전쟁이 끝난 후 전향 경험이 '지식인' 이미지의 허구성에 대한 재검토로 이어지지 않았던 데에 가차 없는 비판을 했었으니까요. 야마구치 씨가 지식의 세계에 등장하기 시작한 시대는, 특히 역사학에서 교조적인 마르크스주의가 크게 억압하는 분위기였습니다. 야마쿠치 씨는 마음속에서 그에 대한 강한 반발심을 품고 있었을 테고요.

오쓰카　그러했으리라고 생각합니다. 그다음이 같은 해 10월 호에 실린 「인류학적 인식의 제 문제」였습니다. 이 글은 당시의 인류학에 대한 강렬하고도 뚜렷한 비판이 근저에 깔려 있습니다. 무엇보다 그 무렵 야마구치 씨는 이즈미 세이이치泉靖一 씨나 우메사오 다다오梅棹忠夫 씨에게 "동서東西의 알선업자" 같은 폭언을 퍼부었으므로 당연하게도 묵살되었습니다.

이마후쿠 (…) 오쓰카 씨도 말씀하셨지만 「문화 속의 지식인상」에는 분명 당시의 지식 환경이 지닌 폐쇄성을 깨뜨리는 이론적인 기폭력起爆力이 있었습니다. 그러나 이 하나의 논문이 대단히 자극적인 이유는, 이른바 객관적인 지식인론이 아니라 오히려 야마구치 씨 스스로가 어떤 스타일로 이제부터 담론의 장에 개입할 것인지를 주체적으로 선언했기 때문이라고 봅니다. 학문의 스타일로 실증적인 엄격함이 요구되던 그 시대에 있을 수 없는 지식인상을 제시한 것이지요. (…) 야마구치 마사오라는 지성이 실로 매력적이었던 까닭은, '중심과 주변' '트릭스터' '희생양' 등 야마구치 씨가 훗날 제시하게 되는 이론 이상으로, 글을 쓰는 사람이자 지식인으로서 지니고 있는 스탠스와 포지션, 스타일이 현재 학문 또는 지식 담론이 생겨나는 관습적인 장을 초월했다는 점에 있는 것 같아요. 야마구치 씨의 스타일은 미지의 유희적이고도 쾌락적인 분위기를 발산했습니다. 그와 같은 포지션을 떠맡는다는 것 자체가, 지식 담론의 세계에서는 당시 지극히 정치적인 선택이기도 했어요. 학문 이론의 내부에서 협의의 정치성의 수준을 담보함으로써 만족하는 것이 아닌, 탈지식인의 포지션으로서 정치적인 스탠스를 맡지 않았을까 합니다. 지식인이나 대학이라는 장이 학學 그리고 지식을 독점하는 것에 대해 그렇게까지 급진적으로 반란을 일으킨 사람은 없었습니다. 이는 1960년대의 논문에서 뚜렷이 드러납니다.

오쓰카 말씀하신 대로입니다. 그 논문이 발표되고 나서 하야시 다쓰오林達夫 선생을 찾아뵈었더니 입을 여시자마자 야마구치 씨 이야기를 하셨습니다. "이 글을 쓴 사람은 반세기에 한 명 나올까 말까 한 천재야. 소중히 하게나"라고요. 하야시 선생은 단지 한 편의 논문을 읽은 정도로 그렇게 말씀하신 것입니다. 하야시 선생 또한 아카데미즘에 속한 적이 없는 사람이지요. 언제나 자유로운 지식인으로서의 존재 방식을 가지고 있었습니다. (…) 그 하야시 다쓰오 선생이 야마구치 씨를 '천재'라 인정한 사실 자체에 커다란 의미가 있을 것입니다.

이마후쿠 무척 스릴 있는 증언이네요.

앎의 발전적 계승

오쓰카 야마구치 씨의 아래 세대가 받은 영향에 대해 생각한다면, 이마후쿠 씨의『군도—세계론』은 아프리카에 대한 야마구치 씨의 견해를 살린 것 같습니다. 좀 더 이야기해보면 저는 이 책을『책의 신화학』이 발전한 것으로 읽었습니다. 물론 군도론이지요. 그러나 한편으로는 책에 관한 책이기도 해서, 야마구치 씨와 가까운 부분이 있습니다.

이마후쿠   그렇게 말씀해주시니 기쁩니다. 물론 구체적인 섬들을 떠올리
며 썼지만 분명 책의 군도에 대한 이미지도 깔려 있고, 솔제니
친이 '수용소 군도'라 말했을 때의 20세기 전체주의나 폭력의
배치 문제를 생각하는 시도이기도 하므로, 반드시 현실에 있
는 섬들의 문제만 다루고 있지는 않습니다.

오쓰카   『군도—세계론』은 정말 재미있는 책이어서 마지막까지 흥분
하며 읽었습니다만, 야마구치 씨의 지의 존재 방식을 발전적
으로 계승하고 있다고 여겼어요.

이마후쿠   이를테면 지역으로서 아프리카 전문가가 되었다고 하면, 그
지역에서 무슨 일이 일어나면 즉시 관련 의견을 요구받거나
책의 집필을 의뢰받으며 언론에서 인기를 얻게 되지요. 그러
한 의미에서는 지식 담론 시장이 '전문가'를 만듭니다. 학문 정
보의 수요와 공급은 상호 의존관계여서, 언뜻 생산적인 것처
럼 보이지만 위험한 관계이기도 해요. 지성이 상업주의적 생
산에 손쉽게 공헌해도 좋을까. 이 질문이야말로 야마구치 씨
가 최초로 제시한 근본적인 물음이었습니다. 그러나 여기에
응답하지 않고 자신의 전문 영역 속으로 물러나 안주하며 언
론이 요구하는 언설을 축소 재생산적 하는 사람이 늘고 있습
니다. 제가 『군도—세계론』을 쓰고자 마음먹은 동기 중에 하
나는 무모하다거나 야만적이라며 아무리 비난받는다 해도 인
류학이나 지역 연구, 또는 문학, 역사학, 정치학과 같은 전공영
역의 존재를 사고의 틀에서 걷어치우고 모든 문제의식, 모든
언어에 대해 동등한 정열을 지닌 채 개입하는 것이었습니다.

오쓰카   무슨 말씀인지 압니다.

이마후쿠   한 가지 더 말씀드리겠습니다. 야마구치 씨의 저작이 던지는 커다란 메시지가 있습니다. 인류학자가 관계하는 필드는 바야흐로 결코 정태적인 전통문화의 쇼케이스 같은 장소가 아닙니다. 현실에서는 여러 분쟁과 혼란이 벌어지고 있고, 그러한 정치적인 사안들은 매스미디어가 보도하기 쉽습니다. 야마구치 씨의 궤적을 보고 있으면 우연도 섞여 있을지 모르겠으나 정치적인 대변동과 곳곳에서 꽤 조우하고 있습니다. 예를 들면 1966년에 나이지리아 주쿤족에 대한 조사를 시작한 직후, 이듬해인 1967년에 시작되어 1968년에 위기 상황을 맞이한 비아프라Biafra 내전에 대해서는, 정치적인 사건으로는 완전히라고 말해도 좋을 만큼 쓰지 않았어요. 그렇지만 잘 읽어보면 『아프리카의 신화적 세계』라는 1971년 저작의 배후에는 비아프라 내전에 대한 야마구치 씨 나름의 지적 응답이 있었다고 생각합니다. 얼마 전 이보족 출신의 전투적 시인이었던 치누아 아체베Chinua Achebe가 세상을 떠났는데요, 비아프라 내전으로 번지는 계기로 이보족의 반란이 있었지요. 식민지주의적 근대 국가의 대립 틀 속에 부족 사회가 편입되면서 그 이해관계 속에서 유린당하고 부족 사이의 적대심을 불러일으킨 결과 내전이 발발합니다. 바깥의 힘에 의해 벌어진, 아프리카의 부족사회 입장에서는 부조리한 일이었습니다. 야마구치 씨는 이 문제를 아프리카가 지닌 별종의 지적인 가능성에 대한 공격이라고 생각했던 것 같습니다. 그러한 관점에서 『아프리카의 신화적 세계』를 썼다고 봅니다. 이와 같은 관점으로 지금 새로이 읽어야 할 텍스트라고 생각합니다.

야마구치 씨가 1970년대 후반에 쓰신 논문 중 유독 재미있는 것은 「지축이 흔들리는 변경에서—티모르에서 온 편지」입니다. 나중에 『지의 원근법』 첫머리에 수록되었지요. 야마구치 씨가 필드로 선택한 포르투갈령 동티모르가 인도네시아군에 침공당해, 인도네시아 군도를 둘러싼 복잡한 식민지 상황은 1970년대 중반 더욱 굴절된 형태로 현지화되어갑니다. 야마구치 씨는 그곳에서 현지 사람들의 언어 습관이나 몸집, 거동, 그들이 읽는 책, 현지에서 상영되는 영화 등에 대해 요란한 희극과도 같은 유머도 섞어가며 대단히 섬세하게 써내려갑니다. 그러자 신기하게도, 그와 같은 일상의 작은 조짐 속에서 커다란 세계의 변동을 투시하게 됩니다. 거대한 정치적 상황의 변화를, 현지의 일상적인 시선에서 훌륭하게, 보다 꼼꼼하게 건져 올리는 방법론이 있다는 점에, 처음 읽었을 때 충격을 받았습니다.

대담이라는 필드

이마후쿠 1960년대에 있었던 이데올로기 대립 구조는 비교적 단순한 이항 대립 관계였습니다. 특히 정치 세계가 그러했지요. 야마구치 씨는 표층적인 정치의 이항 대립 구도에 휘말리지 않기 위해 어떻게 생각하고 써야 하는지를 전략적으로 사고했다고 봅니다. 트릭스터 같은 언동도 그렇듯 어느 한쪽의 대립 도식에 휘말리지 않기 위해 대립 구조 자체를 초연히 어지럽히는 '지혜로운 우자愚者' 입장을 일부러 취했지요. 야마구치 씨는 '상호 모방성'이라는 표현을 자주 썼습니다. 정치적 대립의 필연적인 결과로서 서로가 서로를 모방하게 된다는 것이지요. 대립이 격심할수록 적을 닮아갑니다. 이는 정치 언어의 숙명이기도 합니다. 야마구치 씨와 가까웠던 르네 지라르가 정밀히 분석한 논점이었습니다. 야마구치 씨는 그러한 상호 모방적인 자폐 관계에서 어떻게 탈출해야 하는가에 대해 강하게 의식하고 있었습니다. 오쓰카 씨도 말씀하셨듯 새로운 '윤리'를 현실의 평면에서 끄집어내는 일은 결실을 맺지 못했습니다. 그러나 이루어낼 수 있었던 가능성에 대해, 남겨진 저작을 통해 생각해볼 필요는 있다고 생각합니다. 동서의 냉전 구조는 무너졌어도 보다 마이크로한 별개의 이항 대립 구조가 재생되고 있다는 느낌도 듭니다. 비아프라나 동티모르 내전은 바깥에서 기인한 대항적인 구도에 의해 일어났으며 현지에서 분자화되었습니다. 그 지점에서 생기는 정치적 담론도 문화적 담론도, 하나의 내전으로 볼 수 있을 것입니다. 9.11 이후 미국이 어떠한 장소가 되었는가도 그렇습니다. '미국인이냐 테러리스트냐' 하는 극단적인 이분법이 항간의 언론을 제압하고, 테러리스트에 대해서는 전쟁도 암살도 허가하는 형국이지요. 자포자기한 적의 무법성을, 스스로의 권력적인 무법성으로서 모방 반복해 증대시킵니다. 그러한 세계가 창출되려 하고 있습니다. 담론의 내전이 지금의 미국에서 일어나고 있다고도 할 수 있습니다. 이는 일본도 마찬가지입니다. 이러한 내전 상태 속에서는 어느 한쪽이 다른 한쪽에 대해 상대를 비판해도 전체 구조는 조금도 바뀌지 않습니다. 거기에서 어떻게 빠져나올 것인가. 야마구치 마사오의 작업 속에 그 힌트가 있을 터입니다.

오쓰카   커다란 힌트가 있다고 생각합니다. 실제로 이마후쿠 씨는 야마구치 씨가 취했던 정치적인 스탠스를 방법론으로 한 번 더 살리고 계시지요. 그렇기 때문에 『미니마 그라시아』와 같은 책을 쓰실 수 있었겠으나, 이를 좀 더 일반화해나가야 한다고 생각합니다.

이마후쿠   야마구치 씨가 말하고자 하는 입장은 어떤 의미에서 대단히 허술한데, 그렇기 때문에 강인합니다. 전공을 지키는 억압이 없어요. 대학이라는 조직적 지위를 지킬 필요도 없고요. 대부분의 인간이 닫힌 틀 속에서만 이야기할 때, 이 입장은 무서우리만치 자유롭습니다. 야마구치 씨의 말은 어떤 의미에서 비바람 몰아치는 황야에 발가벗고 서서 내뿜는 것 같은 말들이었습니다. 보통 사람은 좀처럼 그렇게까지 각오하고서 쓰거나 말하지 못하지만, 저 나름대로 그 각오만큼은 이어받고자 하고 있습니다. 전공이나 학문 제도를 자신의 귀속 장소 또는 거점이라 생각하는 순간, 자신의 언설이 속박당합니다. 야마구치 씨는 이것을 온몸으로 강하게 주장했던 것 같습니다. 이를 현재 상황에서 어떠한 방법론에 따라 행할 것인지에 대해서는 단일한 답은 없습니다. 몇 가지 시도를 동시에 병행해 실천할 따름이겠지요.

오쓰카 야마구치 씨는 인류학자라는 모습을 몸에 걸치고서 여러 형태로 필드워크를 했었지요. 필드워크의 대상은 책일 때도 있었고 고서점이기도 했는가 하면 세계의 지식인이기도 했습니다. 국가나 민족을 초월해서 지식인으로서 공통의 대화를 나눔으로써 지식의 필드워크를 실천해왔어요. 제가 야마구치 씨와 함께한 〈헤르메스〉에서만 해도 세계의 대표적 지식인과 50명 정도, 존 케이지John Milton Cage Jr.나 피터 브룩Peter Stephen Paul Brook 같은 유명인부터 무명의 젊은이까지 대담을 나누었습니다. 이런 지식인은 일본에 없어요.

이마후쿠 대담이라는 장도 지역을 초월한 야마구치 씨의 최고의 필드 중 하나였군요. 관심을 갖고 있는 자극적인 인간을 세계 끝까지라도 쫓아가서 붙잡고 이야기 나누는 것이지요. 〈헤르메스〉에서 대담을 한 것은 꼭 저명인만은 아니었습니다. 이를테면 브라질의 인류학자 질베르토 벨류Gilberto Velho가 있습니다. 그 대담은 정말 짜릿했어요. 너무 재미있게 읽은 나머지 그 후 저는 벨류를 만나러 리우데자네이루까지 찾아간 적이 있습니다. 야마구치 씨와 첫 만남에서 그리 이야기가 잘 통하는 사람이 브라질에 있었던 겁니다. (…) 그러한 사람은 세계 곳곳에 있는 것이지요. 대담이라는 필드는 야마구치 씨가 자신과의 사이에서 일종의 '친화력'을 가진 지성을 거의 본능적으로 세계에서 탐구한 궤적 그 자체겠네요.

오쓰카　　고서점과의 만남도 완전히 마찬가지였습니다. 흥미로운 고서를 많이 갖고 있는 고서점이 있으면, 즉시 친해지지요. 예술가든 사상가든 재미있다고 생각하면, 그 사람이 유명한지 여부는 조금도 관계없었습니다.

이마후쿠　고서점도 하나의 유기적 생명체 같은 존재로, 야마구치 씨는 고서점이 지니는 재미있는 감성이 책을 하나의 장소로 모으는 것이라고 보았습니다. 거기에는 줄기와 가지, 잎, 엽맥이 있고 그 안을 정신사라는 혈액이 흐르고 있는 셈입니다. 야마구치 씨는 그러한 생명체를 어떤 특정한 고서점에서 발견합니다. 〈헤르메스〉에서 대담한 사람들 속에서 자극적인 것을 발견했던 프로세스와 같아요. 〈헤르메스〉 이야기가 나와서 말씀드리자면 1987년 6월에 나온 제11호에 처음으로 논문을 기고했었는데, 그때 오쓰카 씨와 직접적인 관계를 가지게 되었지요. 이 제11호에서 제 글보다도 더 큰 추억은 야마구치 씨와 뱌체슬라프 이바노프Vyacheslav Vsevolodovich Ivanov가 나눈 장대한 대화를 번역한 일이었습니다. 두 사람 모두에게 외국어인 분방한 영어로 대화하는 가운데 러시아인 기호학자나 작가, 예술가의 이름이 여기저기서 무수히 튀어나왔습니다. 물론 인터넷 같은 것이 없던 시대였으므로 국회도서관에 며칠이고 틀어박혀 러시아 인명에 관해 세세한 역주를 필사적으로 달던 기억이 있습니다.

오쓰카　　야마구치 씨의 좋은 점 중 하나는 그렇게 해서 젊은 사람들을 소개한다는 것이었어요. 매번 똑같이 "오쓰카 군, 이런 재미있는 젊은 친구가 있어"라고 하면서요. 이마후쿠 씨도 그러했고, 아오키 다모쓰青木保 씨는 대학원생일 때, 아사다 아키라浅田彰 씨는 교토대학의 학부생 시절에 각각 소개받았습니다.

이마후쿠 그럴 때도 야마구치 씨는 제도적인 관계 속에서 인관 관계를 만드는 일을 거부했기 때문에, 학벌 내 교사와 학생이라는 관계 안에서 사람을 팔아넘기거나 하는 일은 조금도 하지 않았지요. 반대로 야마구치 씨가 관계하고 있는 세계에 느닷없이 날아 들어와서 어쨌든 공부를 좋아하고 책 읽는 일을 좋아하는 젊은이가 있으면 나이나 신분 같은 것에 구애받지 않고서 곧바로 마음에 들어 하고 친구가 되었습니다. 그러한 점을 보면 어떤 의미에서 허술하기까지 합니다. 정말이지 차별을 하지 않았어요. 이 정도의 자유분방함을 다른 사람에게서 느낀 적이 없습니다. 이러한 면은 너무 알려져 있지 않은 것 같은데, 야마구치 씨의 태도에서 배운 것이 많았습니다. 그래서 저 자신도 대학에서 학생들에게 가르치고는 있지만 제도의 틀 안에서만 젊은 학생들과 관계를 만드는 일은 피하려고 합니다. 대학의 바깥에서 하고 있는 일에도 조금씩 참여하게 하고, 좀 더 대등하면서 본질적인 관계 맺기에 노력하고 있습니다. 결국 대학에서의 관계라는 것은 권위를 배경으로 한 어떤 종류의 계약관계일 뿐입니다. 학생은 수업료를 내고 수업을 받고, 저 같은 사람은 학점을 줍니다. 그것만으로는 풍부한 앎의 계승이 일어나지 않아요. 어딘가에서 무상 증여 관계에 끼어들고 싶어지지요. 야마구치 씨는 함께 놀고 수수께끼를 던지고 어디로 갈지 알 수 없는 미로에 끌어들이면서 주변 사람들에게 커다란 선물을 가져다주었습니다. 그러한 관계성을 가능한 한 계승하고 싶습니다.

오쓰카 지의 존재 방식에 학문도 예술도 조금의 장벽이 없었습니다. 그러한 것을 걷어치우고서 쌓은 지였습니다. 이를 이마후쿠 씨가 이어받아 훌륭한 형태로 실천하고 계시고요. 그러나 젊은 사람일수록 학문은 학문으로서 생각하고 맙니다. 그렇게 되면 상상력이 빈곤해져버리지요. 이마후쿠 씨의 책들은 어느 하나 인류학 책이나, 문학평론 책, 정치학 책이라 말할 수 없어요. 그 부분이 재미있습니다. 레비스트로스에 대해서도 실로 훌륭하게 묘사한 책을 쓰셨는데, 같은 형태로 야마구치 마사오론을 써주셨으면 합니다.

이마후쿠 야마구치 씨의 저작을 현실 속에서 좀 더 되읽고 싶은 마음을 새삼 느끼고 있습니다. 이를 포함해서 야마구치 마사오라는 사상가의 존재 자체의 독창성을 새로운 독자들에게 앞으로도 전하고 싶습니다.

오쓰카 노부카즈 大塚信一

1939년 도쿄에서 태어났다. 1963년 이와나미쇼텐에 입사했으며 〈사상〉과 이와나미 신서 및 총서, 강좌 등의 편집을 담당했다. 〈헤르메스〉 창간 편집장을 거쳐 1997년부터 2003년까지 이와나미쇼텐 대표를 지냈다.

이마후쿠 류타 今福龍太

1955년 도쿄에서 태어났다. 멕시코, 카리브 해 등에서 필드워크를 했고 1987년에 라틴아메리카에 관한 연구로 텍사스대학에서 박사 학위를 받았다. 삿포로대학을 거쳐 현재 도쿄외국어대학 대학원 교수로 재직하고 있다.

고풍토기古風土記에 나타난 '문화'와 '자연'

1 이 책에서의 풍토기 인용은『日本古典文学大系』第2券『風土記』(秋本吉郎 校注, 岩波書店, 1958)에 따른다.

2 肥後和男,『風土記抄』(弘文堂, 1942), 218~219쪽.

3 같은 책, 378쪽.

4 柳田國男,『笑いの本願』(養徳社, 1946), 128쪽(『柳田國男集』第7券, 筑摩書房).

5 예를 들면 金関丈夫,「倭建命」,〈国文学 解釈と鑑賞〉(1966年 7月号) 참조.

낮의 사고와 밤의 사고

1 Clémence Ramnoux, "Les aspects nocturnes de la divinité et la dualité du bien et du mal", *Études Présocratiques*(Paris: Éditions Klincksieck, 1970), 191~207쪽.

2 George Dumézil, *Mitra-Varuna*(Paris: Gallimard, 1948)도 참조.

3 졸고,「王子の受難」,『諸民族の宗教と文化—古野清人教授古稀記念論文』(社会思想社, 1972).

4 Joseph Fontenrose, *Python, A Study of Delphic Myth and Its Origins*(Berkeley and Los Angeles: University of California Press, 1959), 220쪽.

5 같은 책, 200~201쪽.

6 같은 책, 202쪽.

7 Ramnoux, 앞의 책, 197~198쪽.

8 Kenneth Burke, "Myth, Poetry and Philosophy", *Language as Symbolic Action*(University of California Press, 1966), 380~409쪽.

9 Fontenrose, 앞의 책.

10 같은 책, 9~11쪽.

11 Thomas S. Kuhn, *The Structure of Scientific Revolutions*(University of Chicago Press, 1962).

12 Fontenrose, 앞의 책, 474쪽.

13 Burke, 앞의 책. 387쪽.

14 Burke, *Dramatism and Development*(Barre, Mass: Clark University Press, 1972).

15 Burke, 앞의 책, 48~49쪽.

16 Edmund R. Leach, "Structuralism in Social Anthropology", *Structuralism*, D Robey ed.(Oxford, 1973), 37~56쪽.

17 Harvey Cox, *Feast of Fools: A Theological Essay on Festivity and Fantasy*(Harvard University Press, 1969).

18 Burke, "Myth, Poetry and Philosophy", 396쪽.

19 졸저, 『アフリカの神話的世界』(岩波新書, 1971) 참조.

기호와 경계

1 Paul Ricœur, "La structure, le mot, l'événement", *Le conflit des interprétation*(Paris, 1969), 88~89쪽.

2 Ricœur, "Le problème du double-sens", 같은 책.

3 같은 책, 65쪽.

4 같은 책, 65~66쪽.

5 같은 책, 66쪽.

6 같은 책, 70쪽.

7 같은 책, 71쪽.

8 Ricœur, "La structure, le mot, l'événement", 같은 책.

9 Victor Turner, "Passage, Margins and Poverty", *Dramas, Fields and Metaphors: Symbolic Action in Human Society*(Ithaca, 1974), 236~244쪽.

10 Ricœur, "La Structure, le mot, l'événement", 92~93쪽.

11 같은 책, 92쪽.

12 같은 책, 93쪽.

13 같은 책, 93쪽.

14 같은 책, 94쪽.

15 Zygmunt Bauman, *Culture as Parxis*(London, 1973).

16 같은 책, 102쪽.

17 같은 책, 103쪽.

18 André Martinet ed., *La Linguistique: Guide alphabétique*(Paris, 1969), 155쪽.

19 Michel de Certeau, *L'absent de l'histoire*(Paris, 1973), 173~177쪽.

20 E. R. Leach, "Anthropological Aspects of Language: Animal Categories and Verbal Abuse", *New Directions in the Study of Language,* E. H. Lenneberg ed.(MIT Press, 1966).

21 이하는 다음에 따른다. 五来重,「民俗信仰としての大般若經」,〈印度学佛教学研究〉3券 1号, 183~185쪽.

22 Claude Lévi-Strauss, *Mythologique I: Le cru et le cuit*(Paris, 1964).

23 三橋修,『差別論ノート』(新泉社, 1973).

24 宮田登,「江戸町人の信仰」,『江戸町人の研究』第2券(吉川弘文館, 1973), 254쪽.

25 廣末保,『辺界の悪所』(平凡社, 1973).

26 柳田國男, 「神送りと人形」, 『柳田國男集』 第13券, 450~490쪽 참조.

27 졸저, 『本の神話学』(中央公論社, 1971), 144~154쪽 및 『歷史·祝祭·神話』(中央公論社, 1974) 참조.

28 Julia Carlo Baroja, "Folklore experimental: El carnaval de Lanz", *Estudios sobre la vida tradicional española*(Barcelona, 1968), 345쪽.

29 柳田國男, 앞의 책. 483쪽.

30 柳田國男, 「広島へ煙草買ひに」, 『柳田國男集』 第15券, 572~574쪽.

31 같은 책, 573쪽.

32 柳田國男, 「吉右会記事」, 『笑の本願』(『柳田國男集』 第7券), 206쪽.

33 졸고, 「道化の民俗学(5)」, 〈文学〉(1969年 5月号). (훗날 『道化の民俗学』(新潮社, 1975)에 수록)

34 柳田國男, 「神樹篇」, 『柳田國男集』 第11券, 16쪽.

35 같은 책, 17쪽.

36 柳田國男, 「毛坊主考」, 『柳田國男集』 第9券, 394쪽 및 「所謂特殊部落ノ種類」, 『柳田國男集』 第27券, 376~378쪽.

37 柳田國男, 「毛坊主考」, 397쪽.

38 柳田國男, 「掛神の信仰について」, 『柳田國男集』 第27券, 304~305쪽.

39 같은 책, 308쪽.

40 柳田國男, 「七塚考」, 『柳田國男集』 第12券, 504쪽.

41 柳田國男, 「靈出現の地」, 『柳田國男集』 第15券, 569~571쪽.

42 『綜合日本民俗語彙』 第2券(平凡社, 1955), 「タチビ」 「タッオサケル」 항 참조.

43 拙稿, 「Jukun族(Nigeria)のウィッチクラフト起源神話の形態論的考察」, 〈アジア·アフリカ言語文化研究〉 4(1971).

44 Jules Henry, *Pathways to Madness*(New York, 1973).

45 같은 책, 499쪽.

46 같은 책, 449쪽.

47 Alfred Schutz, "The Stranger", *American Journal of Sociology*, XLIX(1944).

48 Jurgis Baltrušaitis, *Le moyen âge fantasique*(Paris, 1955), 221~225쪽.

49 Milcea Eliade, *Cosmos and History*(New York, 1959), 9쪽.

50 Laurence Whistler, *The English Festivals*(London, 1947), 107~109쪽.

51 Harvey Cox, *Feast of Fools: A Theological Essay on Festivity and Fantasy*(Cambridge, Mass, 1969).

52 Enrico Castelli, "Symbolisme involontaire et humanisme", *Images et symboles*(Paris, 1971).

문화와 이화성

1 Zygmunt Bauman, *Culture as Praxis*(London, 1973), 119쪽.

2 같은 책, 119쪽.

3 Ernst Cassirer, *The Philosophy of Symbolic Forms*, Vol Ⅱ: *Mythical Thought*, Ralph Manheim trans.(New Haven and London, 1955) 90쪽. Symbolischen Formen(Symbolic Forms)은 '상징 형식'이 아니라 '상징적인 여러 형태'로 번역해야 할 것이다.

4 エドモン・オルティグ, 『言語表現と象徴』, 宇波影 訳(せりか書房), 315쪽.

5 Cassirer, 앞의 책, 92쪽.

6 졸저, 『本の神話学』(中央公論社, 1971), 15~36쪽 참조.

7 Cassirer, 앞의 책, 86쪽.

8 같은 책, 87쪽.

9 같은 책, 89쪽.

10 Edmund R. Leach, "Lévi-Strauss in the Garden of Eden: An examination of some developments in the analysis of myth", *Transactions of the New York Academy of Science*, II 23.

11 Cassirer, 앞의 책, 92~93쪽.

12 Mary Douglas, *Purity and Danger*(A Pelican Book), 84~85쪽.

13 같은 책, 85쪽.

14 A. M. Hocart, *Kings and Councillors*(Chicago, 1970), 67~70쪽.

15 졸저, 『アフリカの神話的世界』(岩波新書, 1971) 등 참조.

16 E. R. Leach, *Rethinking Anthropology*(London, 1971). (リーチ, 『人類学再考』, 青木保・井上兼行 訳(思索社, 1974), 57~58쪽.)

17 馬淵東一, 「オナリ神をめぐる類比と対比」, 『馬淵東一著作集』 第3券(社会思想社, 1974).

18 リーチ, 앞의 책, 63쪽.

19 G. Dieterlen, *Essai sur la religion Bambara*(Paris, 1951), 16, 18쪽.

20 M. Douglas, Introduction to *Witchcraft Confessions and Accusations*, M. Douglas ed., (ASA 9)(London, 1970), xxvi~xxvii쪽.

21 졸저, 『歷史・祝祭・神話』(中央公論社, 1974) 참조.

22 Thomas S. Szasz, *The Myth of Mental Illness*(New York, 1961), 208~209쪽.

23 J・ミシュレ, 『魔女』 上卷, 篠田浩一郎 訳((現代思潮社, 1969), 11~16쪽.

24 T. O. Beidelman, "Towards More Open Theoretical Interpretations", *Witchcraft Confessions and Accusations*, M. Douglas ed., 354~355쪽.

25 ミシュレ, 앞의 책, 22~30쪽.

26 같은 책, 30쪽.

27 Szasz, 앞의 책, 216쪽.

28 G·バタイユ, 「ミシュレ」, 『文学と悪』, 山本功 訳(紀伊国屋書店, 1959).

29 같은 책, 68쪽.

30 같은 책, 71쪽.

현실의 다차원성 알프레드 슈츠의 이론을 중심으로

1 E·フッサル, 『ヨーロッパ諸学の危機と超越論的現象学』, 細谷恒夫·木田元 訳 (中央公論社, 1974), 320쪽.

2 같은 책, 156쪽.

3 Alfred Schutz, "On Multiple Realities", Collected Papers I: *The Problem of Social Reality*(The Hague, 1967), 227쪽.

4 Schutz, "Teiresias, or Our Knowledge of Future Events", Collected Papers Ⅱ: *Studies in Social Theory*(The Hague, 1964), 283쪽.

5 Schutz, "Equality and the Social Meaning Structure", Collected Papers Ⅱ, 233쪽.

6 William James, *The Principles of Psychology*, I (New York, 1890), 322쪽.

7 Roger Poole, *Towards Deep Subjectivity*(London, 1972).

8 같은 책, 82쪽.

9 フッサル, 앞의 책, 205쪽.

10 Thomas S. Kuhn, *The Structure of Scientific Revolutions*(Chicago, 1962), 144쪽.

11 フッサル, 「幾何学の起源について」, 앞의 책, 付録2, 392쪽.

12 フッサル, 앞의 책, 235쪽.

13 같은 책, 232쪽.

14 같은 책, 236쪽.

15 Poole, 앞의 책, 92쪽.

16 James, 앞의 책, Ⅱ, 291쪽 이후.

17 Schutz, "On Multiple Realities", 230쪽.

18 W. M. Urban, *Language and Reality*(London, 1939, 1951), 128쪽 이후, 195쪽 이후, 203쪽.

19 Harold Garfinkel, *Studies in Ethnomethodology*(New Jersey, 1967); Paul Filmer, "On Harold Garfinkel's Ethnomethodology", *New Directions in Sociological Theory*, P. Filmer et al. ed.(London, 1982) 참조.

20 John Lyons, *Structural Semantics: An Analysis of Part of Vocabulary of Plato*(Publications of the Philological Society XX, Oxford, 1963, 1972), 83~84쪽.

21 H. Reichenbach, *Elements of Symbolic Logic*(New York, 1947), 274쪽.

22 Schutz, *Reflections on the Problem of Relevance*(New Haven, 1970), 103쪽.

23 Schutz, "On Multiple Realities", 227쪽.

24 Schutz, *Reflections on the Problem of Relevance*, 131쪽.

25 같은 책, 131쪽.

26 같은 책, 122쪽.

27 같은 책, 116쪽.

28 같은 책, 132쪽.

29 フッサル, 앞의 책, 298쪽.

30 Schutz, *Reflections of the Problem of Relevance*, 122쪽.

31 같은 책, 127쪽.

32 B·ボレスラフスキ一, 『演技術入門』, 樋口譲 訳(早川書房, 1953).

33 Schutz, *Reflections on the Problem of Relevance*, 104쪽.

34 같은 책, 105쪽.

35 같은 책, 104쪽.

36 Robert F. Murphy, *The Dialectics of Social Life: Alarms and Excursions in Anthropological Theory*(New York, 1971).

37 M·バフチン, 『ドストエフスキ一論』, 新谷敬三郎 訳(冬樹社, 1968), 256~257쪽.

38 Murphy, 앞의 책, 97쪽.

39 Schutz, "On Multiple Realities", 229쪽.

40 Murphy, 앞의 책, 152쪽.

41 같은 책, 154쪽.

42 Peter L. Berger, "The Problem of Multiple Realities: Alfred Schutz and Robert Musil", *Phenomenology and Social Reality*, Maurice Natanson ed.(The Hague, 1970).

43 졸고, 「失われた世界の復権」(『人類学的思考』(せりか書房, 1971)에 수록).

44 ロベルト·ムージル, 『特性のない男』 第2券, 加藤二郎 外 訳(河出書房新社, 1965), 5쪽.

45 같은 책, 359쪽.

46 같은 책, 162~163쪽.

47 같은 책, 115쪽.

48 ヴィクトル·シクロフスキ一, 「方法としての芸術」, 『散文の理論』, 水野忠夫 訳(せりか書房).

49 V. Turner, *Dramas, Fields and Metaphors*, 275~278쪽.

50 Berger, 앞의 책, 228쪽.

51 같은 책, 228쪽.

52 ロベルト・ムージル, 『特性のない男』 5, 高橋義孝 外 訳(新潮社, 1966), 144쪽.

53 ロベルト・ムージル, 『特性のない男』 3, 高橋義孝 外 訳(新潮社, 1965), 211쪽.

54 같은 책, 214쪽.

55 Schutz, Collected Papers Ⅱ: *Studies in Social Theory*, 157쪽.

상징적 우주와 주변적 현실

1 Peter L. Berger and Thomas Luckmann, *The Social Construction of Reality*(London, 1966, 1967), 114쪽.

2 Claude Lévi-Strauss, *La pensée sauvage*(Paris, 1962).

3 Berger and Luckmann, 앞의 책, 121쪽.

4 Hugh Dalziel Duncan, *Communication and Social Order*(London, 1962), 321쪽 이후.

5 같은 책, 125~128쪽.

6 Berger and Luckmann, 앞의 책, 226쪽.

7 같은 책, 116쪽.

8 같은 책, 129쪽.

9 같은 책, 226쪽.

10 Enzo Paci, "Toward a Phenomenological Analysis of Sleep and Dream", *The Dream and Human Societies*, R. Caillois ed.(Chicago, 1966), 180쪽.

11 같은 책, 185쪽.

12 E·フッサル, 『危機』, 166쪽.

13 같은 책, 393쪽.

14 같은 책, 336쪽.

15 プルースト, 『スワン家の方へ』, 鈴本道彦 訳(集英社 〈世界文学全集〉 28, 1973).

16 A. Schutz, "On Multiple Realities", Collected Papers I: *The Problem of Social Reality*, 242쪽.

17 Paci, 앞의 책, 182쪽.

18 Tzvetan Todorov, *Introduction à la littérature fantastique*, 176쪽.

19 Paci, 앞의 책, 186쪽.

20 같은 책, 187쪽.

21 荒川幾男, 「オルテガとマージナル文化」, 『オルテガ著作集』 4, 月報 5(1970).

22 マックス·ヴェーバー, 『古代ユダヤ教』 中, 内田芳明 訳(みすず書店), 320쪽 이후.

23 内田芳明, 『歴史改革と現代』(筑摩書房, 1973). 주변성과 변경성이라는 두 개념을 구별해서 사용하고 있다.

24 Edward Shils, "Centre and Periphery", *The Logic of Personal Knowledge*(Essay Presented to Michael Polonyi on his Seventieth Birthday) (London).

25 같은 책, 117쪽.

26 같은 책, 120쪽.

27 같은 책, 121쪽.

28 같은 책, 122쪽.

29 같은 책, 123쪽.

30 Victor Turner, *Ritual Process: Structure and Anti-Structure*(Chicago, 1969).

31 Turner, "Passage, Margins and Poverty", *Dramas, Fields and Metaphors*(Ithaca, 1974).

32 Arnold van Gennep, *Les rites de passage*(1909).

33 Turner, "Passage, Margins and Poverty", 232쪽.

34 같은 책, 233쪽.

35 같은 책, 233쪽.

36 같은 책, 236쪽.

37 같은 책, 234쪽.

38 같은 책, 234쪽.

39 Claude Lévi-Strauss, *Mythologique II: Du Miel aux Cendres*(Paris, 1966), 245쪽.

40 같은 책, 166쪽.

41 같은 책, 328쪽.

42 같은 책, 328쪽.

43 Turner, "Passage, Margins and Poverty", 268쪽.

44 같은 책, 269쪽.

시적 언어와 주변적 현실 양의성의 저편으로

1 Victor Erlich, *Russian Formalism*(The Hague, 1955), 199쪽.

2 Jan Mukařovský, "K čekému překladu Šklovského Teorie prózy"(1934), tr. and cited in Irene Portis Winner, *The Semantic Character of the Aesthetic Function as Defined by the Prague Linguistic Circle*, Paper read at IXth International Congress of Anthropological and Ethnological Science(1973), 6쪽.

3 ユーリイ・トゥイニャーノフ, 「文学的発展について」, 『ロシア・フォルマリズム論集』, 新谷敬三郎・磯谷孝 編訳(現代思潮社, 1971), 396쪽.

4 Mukařovský, 앞의 책, 166쪽, cited in Winner, 앞의 책, 7쪽.

5 Mukařovský, "O strukturalismus", cited in Winner, 앞의 책, 7쪽.

6 같은 책, 8쪽.

7 Michel Beaujour, "Flight out of Time, Poetic Language and the Revolution", *Literature and Revolution*, J. Ehrmann ed.(Beacon Paperback), 33쪽.

8 ロマーン・ヤーコブソン, 「最も新しいロシアの詩―素描―」, 『ロシア・フォルマリズム文学論集』 1, 北岡誠司 訳, 水野忠夫 編(せりか書房, 1971), 61～62쪽.

9 같은 책, 65쪽.

10 같은 책, 61쪽.

11 같은 책, 62쪽.

12 같은 책, 97쪽.

13 같은 책, 46쪽.

14 ヴィクトル・シクロフスキー, 「方法としての芸術」, 『散文の理論』, 水野忠夫 訳(せりか書房, 1971).

15 ボリス・トマシェフスキー, 「テーマ論」, 『ロシア・フォルマリズム論集』, 364쪽.

16 Jan M. Broekman, *Strukuralismus*(München, 1971).

17 W・カイザー, 『グロテスクなもの』, 竹内豊治 訳(法政大学出版局, 1968).

18 James L. Kugel, *The Techniques of Strangeness in Symbolist Poetry*(New Haven, 1971), 29쪽.

19 같은 책, 108쪽.

20 トゥイニャーノフ, 「詩語の問題」, 『ロシア・フォルマリズム論集』, 222～223쪽.

21 같은 책, 226쪽.

22 Roman Jakobson, "La Dominante", *Question de poétique*(Paris, 1973), 150쪽.

23 Mathesius, Mukařovský et Jakobson, "Les Thèses de 1929", *Change*, 3(1969), 35쪽.

24 Mukařovský, "Standard Language and Poetic Language", *A Prague School Reader on Esthetic, Literature and Style*, P. L. Garvin ed.(Washington, 1967), 18~19쪽.

25 "Les Thèses de 1929", 38쪽.

26 Bohuslav Havranek, "The Functional Differentiation of the Standard Language", Garvin ed., 앞의 책, 10쪽.

27 Mukařovský, "Místo estetické funkce meziostatními"(1942), cited in Winner, 앞의 책, 9쪽.

28 フッサル, 『危機』, 241쪽.